03 三部曲

THE ANATOMY OF MOTIVE

THE FBI'S LEGENDARY MINDHUNTER EXPLORES THE KEY TO UNDERSTANDING AND CATCHING VIOLENT CRIMINALS

JOHN DOUGLAS, MARK OLSHAKER

破案神探

大屠殺、無差別殺人與連續殺人犯，FBI探員剖繪犯罪動機

約翰・道格拉斯、馬克・歐爾薛克—著

劉體中、霍達文—譯

CONTENTS

前言　鄧布蘭校園屠殺案

他為什麼要做這件事？

這件屠殺案發生時，我正好在蘇格蘭。

一九九六年三月十三日周三上午，我在格拉斯哥（Glasgow）某個電視攝影棚錄影，英國出版社安排我行銷新書《破案神探：FBI首位犯罪剖繪專家緝兇檔案》（*Mindhunter*，繁體中文版由時報出版）。我接受蘇格蘭ITV頻道電視節目《今晨》（*This Morning*）訪問，討論犯罪**剖繪**（profiling，譯註：從犯罪現場、犯罪型態以及被害人特性等方面蒐集、歸納出兇手特徵或人格特性之破案技巧）的話題，這個節目由兩位帥哥美女主持：麥德理（Richard Madeley）和芬妮根（Judy Finnigan）。他們問我是如何進入這一行的？我是怎麼學到這些知識的？又是跟誰學的？我回答他們，我工作的單位是美國維吉尼亞州匡提科（Quantico）調查支援組（Investigative Support Unit），工作內容是針對聯邦調查局與執法單位所稱的未知嫌犯（unknown subject，簡稱UNSUB）建立剖繪，並加以運用。在受訪的一小時裡，我的情緒隨著英國人對於這個話題的著迷，以及他們對我研究及追捕殺人犯、強暴犯和炸彈犯的這項職業感到高度興趣及好奇心，而愈發高昂。這些罪犯的邪惡與墮落行為，不斷挑戰人類想像力的極限。對英國人而言，還好他們的社會不像美國那麼具有暴力傾向，但他們對於我的職業之著迷卻不難理解。第一位「揚名立萬」的連續殺人犯開膛手傑克，一百多年前讓倫敦東區陷入恐懼的神祕氣氛中，至今仍未破案。在這次訪問中，還有人問我，可不可能剖繪兇手加以結案。我對他們說，過了這麼久要指認兇手確切姓名和身分相當困難，不過即便在一個世紀後，我們還是能夠剖繪這名未知嫌犯，並且確定開膛手傑克會是個**什麼樣性格**的人。事實上，我告訴他們，我已經數次提出這名開膛手傑克的剖繪，前幾次都在匡提科的訓練課程裡，還有一次則在數年前，與影星彼德・烏斯蒂諾夫（Peter Ustinov，譯註：曾演出《暴君焚城錄》等電影，後來在改編自名偵探小說家阿嘉莎・克莉絲蒂原著的幾齣電影及電視劇中，均擔任比利時偵探白羅的角色）一起在某場國際電視轉播中，向觀眾說明開膛手傑克的特徵。

當《今晨》節目製作人走進休息室時，我原本以為她要向我致謝。但她的表情慌亂，而聲音也帶著些許迫切感。

「約翰，你能不能再回到節目現場？」

我才剛接受了一小時的訪問，他們還想知道些什麼？我問她：「為什麼？發生了什麼事？」

「鄧布蘭市（Dunblane）剛剛發生了一樁可怕的謀殺案。」

我連這個地名都沒聽過。後來我才得知，那是個祥和的英國傳統小村莊，人口約有七千三百人，地處格拉斯哥與愛丁堡之間，中古時期就已經建城。製作人把簡短的新聞稿急忙塞到我手中，五分鐘後，我就要再度回到電視上接受關於此案的訪問。

新聞稿指出，鄧布蘭幼稚園裡發生了孩童群體遭射殺事件。令人震撼的罪行讓記者相當慌亂，案情細節模糊。當時僅知，一名槍手在早晨九點三十分左右，走進這所學校，開始對著操場裡四到六歲的小孩開槍。整起事件擊發了多顆子彈，有些孩童已經死亡，還有一些孩童受傷，老師則因為試圖保護學童而受到致命攻擊。記者當時還不知道犯人的年齡和名字，但很明顯地，他帶的武器不只一種，看來似乎是大口徑的軍事武器。

簡短的新聞內容讓民眾震驚與恐懼。即便我是身經百戰、見多識廣的犯罪專家，但身為三個小孩的父親，子女在學校操場上遭到無情屠殺，還是讓我反胃。

這就是我們幾分鐘後回到節目現場時，手邊僅有的資料，當大家都還惴慄難安時，麥德理轉頭問我：「約翰，你現在能夠分析這起案件嗎？」

「首先，這是一名大屠殺兇手，」我對他們說。接著，我開始說明這種殺人犯與連續殺人犯和無差別殺人犯有什麼不同。一名**連續殺人犯**的做案動機通常來自犯案時的性快感，這會驅使他不斷重複犯案，認為自己比警方魔高一丈，不會失手。至於**無差別殺人犯**，則會在幾小時到幾天的短暫時間內，在幾個地點大量殺人。但**大屠殺兇手**和前兩者不同，他的執行策略是一場殘局，只要開始行動，就不打算活下去。一旦他用殺人行動「發表聲明」後，要不自殺，要不就是展開「由警察執行的自殺」：製造衝突，強迫警方在別無選擇的情況下開槍射擊。我預測稍後的新聞報導將指出，這名殺人犯已當場死亡。這種殺人犯在生活中通常相當無能，是天生的失敗者，他們知道自己逃不掉，卻又不願受制於人、伏首接受正義的制裁。

芬妮根非常困惑，她想知道：什麼樣的人會做出這種事？

我回答：「首先我們要了解的，就是動機。而了解動機要從研究被害者開始。」他選擇誰作為犧牲者，又為什麼選擇他們？被害者到底只是兇手隨機判斷下的倒楣鬼，還是深思熟慮後所選擇的族群？

「一般而言，**大屠殺兇手**大都是白人男性，年齡大概介於三十五到四十七、八歲之間。英國由於黑人人口不多，所以這種白人男性的推測，應該更為準確。但即便在美國，就算黑人人口數多，常見的大屠殺兇手還是白人男性。此外，這名殺人犯可能是個反社會的獨行俠。我相信這名殺人犯必定符合上述特徵。」

這些推斷並非憑空捏造。我很清楚，即便當時關於這名兇手的詳細資料不多，但只要我們能獲得更多消息，兇手的行為模式就會顯現，而我已能判斷出那個模式。我指出，當這個殺人犯被指認出來後，社區裡的人肯定不會太訝異。這個犯人在社區裡應該曾引起騷動及混亂。而他選擇學校當作犯案目標，也必定曾經和學童與學校本身，或者和學童家長有一些過節。其中一定有關聯。

我說：「犯人會選擇學童，絕對事出有因，在他的生活裡，學童與他之間必然有某種程度上的連結。大屠殺兇手通常會選擇自己熟悉的地方，一個讓他覺得自在的地方。」

孩童有時候會成為大屠殺事件中的被害者，但是他們通常要不是因緣際會成為被害人（就像兇手在速食店裡持槍殺人，而孩童正好也在店中用餐），不然就是正好是家庭謀殺案件中受害家庭的一分子。但這是個完全不同的犯罪行為，而根據我的預測，行兇者絕對照固定的行為模式犯案。

談到這起罪案，這類型犯人經常處於沮喪和憤怒的情緒中。在鄧布蘭這個案子裡，你可能會發現兇手曾經寫信給學校校長、當地報社或市政當局高層官員。這種罪犯對書寫方式的溝通比較放心，所以他們會寫日記抒發情緒，藉以表達他們的恨意。當他們未能從中得到滿足時，他們可能會更進一步，向更高層表達他們的不滿。在美國，這個最高層級的人可能是總統；在英國，則可能是女王或首相。接著，當他們覺得沒有人在乎時，就該是靠自己遂行犯罪的時候了。

我對那兩位主持人說：依我看，這起案件是一種報復。受害人都是年幼的孩童，我認為這應該是報復，兇手要報復社會加諸於他身上的錯誤判斷。我認為，犯人真正的目標似乎是「純真」，犯人想從父母、校方或雙方手裡，奪走珍貴的純真。

我指出這名兇手一定是單身，與他身邊年齡相仿的女性沒有任何明顯的關係。他應該曾經和孩童有過接觸，可能當過老師、童子軍團長或某種志願工作者，這是他唯一感到舒適的性別關係。他無法與同儕溝通，而他的同儕也和他沒有交集。他可能是同性戀者，而且偏好男孩，但這不見得正確，因為這些被害者都還年幼，使得這個案子沒有明顯的性象徵。但在兇手的社區中，父母和教師一定已經開始懷疑他、注意他，不讓他再照顧小孩。他會認為這樣不公平，畢竟，他只不過是給予孩子愛與關懷。這應當就是抱怨信的內容：抱怨他的名譽受損。

當沒有人願意聽他訴說時，他明瞭生命裡再也沒有什麼重要的事情了。而如果別人從他的身邊搶走這些珍貴的天真小孩，那麼他就要以牙還牙。他要用自己的力量來懲罰這些權威人士和同儕。至於今天早晨鄧布蘭幼稚園裡的小男孩和小女孩，究竟是不是代人受過，已經不重要了。他要責難的是整個社會，他所處的整個同儕群體都有錯。家長或學校負責人都不願相信他，這些人都應該付出代價。這是一樁報復行動，在我們的歸類中屬於個人因素殺人犯。他採取行動時，應該也有一條導火線，促使他開火。

這個人向來無法融入社區。在美國，連續殺人犯落網時，鄰居、熟人或同事通常都會非常驚訝，他們完全不曾懷疑這個人會是殘忍的殺人犯。他看來是如此迷人（或如此普通），看起來和太太或女友也相處得很好。

但那不適用於這次的殺手，大屠殺兇手和連續殺人犯不同。大屠殺兇手周遭的人通常認為這些人很奇怪，讓人難以形容地不舒服。在美國，我不用強調兇手選用何種武器的重要性，因為槍枝太容易取得了，所以兇手可能熱愛收藏槍枝，或最近為了行兇，才搞到一把。不過在英國，手槍和來福槍的管制都比美國嚴格得多。如果兇手不是軍人或警方人士的話，就必然是某種槍炮俱樂部的會員，才能取得這些武器。而從他的「怪異」性情來判斷，他對槍枝的偏好，應該已經讓人有所警覺了。這個人是個即將爆炸的壓力鍋，卻由無辜的孩童付出了代價。

這件案子的細節資料被公布之前，我已經離開蘇格蘭。

十六名四到六歲的兒童在那個早晨送了命，其中十五人當場死亡，最後一名孩童則在醫院過世。他們的老師，四十五歲的梅爾（Gwen Mayor），在這名侵犯者闖入校園、往體育館走去時，勇敢地阻止他，而遭到殺害。兇案地點在體育館，而非操場。另有十二名孩童受了傷，現場僅有一名孩童沒有受傷，以及另外兩名當天請病假的小孩，幸運逃過一劫。兇手原本想等幾百名學生在體育館集會時下手，但他搞錯課表了，當時體育館裡只有一班學生在上課。他的身上帶著四把槍，包括兩把左輪手槍和兩把九公釐口徑半自動手槍。該校負責人泰勒（Ronald Taylor）及時通知了緊急處理單位，當槍聲迴盪於校園時，他盡力讓該校其他七百名學生保持冷靜。整起屠殺事件歷時三分鐘之久。

殺人犯是四十三歲的漢彌頓（Thomas Watt Hamilton），白人男性，未婚，曾經擔任過童軍團長，被人指出有戀男童癖，因受到社會排擠而心生不滿。他曾在一九七三年七月擔任童軍團領袖，因行為不檢在隔年三月被迫離開。在那之後他不斷地要求重返組織未果。除了年輕男孩以外，他的另一項主要興趣就是槍枝，也是當地一個槍枝俱樂部的會員，並從該俱樂部取得開槍射擊的許可證件。

鄰居們形容這位身材高大、頭髮微禿的漢彌頓，是非常神祕而孤獨的人。有些人把他比喻成《星艦迷航記》（*Star Trek*，譯註：美國著名電視科幻影集）裡的史波克先生，所有人都認為他很怪異。根據他們的說法，他總是一成不變地穿著白襯衫、一件連帽外套，還戴著鴨舌帽遮住日益後退的髮線。他早先曾經營一間名為「木工雕刻」（Wood craft）的ＤＩＹ手作商店，後來決定改行成為一位專業攝影師。兩名女性鄰居描述：漢彌頓在史特林（stirling）附近的布雷黑德區（Braehead）住所的兩間臥室牆上，掛滿了穿著清涼的年輕男孩照片。

由於無法返回童軍組織，漢彌頓組織了自己的男孩俱樂部，名為「史特林流浪者」（Stirling Rovers），帶著八到十二歲的小孩在白天外出探險，並且替他們拍攝大量的相片與家庭影片。有位鄰居曾受邀到他家中觀看年輕男孩穿著泳褲，彼此嬉鬧的家庭影片。

一九八八年，他再次嘗試回到童軍組織，但又失敗。一九九三到九四年間，童軍組織發現他出沒於同性戀的紅燈區，要求當地警方敦促他說明。大約在同時間，他發信給鄧布蘭的家長，否認他曾經性騷擾年輕男孩的指控。這件屠殺事件發生前幾周，鄧布蘭小學拒絕受理他擔任志工的要求。他寫信給媒體，抱怨警方和鄧布蘭的教師誹謗他，還寫信給女王，指稱童子軍團體損害了他的名譽。

我的剖繪幾乎符合每個重要的細節。好幾家蘇格蘭報紙的頭條標題，都是諸如**專家洞察殺人狂思想**，或者**專家建議訓練警方偵測兇嫌**等。

那麼，我究竟是如何辦到的呢？我怎能如此詳盡了解一個離我居住地和工作地點數千里遠，而且除了他最終的爆炸性行動外，幾乎毫無所知的人的背景資料呢？因為我有犯罪心理方面的超能力嗎？我希望我有，但是我沒有，而且也不可能會有。我憑藉的是在聯邦調查局工作二十多年來，直接對抗這些「專家」、追緝及剖繪這些罪犯的經驗。我指的「專家」，就是殺人犯和其他暴力犯。經過與他們打交道的過程，我才能擁有這些知識。

另外一個原因，就是行為反映了性格。如果你和我一樣長久專注地研究犯罪者的話，你也會了解儘管每個案子都不一樣，但罪犯的行為，總不脫離某些特定模式。為什麼像漢彌頓這種人變成大屠殺兇手時，我們不會感到驚訝；但如果他變成連續殺人犯的話，卻會讓我們跌破眼鏡，儘管這兩種殺人犯通常都是反社會的獨行俠。

如果你看得夠多，累積足夠的經驗，能在這兩種人的行為模式中找出某些重要特點的話，就能弄清楚究竟是怎麼回事，而且更重要地，能夠回答**為什麼？**。接著找出最終謎題的答案：**是誰做的？**每位聯邦調查局的探員都想知道這個問題的答案，同時這也是每位小說家和讀者想知道的。是什麼因素讓人們以這種手法犯下他們的罪行？

這就像一九三〇年代幫派電影裡的陳舊主題：為什麼有人會犯罪，有人卻會成為牧師？或者由我的觀點來問：為什麼這個人會變成連續殺人犯，另一個人卻成為強暴犯、暗殺犯、炸彈客、千面人，或者對小孩性侵犯呢？而在這些犯罪種類中，為什麼每個人會有不同的施暴手法呢？答案都和最基本的問題有關：

為什麼他要做這件事？

而「是誰做的？」，則伴隨著上一個問題的答案而來。

這就是我們要解答的謎團。

Chapter 01
記取教訓

是誰做的？為什麼？

這是我們都想知道的答案。

讓我們來看看兩個相當簡單，而且平鋪直敘的犯罪案例。表面上看來，這兩起案件非常相似，事實上相當不同。兩案甚至連發生的地點都很接近，而我還是其中一樁事件的受害者。

這件事發生在我從聯邦調查局退休後不久，當時我家正在重新裝修，我們幾乎每天都搭帳篷睡覺。好幾周以來，我們全家都睡在地板上。我對妻子和孩子開玩笑說：「他們終於開始明瞭曼森（Manson）家族的生活是怎麼一回事了。」大部分的家具和其他財產都堆在車庫裡。最後工程要動到地板時，我們一家人只好暫時搬到附近的汽車旅館。

某天夜裡，聯邦調查局接到了一通當地警方的電話，他們試圖聯絡探員約翰．道格拉斯。當他們找到我時，一位警探在電話裡告訴我：「我們在一項逮捕行動中，發現了一些屬於你的東西……」

我說：「什麼東西？你在說什麼？」

他告訴我：「我們還沒有找到所有被拿走的東西，目前只找到了一個木盒子，上面有聯邦調查局的封印。」

「是，那是我的。」我向警方證實，那個盒子裡有一把特製的史密斯——維森點三五七口徑手槍，上面還刻有我的值勤代號，那是為了紀念聯邦調查局探員值勤時可攜帶槍枝的法令，通過五十周年所特別訂製的。許多特別探員都有這種紀念槍。我很急切地問：「你們手上有這把槍嗎？」

「沒有，」那位警探說：「槍不在盒子裡。」

該死，我想著。即使這只是把紀念性的槍，還是可以射擊的。讀過《破案神探：FBI首位犯罪剖繪專家緝兇檔案》的讀者可能還記得，就在我剛進聯邦調查局，還在底特律市擔任街頭探員時，就曾經遺失過我的史密斯——維森十型（Smith & Wesson Model 10）左輪手槍，而且是從我福斯金龜車駕駛座旁的置物箱被偷走的。身為一名新進探員，這真是再糟糕不過了，尤其那時候胡佛（J. Edgar Hoover）還在管事。多年後的現在，就在我自認聲名卓著的二十五年職業生涯退休後不久，我居然在不知情的狀況下，再次愚不可及地提供武器給敵人！

我甚至不知道家裡究竟丟了些什麼東西。我向警方詢問嫌疑犯的名字，三個人名當中，有兩個立刻引起我的注意：正好是兩個替我整修房子的工人的青少年兒子。其中一個我並不太熟，另外一名則是位十九歲的大學新生，高中時期還是很出色的體育健將。我既驚訝又失望，同時也氣炸了。

警方要我回家一趟，清點一下究竟丟了什麼東西。結果發現除了那把手槍之外，失物還包括電視、音響之類的物品。即使嫌犯沒有落網，從被竊物品看來，我們也能推測出犯案者是偶爾犯案的門外漢。當警方發現所有報案的人家，彼此都互相認識後，他們決定立刻展開逮捕行動。這夥三人集團只向他們熟悉的環境、有信心的地區下手。當警方取得搜索令，搜查他們分租的公寓時，大多數的贓物都還在。

行竊的動機是他們想要弄些家具來裝飾公寓。

正如我所說的，我很生氣，但我的火氣還沒有那位十九歲的年輕人的爸爸那麼大。他簡直像是快要把兒子活生生撕開那樣地大吼：「你瘋了嗎！這個人不但是我的客戶，還是聯邦調查局的探員。他除了可以攜帶槍枝，還可以開槍。萬一他在你偷東西時，正好回家去的話，你要怎麼辦？你現在可能已經被殺了！」

「我沒有想那麼多。」這名年輕人怯懦地回答。這三人集團中最年長的是領導者，就我看來，這名年輕人很明顯地只是個幫忙的小嘍囉。

警方偵訊時，他發誓他們很擔心被發現持有那把點三五七手槍，於是就扔進河裡去了，除此之外，其他贓物都歸還了。他承認犯罪並願意賠償，我想他已經嚇破膽了。

從我**剖繪**嫌犯的角度看來，每當調查一件破門而入的竊盜事件時，第一個該問的問題，也正是在我家發生的案件中警方所詢問的問題就是：歹徒究竟拿走了什麼東西？

如果只是普通物品，例如現金、信用卡和珠寶可以歸為一類，電視、音響和錄影機則可以歸為另一類，這樣的物品遭竊，那麼你所面對的，就是一般因為財物動機而行竊的小偷。下一步就是根據竊賊所選擇的目標以及偷走的東西，判斷這名犯人的老練程度和犯案經驗。如果你不知道犯人的名字，那麼你大概也不可能抓得到他，直到他又犯下其他類似案件，讓你透過這種關聯把他找出來為止，就像這起案例。

另外一件闖入民宅的案件，則可以拿來和此案對照，發生的地點距離我家只有幾公里路而已。有一名婦人報案說有人闖入她的公寓，警方詢問她有什麼物品遭竊時，她唯一能確定的，就是有幾件內衣不見了。這起案件發生前不久，她居住的中庭廣場集居公寓社區裡，也有另外幾名婦女報案，懷疑有偷窺狂在窗邊窺探她們。警方曾經出動調查，在報案者住處的窗台外發現有人手淫的痕跡。

這兩樁破門竊案，前者拿走了一把槍和一些有價值的財物，後者則沒有。儘管兩案都讓人不安，但大多數人都可以憑本能判斷，第二起案件可能比較危險。不過，判斷依據從何而來呢？

答案是犯案動機。在我們逮捕到第二案的案犯前，在不知道他的姓名及個人資料的狀況下，如何從犯罪動機來推斷危險的程度呢？這就奠基於過去的研究和類似侵襲案件的經驗所提供的知識了。

為錢闖空門的賊通常以利潤為動機，就像我們家的那件案子，小偷只是想要擁有別人的物品，這類竊盜犯有可能成為無法洗手不幹的慣竊，不過也有可能某天自行決定停止再犯。我認為我家這起案子裡的年輕人就可能不會再犯。因為他已經面對了被捕的後果，而這顯然不是他想為自己的人生奠定的行為模式。

另一方面，警方經常忽視偷內衣的小偷或是變態的戀物狂，認為他們只是惹麻煩的闖入民宅者，但這些人經常不只如此。這個人偷了女性的內衣，目的不為銷贓，也不是因為自己沒錢買內衣。很明顯地，他的動機與這些內衣所引發的性幻想，以及這些性幻想所能帶給他的滿足感有關。這個案子的動機，是一種幻想。如果我們靜下心來思考：此人超越偷窺狂的層次，演變成破門竊盜，這種更具風險的犯罪行為，我們不能以為他將就此滿足。變態戀物狂不太可能自發性地停止自己的行為。

有時候表面看來幾乎完全一樣的案子，就像前述兩宗竊案，事實上卻是由完全不同的動機所產生的類似行為。釐清動機是了解這種犯罪及嫌犯，並且衡量其社會危險性的重要依據。再舉一個我職業生涯曾遇過的搶犯為例，我們姑且稱他為杜威特。杜威特十六歲時，即因竊盜罪被捕，動機很明顯是為了錢，但是，他最近也因為人身侵犯而遭逮捕。事實上，早在他十歲時，就曾因闖入民宅而首次被捕。十四歲時，杜威特已經因為多次闖空門紀錄、嚴重的人身侵犯及偷車被捕。他偷第一輛汽車時，還不到領學習駕照的年紀，更別提考駕照了。他後來被送入少年監獄，在那裡他被認為是個有行為適應問題的人。心理醫師和顧問認為他具有敵意、侵犯性、性情衝動、缺乏自制和自省的能力，他不斷把自己的問題和錯誤舉止，歸咎在別人身上。他也承認自己酗酒和吸毒，被歸類為反社會人格。

「我家」這名竊盜犯則來自一個穩定且雙親健全的家庭，父母對兒子犯案感到惶恐，並且立即介入，要把孩子導回正途。但是，杜威特的家庭就問題重重了。他的母親把他留給外祖父母撫養，而外祖父母在他只有四個月大時正式收養了他。他的母親離開時，還帶著另外一名兒子，卻把杜威特留給雙親。他的外祖父母在空軍服役，因此必須經常搬家。在他九歲時，外祖父母也離婚了，杜威特和外祖母一起住，成長過程中一直缺乏學習的對象。

他在校期間經常惹麻煩，中學時還常遭到停學。很不幸地，隨著時間發展，杜威特真的變成了許多人在他還小時，就經由觀察而預測的那種人，多次觸犯法律之後，他終於因為一次嚴重的強暴謀殺罪，被判處死刑。

類似的竊盜案，卻有完全不同類型的犯案者。其中一樁案件的罪犯犯案，是因為他以為這很容易，而且沒有仔細思考過。另外一名罪犯犯罪的原因，則是因為他認為誰都不重要。

一九七八年初，我開始認為唯一能在犯罪現場查出究竟發生了什麼事的方法，就是設法了解這些曲折離奇的事件的主角，也就是行兇者究竟在想些什麼。而唯一能找出這個答案，從而讓我們將這種知識運用在其他場合及犯罪事件中的方法，就是直接詢問這些犯人。令我吃驚的是，在犯罪學做過的許多研究裡，除了偶爾有人很不經意地做過零星調查外，沒有人著手這方面的研究。

我當時三十二歲，在擔任聯邦調查局派駐底特律和密爾瓦基兩市的街頭探員後，被召回匡提科擔任聯邦調查局訓練中心行為科學組的講師。我負責的課程，包括向新手和全國有豐富經驗的探員，講授應用犯罪心理學。對我來說，這些新手通常都不是什麼問題，他們比較年輕，所知較少；但那些來自全國各地的探員，就不是那麼回事了。這些人都是從全美國，甚至其他國家，前來進修的高階警界探員和官員，由其部門加以挑選、派遣前來匡提科，接受十一周的密集進階訓練課程。如果我說自己在這些老練探員面前，明知他們的工作年資比我久，經手案件也比我多，還要以聯邦調查局的權威身分對他們授課，而我卻毫不緊張害怕的話，那就是在撒謊。我的應對之道就是在開始講授一個案例前，會先詢問班上有沒有人在這類案件方面有第一手經驗，讓他先與我們分享自己的經驗，我才不會因為班門弄斧而丟臉。

接著的問題是：我有什麼這些人還不知道的東西可以教他們？

首先，我認為，如果我們能夠帶給執法單位的人一些關於偵查過程的深度知識，也就是內部邏輯的思考方式，讓他們了解暴力罪犯實際上是**如何**做決定的，以及他們**為什麼**選擇犯罪，也就是犯罪動機的話，那麼我們就能夠提供有效的工具，指引他們朝向最終的問題：**是誰做的？**

簡單的說，也就是**為什麼**＋**怎麼做**＝**誰做的**。

如何做？為何做？在哪裡？是誰？這些小說家和心理學家所追逐的問題，從杜斯妥也夫斯基到佛洛伊德，在《罪與罰》和《超越快樂原則》中都提到的主題，也是由哲學家和神學家、研判案情的社會學者，以及聆聽審判的法官等各界人士所提出來的問題。事實上，這些問題組成了所謂人的處境的中心議題，只是冠以「人的處境」這個比較好聽的名詞罷了。

但我們必須經由自己的理解方式來掌握這些問題，用執法以及偵測犯罪人員感覺**有用**的字眼來了解這些問題。就技術層面而言，檢方通常並不一定要對陪審團說明犯罪動機，才能獲得有罪的判決，只要他能提出十足具有說服力的證據就可以了。只是在實務上，大多數檢察官都會告訴你，除非他們能夠向陪審團提出一個合乎邏輯的動機，否則將無法獲得有罪判決。例如，原本應該是謀殺罪的案子，可能因缺乏足夠的動機，改判為一般的過失殺人。

不論你接不接受，應用犯罪心理學最後都會回到這個問題：為什麼這些犯人會用這些手法，犯下這些案子？

這就是我們要找出解答的神祕地帶。

當時，我和另外一位比較有經驗，在擔任聯邦調查局特別探員前，曾經當過憲警的芮斯勒（Robert Ressler），一起負責過許多「馬路學校」（Road School）的工作。「馬路學校」顧名思義，就是讓來自匡提科的講師，前往各地對各分部和警方人員，提供為期一周的密集訓練課程。這些「馬路學校」每周都前往不同的地區講授課程，周末休假時，再帶著一整周的髒衣服回家。

這種經常需要旅行的工作也給了我一個機會，讓我實驗訪談暴力罪犯的點子。不論到哪裡，我都會先查看附近是不是有州立或聯邦監獄，裡面是不是住著值得訪談的犯人。

接下來幾年間，我的同事和我總共與近五十名美國監獄和感化院裡的受刑犯談過話，其中包括三十六名性暴力殺人犯。針對這三十六名犯人所進行的訪談計畫，是由美國司法院（National Institute of

Justice）撥款贊助的一項劃時代方案，而這些訪問紀錄，最後也在一九八八年綜合整理成《性殺人犯：模式及其動機》（*Sexual Homicide: Patterns and Motives*）一書出版。這本書的另外一位作者，是賓州大學心理學博士安．布吉斯（Ann Burgess）。她從一開始就與我們合作，協助我們把蒐集到的大量資訊加以組織、分析與合理化。布吉斯博士並且發展出一套精確的標準與特徵分類法，幫助我們把這些和罪犯內心黑暗世界所進行的軼聞訪談，轉化成實際且有用的研究結果。

在和這些犯人訪談時，我們都沒有記筆記，因此，每回我們一離開監獄，大家就急著趕回旅館寫報告，並且填寫問卷上的空白處。問卷上的某些問題，是我們在事先研究過案情和罪犯的紀錄後，就可以直接填寫進去的。但是，重要的細節，也就是對我們而言最有意義的地方，還得直接詢問犯人才能獲得。

剛開始，我只想開啟與這些罪犯的談話，向他們提出問題，以便進一步學得更多關於實際應用犯罪心理學的知識。非僅止於理論，而是真正幫助在外奔波的警探人員，讓他們找到真兇破案。

即使事隔多年，我還是很訝異，居然有這麼多的罪犯（這些人大都被判處長期徒刑（long sentences），而且在接受訪問這件事上無利可圖）不僅願意接受訪問，還坦承了許多關於他們的私生活、行為發展，以及如何淪為暴力犯的個人資訊。為什麼他們願意一吐為快呢？理由很多，答案則因人而異：好奇、無聊、自責，或認為這是個讓他們在情緒上再度回憶犯案過程的機會，也許那是他們生命中最滿足的掠奪罪行。我的感覺則是，我們邀請某些很自我的人傾訴自己，這些人擁有大筆的時間，而且對目前的生活缺乏明顯的興趣，更沒有外人來聆聽他們的「豐功偉業」。

並不是所有人都適合進行這種研究。雖然你必須浸淫在這些令人髮指的邪惡罪行裡，卻不能流露出震驚，或者讓他們認為你不夠客觀，不然，你就什麼也問不出來。你必須是個好聽眾，也必須是個好演員，知道怎麼和他們周旋。

至於為什麼有這麼多罪犯同意向我們坦承這麼多私人的事情，分享他們的卑鄙行徑呢？我認為這和我們每次進行訪談時，所追求的深度和廣度有關。任何罪犯因暴行而被判刑前，他通常已經有好幾次的訪談經驗了，包括警方偵訊、律師問話、定罪前的法庭詢問，以及獄方心理學家的訪談等。除了警方偵訊只是想要捉住他們話中前後矛盾之處，或者找出說謊嫌疑，偵破他們的供詞以外，其他訪談都只是給這些犯人自我報告的機會，也就是這些施暴者並不見得要說明事發當時他腦子裡在想什麼，而是他認為自己該讓這些訪問者相信什麼，以達到自己的利益。

我們的訪問有兩個地方不同。第一，我們會先研究整件罪行的檔案，關於罪犯做了些什麼及他如何犯案都有透徹理解，不會被他們矇騙或誤導。閱讀案情細節時，我們也會詳讀心理學報告、監獄行為評估、智商測驗，以及任何相關資料。你唯一能夠從這些侵犯者口中得到事實的方法，舉例來說，就是你必須能夠對他們說：「等一下！你憑什麼說同情受害者？你捅了她二十七刀，遠遠超過做掉她的需要了。」想做到這程度，只有把案情由裡到外研究得一清二楚才能達到。

我們進行訪問的第二個不同之處，就是在過程中，願意耗費許多時間，聽取這些人的謊言和虛偽的多愁善感，藉以削弱他們的心防，這樣一來，我們就能得知他們當時腦子裡真正在想些什麼。有時候，某些犯人會很直接地告訴我們；有時候，我們得從某些犯人提供給我們的暗示中，猜出他們的想法。但是我們聽得愈多，就愈能把這些人的資料相互連結起來，而我們所能夠得知的也就愈多。

我們訪問的都是些什麼人呢？有些人是「知名罪犯」，例如查爾斯・曼森（Charles Manson），還有莎拉・珍・摩爾（Sara Jane Moore）與被稱為曼森門徒的萊內・佛洛姆（Lynette "Squeaky" Fromme），後兩位打算暗殺福特總統，改變美國歷史。我們也和亞瑟・布雷莫（Arthur Bremer）談過，他曾經跟蹤過尼克森總統，想要暗殺他，但後來因為毫無希望而放棄，轉而把他的熱情投注到一九七二年總統候選人喬治・華萊士（George Wallace）的身上。他雖然沒能殺死這位阿拉巴馬州的州長，但卻也讓他終身癱瘓痛苦不堪。我們也碰到了大衛・伯考維茲（David Berkowitz），他就是有名的「山姆之子」（Son of Sam），也有人稱他為「點四四口徑殺手」，在他於一九七七年七月被逮捕前，曾經讓紐約市民陷於恐慌情緒中長達一年之久。我們也訪問過理查・史派克（Richard Speck），這個沒道德的小偷，在一九六六年侵入芝加哥一棟護校學生宿舍，謀殺了其中八人以後，讓自己的名字登上了全國報紙的頭條。

但在我們談過話的犯人中，還有些知名度沒有那麼高的人，不過，他們的邪惡本質是相同的，這些人和那些惡名昭彰的殺人犯，在讓我們了解這類犯人的人格與思考模式方面，有著相同的貢獻。他們生命中的主要目標，就是殺人與傷害人，或者如同我曾多次說過的，他們的本質就是**操縱**、**主宰**，以及**掌控**。這些人包括艾德・肯培（Ed Kemper），他厭惡自己的媽媽，而在她的床上將她殺害，還把頭切下來。在他累積足夠的膽量下手以前，他先把憤怒和沮喪發洩在祖母身上，將之殺害，並於幾年後殺死了加州大學聖塔克魯茲（Santa Cruz）分校的六名女生。傑洛姆・布魯多斯（Jerome Brudos）則自小就有戀女鞋癖，這個住在奧瑞岡、育有兩名子女的已婚男子，殺害了四名婦女，並且讓她們穿著他自己收藏的女性衣物，然後把受害者的腳和胸部切除。理查・馬凱特（Richard Marquette）則由強暴未遂、重度侵犯，以及搶劫等罪行中更進一步，把一名他在奧瑞岡州波特蘭市酒吧裡碰上的女子殺害並加以肢解。他服刑十二年後獲得假釋，在警方再次逮捕他之前，他又同樣地殺害並分屍了兩名女子。不論他們的罪行有多可怕，只要我們曉得如何解釋他們的言詞和行為，這些人可以讓我們學到很多。另外值得提及的就是這些犯人幾乎都是男性，女性通常不會犯這樣的案件。

決定自己要訪問這些人是一回事，真正面對他們又是另一回事。肯培身高兩百零五公分，體重遠遠超過一百三十六公斤，只要他願意，他大可把我們的腦袋摘掉，然後丟在地板上等警衛來收屍。在訪談進行中，他也一度提到可能會這麼做。當我們走進巴爾的摩市立監獄訪問布雷莫時，我們得身穿厚重盔甲穿過一個開放式中庭。在裡面放風的都是暴力犯，那個畫面讓人想到但丁所描寫的地獄景象。在我們進入這些監獄前，都要先把探員隨身配備的左輪手槍繳出，還要簽下聲明，表示如果遭受任何傷害，與獄方均無關聯。如果被犯人挾持作為人質，我們則最好自求多福。如同肯培所說，他反正已經要終身監禁，就算他殺了我們其中一人，獄方還能拿他怎麼樣，不讓他吃飯後點心嗎？不論他將會受到什麼懲罰，如果拿來與他做掉聯邦調查局探員，在獄友間獲得的崇高地位相較，這種懲罰不過是小小的代價。

因此，儘管最初進行這些訪談時，我們並不知道能夠得到什麼，卻很明白可能會碰到什麼麻煩。隨著這項工作的推展，我們也調整訪談方式，使之趨近完美。我們發現，穿著隨意一些，犯人就可能比較快鬆懈下來。我也發現，當一名犯人開始談論自己犯下的罪行，而眼中出現恍惚神色，彷彿他正在體驗犯案當下的快感時，我知道就快要從他那裡聽到我想要的東西了。對受害者所施予的暴行，那種讓他展現力量和控制他人的手法，是這個犯人一生中最緊張刺激，也是最值得回憶的經驗。藉著重述，他得以再度感受這種高潮快感，並且帶著我一同進入他的思考模式。

我們知道的愈多，訪談技巧也就愈高明。舉例來說，我們發現暗殺犯通常心態比較偏執，而且不喜歡目光接觸。而像曼森這類誇張型態的犯人，則想主宰你，所以你得把自己擺在他們下方（我們讓曼森坐在桌子上），讓他們可以向下對你說話。還有些犯人只是希望別人同情他們。如我所說，你要把自己的情緒擺在一邊，按照他們的規則陪他們玩。我們會對嘆息自己一生前途被毀的罪犯，表達安慰之意，但是在這些人的想法裡，他的人生完蛋，並不是因為犯罪，而是因為失風被捕。這種想法也讓我們學到了很多東西。

在我們看來，這些訪談展現了一些有趣及顯著的共通性，日後在我剖繪其他暴力罪犯，並且協助逮捕、偵訊，以及起訴時，一一浮現。我的理論是，了解大多數罪犯的基本共通點，是第一個步驟。下一步就是去了解他們的人格、犯案複雜度以及**動機**上的差異，一個人如何成為偷襲別人的強盜，另外一個人卻變成連續殺人犯。首先，我要知道這些人有什麼共同本質與背景經驗，也就是這些人究竟從哪裡來，不論是地域方面，或是心態方面。

所有的犯人，某種程度上都來自功能不完備的家庭環境。有時候你能明顯看出徵兆：像是受過肉體或者性方面的虐待，父母或監護人酗酒，又或是由於不受人喜愛而經常更換收養家庭。在另一些案例中，這種情形比較微妙，缺乏關懷與關愛的環境，對他們的教養前後態度不一或者根本不存在，有時候則是這些犯人像個小孩一樣，根本沒有調適心態，也無法融入社會。艾德・肯培的雙親在他小時候經常大打出手，直到離婚為止。雙親離異後，他與母親同住，繼續被酗酒的母親嘲弄與操控。肯培到青春期時，他的母親要他睡在上了鎖的地下室裡，聲稱她擔心肯培會對自己的妹妹不利。大衛・伯考維茲是私生子，養父母告訴他，他的親生母親就是在生他的時候死掉的。他一直對此事覺得內疚，認為自己該負責任。等他後來發覺自己的生母與妹妹都還在世，他去見她們，卻發現她們根本不想和他扯上任何關係。他遭受重大打擊，而逐漸變成連續殺人犯。

後來，我們在聯邦調查局學院裡開始研究其他暴力罪犯和連續殺人犯，結果發現，這些人的背景與我們先前在監獄訪談後所發展出來的背景模式相符。在一九六〇年代初期的「波士頓絞殺手」（Boston Strangler）亞柏特・迪薩佛（Albert De Salvo）小時候的學習對象，就是酗酒的父親，他曾經在憤怒下把母親的手指打斷，還經常打罵迪薩佛和其他六個兄弟姊妹，也帶性工作者回家來。而在芝加哥地區擔任建築工人的約翰・威恩・蓋西（John Wayne Gacy）也同樣地經常被酗酒的父親毆打和輕視，長大後他經常打扮成小丑，在醫院裡取悅病童，當然，這只是他在強暴及謀殺男孩和年輕男子之餘所從事的公益事業，死在他手中的受害人則高達三十名。像這樣的例子，我簡直數也數不完。

為什麼一個小男孩長大後變成強暴犯或殺人犯，另一個孩子則變成放置炸彈的暴徒或勒索者，而其他擁有同樣糟糕的成長背景的孩子，卻能夠搖身一變成為受人尊敬、對社會有貢獻的人呢？這個神祕之謎，加以研究後將會逐漸揭開。不過我們也發現，除了成長過程中面臨不穩定或虐待的家庭背景，造成這些犯人缺乏自我價值與自信之外，大多數與性侵犯有關的罪犯，智商都相當高，比一般罪犯人口的平均智商要高得多。

實地訪問監獄囚犯，一些在表面上看來相當類似的犯罪型態，卻有著很不一樣的訪問結果。讀者不妨回想本章剛開始，所描述的那兩個表面類似、內涵卻截然不同的竊盜案。

我們再舉一個例子，在我們的社會裡，強暴並殺害年輕女子的犯罪事件實在太常見，所有的強暴犯看來也都像是憤怒而且具侵略性的精神病患。從某個層面來說，我當然不會反對這種觀察。但是這並不能讓我們了解，他**為什麼**會犯下這些罪行，也不能協助我們剖繪這種犯人的人格。所以，讓我們從做案現場的**行為線索**（behavioral clues）入手。

首先，屍體發現的時候，狀況如何？我不是指屍體被肢解的狀態（儘管這同樣地也能告訴我們很多事情），而是兇手對屍體做了什麼事，如何處理屍體？如果死因是由於刀傷，而且傷口附近刀傷密布，也就是我們所稱的「過度殺戮」（overkill），尤其是當傷口集中在臉部的時候，我就了解犯人很可能與被害人很熟，殺人的動機則是個人因素。如果屍體包在床單或是毯子裡，或者很明顯地在死後被妥善處置過，那就代表兇手對死者懷有溫柔的感覺，甚至有些自責。另一方面，如果被害者的屍體被砍得支離破碎，棄而不顧，或者很不經意地丟在路旁，那就告訴了我兇手對死者懷有輕蔑之意，也許甚至對所有女性都感覺不屑。

我怎麼知道這些的呢？並不是因為身為剖繪者，讓我能未卜先知，而是兇手自己告訴我們的。在我們聽取了許多類似案件的犯人自述後，**我們**也能進行歸納而後展開推斷。如果一位強暴謀殺案中的被害者被放置在地板上，屍體上放著一張床單，我們了解那並不是想要隱藏屍體（如果兇手不是瘋子的話），那只是兇手微弱的企圖，想為死者保留一些尊嚴，或不想再見到她的屍體，而對自己剛剛做過的事情覺得難過。我們從很多殺人犯那裡，得知他們都會把被害者的屍體蓋起來。

我最近的一次經驗，證實了我們有能力「預測」兇手當時在想些什麼。當時我已經由聯邦調查局退休兩年，回到一個美國東部的州立監獄裡，替該州保釋局與一名判處殺人罪的兇手面談。保釋局希望聽取我的意見，看這名人犯適不適合被保釋出獄，就我看來，這只代表一件事，那就是：如果他出獄了，會不會再犯？而我也告訴這名犯人我的觀點。我花了很多時間，來削弱他的抗拒感，逼迫他愈來愈毫無防備地面對事實，試著就下面兩點找出讓我滿意的答案：他究竟對自己所做的事有沒有道德規範觀念，而且是不是真正的悔改了；以及他是否仍然覺得能夠操縱、主宰、控制別人的生殺大權，而且從中得到快感。他所告訴我的，都與我曾多次聽到其他類似案犯所說的模式相符，而我研究這些人的思想、罪行與動機長達二十年了。

經過一些研究後，我們發現，大多數的暴力罪犯在自己腦海裡都有兩種相互矛盾的成分。一種是優越感，覺得自己能豁免於社會規範；他們太聰明，不需要從最基層做起，慢慢往上爬，或者在一段關係裡受一般規則的約束。另外一種同樣強烈的感覺，卻是自卑感，認為自己不如人，相信自己無論怎樣努力都是失敗者。第一種自大的感覺常常讓他們不願意努力讀書工作，不過，這些人事實上連一份工作或者一段關係都無法掌握，而工作和人際關係能給予正常人滿足感。如此一來，反而加強了這些人的邊緣處境。

能夠激勵這些人的就是權力和控制能力，因為他們的成長環境讓他們覺得無力及失控。而儘管大多數受虐或是遭到忽視的孩童，都知道如何因應，來克服艱困的成長環境；那些調適不良的人，就變成憤怒、懷有敵意，或是沮喪的成年人，終而變成暴力犯罪者。沒有人否認大部分曾經在孩童時代受過虐待的人，成長後還是會留下情緒上的傷疤。但是如果一個小孩能夠把自己的沮喪、傷害與憤怒，舉例來說，轉而發洩在運動上面，那麼他就可能成為高中體育健將，剪貼簿裡就會貼滿了當地報紙以及學校年刊關於他的成就的記載。比起那些缺乏發洩管道，先折磨小動物，然後企圖傷害他人來發洩，終而變成殺人罪犯，在剪貼簿裡留下令人毛骨悚然紀錄的這種人來說，前者就顯得比較強壯而健康。對某些人來說，操縱、主宰並控制受害者，決定受害者的生死，能夠暫時抵消自卑感，感到滿足。這些罪犯感覺自己偉大而優越，也覺得自己有權利去感受這些感覺。換句話說，強暴與殺人讓他們覺得這個世界終於對得起他們了。

讀者應該看得出來，我總是把這些罪犯形容為男性。就字義上來看，這是性別歧視，但是男人通常也是最容易犯這種罪的人。聯邦調查局的行為科學組和安·布吉斯與其同儕，曾研究過來自同樣受虐和被忽視背景的女犯人。但是他們發現，無論有什麼複雜因素使然，女性通常不會以侵犯他人來宣洩自己的沮喪和感情傷害。她們可能會有自我毀滅的傾向，像是嗑藥和酗酒，被具有虐待傾向的男人吸引，習慣任由這些男人施暴，甚至覺得這是自己應受的懲罰。這些女人可能會變成性工作者，或者企圖自殺。她們甚至可能虐待子女。但是除了極少數例外，她們不會像男性罪犯一樣侵犯別人，也不會將情緒或性方面的憤怒，發洩在陌生人身上。原因可能是兩性之間腦部結構的差異；或者由**荷爾蒙**來分析，因為女性主要受到雌激素的影響，而男人則是受睪固酮（男性荷爾蒙）的影響。總而言之，婦女通常不是掠奪者，也不會製造麻煩。當然，儘管本書所談的人格發展與動機大都與男性有關，但是婦女愈能夠了解這種過程及這些課題，就愈能早期發現，並加以提防。

我必須先點出在我執法生涯及寫作過程中一個經常提到的觀念。我們所研究的罪犯，心理上當然都有些問題。他們的罪行甚至會讓人以為他們瘋了，但是「瘋」是一個主觀的字眼，「精神失常」（insanity）才是法律名詞，並且有詳盡的法律定義。從我在匡提科調查支援的男女同事角度來說，重要的字眼是「選擇」。在我們所談過的案例中，除了少數幾個真正屬於瘋狂（而且通常有妄想症）的個案外，這些人是經過選擇才犯下這些罪行的。他們可能著迷於傷害女人，他們可能受到某種刺激，據以進行這種著魔般的想法。事實上，他們都沒有**必要**做這些事情。這些犯人都不是**被迫**的。他們選擇了這麼做，因為這些事讓他們感覺良好。我對有些人在童年時期遭受虐待、性侵犯，或是缺乏關愛深感同情，我也了解這種人長大後可能會有嚴重的心理問題，但是我不認為，這種背景會迫使他去獵取、傷害，或者殺害他人，尤其是婦女或小孩。我們可以討論自己該不該為自己**變成什麼樣的**人負責，但是在絕大多數的情況下，我們當然該為自己的**所作所為**負責。

所以，究竟這些暴力行為是怎麼造成的？我們與許多連續侵犯他人的罪犯談過後，整理出了一份我們稱為「性殺人案件動機模式」（Sexual Homicide Motivational Model）的資料，這份文件按照環境與情緒對犯人所造成的影響加以分類，這些影響似乎決定了這些人在生活與犯罪生涯的發展過程，也就是那些讓人犯下暴行的**動機**的共同組成因素。在每個案例中，我們記錄了許多訪談對象，受到特定因素影響，這些人又如何採取各種不同的最終行為。舉例來說，我們很驚訝地發現，約有百分之五十的犯人表示，他們第一次的強暴幻想發生在十二到十四歲之間！如果我們不只要拯救受虐兒童，還要讓自己和我們心愛的人都免於施暴者橫行無阻所造成的損傷的話，單由這件事實，我們就不難發現早期預防多麼重要。

許多孩子身上都會發展出一些反社會的特質，但大部分人長大之後，都變成一般所謂的正派守法的公民。我們與那些暴力罪犯進行談話時，原本是要尋找能夠與這些犯行有關的**行為模式**。結果我們發現，這些研究對象似乎在很早以前，有些人甚至還在幼童時，就已經發覺操控他人能補足生命中缺乏的控制感。

察覺這種滿足後的行為發展階段就是幻想，我們也發現，這個階段在了解性侵害罪犯的演變過程中特別重要。首先幻想他們克服了生命中的問題：痛苦和失敗。當然，這包括讓自己成功，並且報復曾經傷害、輕視或者不尊重他們的人。接著就是性幻想。我們確定任何相關性侵害的案件中，犯人一定先發生性幻想，再把這些幻想落實。因此，如果有個人在十二歲時，已經幻想自己在強暴女人，你不妨猜猜看這種想法會將他導引到什麼道路上去。

別忘了另一點，那就是某些案件表面看來也許不是性犯罪，卻不見得不是基於性幻想所衍生的犯罪。縱火和放置炸彈這兩種在罪犯與被害者之間沒有直接關係的犯罪，仍然經常被視為性發洩的邪惡舉動。在紐約市著名的約會地點尋找把車停在路旁談情說愛的情侶，再用點四四半自動左輪手槍加以射殺的大衛・伯考維茲就告訴我，在那些他找不到獵物的夜晚，他會回到之前犯案的地點，就地手淫，回憶上次發動「查特牌鬥牛犬左輪手槍」（Charter Arms Bulldog）時，自己的性衝動和至高無上的權力感。

訪談過程充斥罪犯自青春期開始的性幻想，更值得注意的是，許多性幻想都與暴力、性虐待、性遊戲中的主從關係，還有其他主宰與控制相關的內容有關。百分之七十九的罪犯指出，他們都有強迫性手淫的習慣，這可以當成具有指標作用的早期行為，另外還有百分之七十二的犯人表示他們是偷窺狂，更有百分之八十一的犯人承認自己經常且定期使用情趣用品。

不論何時，只要談及色情刊物，也就無可避免地會提到因果關係。一九八九年佛羅里達州死刑執行前不久，西奧多・「泰德」・邦帝（Theodore "Ted" Bundy）同意接受訪問，訪談過程中，他似乎把所有的問題（他的罪行遍及全美各地，從西北岸的華盛頓州到東南部的佛羅里達州，誘拐以及殺害貌美年輕的婦女）都歸咎於自己廣泛地涉獵色情影片和圖畫。觀看色情影片，尤其是與暴力有關的影像，會不會刺激男人犯下暴力或性侵呢？還是那些已經有這種傾向的人，很自然地就會被這種型態的色情資料吸引呢？這個問題沒有任何簡單的答案，但從我在這些暴力犯身上所做的觀察及研究，還是可以歸納整理出一些結論。

首先，如果沒有**那些色情書刊和電影**，邦帝就不會成為連續殺人犯嗎？答案非常有力：「我不相信。」這只是邦帝這種人在推卸責任而已。邦帝犯罪是因為他**想要**去做，是因為這些行為能讓他滿足，最能讓他開懷。我這種說法並不是揣測，這是我們在多次訪談和他一樣的囚犯後得到的結論。

我想說明的是，即使是最暴力、最敵視女性、最有被虐傾向的色情刊物，也不會把正常人變成狂野的性犯罪者。我們發現的事實是，已經有這種思想和幻想的人，也就是那些接受我們監獄訪談的這類罪犯，的確會因為觀看這類的色情書刊，而讓自己潛伏的思想爆發，也從中得到一些「靈感」。我們最先由訪談中發現這個現象，往後的案例中，我們藉著比對犯罪手法與他們閱讀過的色情書刊進而證實。我還找不到哪個正常男性在成長期間沒有瀏覽過色情雜誌，或者其他比較含蓄的色情刊物，而我認識的人當中，很多都是優秀正直的人士，所以很明顯地，大部分人都能夠應付這種色情內容的影響。相同地，大家也早就知道百分之九十的男人都會承認自己手淫過，剩下的百分之十在撒謊。但是，如果有人全神貫注於性快感，而將其他方面的滿足都排除在外的話，那就是一個警兆了。

根據我們訪談對象的模式，隨之而來的就是透過各種途徑，將著了魔的幻想付諸行動。最常讓罪犯無法自拔的著魔行為中，除了戀物癖，就屬強迫性手淫、偷窺狂和大量觀看色情媒介最多。根據美國心理學協會（American Psychiatric Association）出版的《精神疾病診斷與統計手冊》（*Diagnostic and Statistical Manual of Mental Disorders*）第四版指出，**戀物癖**指涉由幻想、性衝動，或者其他沒有生命、非人類的生物之行為所帶來的激動快感。對一個正在萌芽階段的殺手而言，從行為發展觀點看來，這就是讓他開始變得危險的時候。

在心理學界，戀物癖被歸類為性目標的錯亂或者失調。錯亂有很多種，有些根本無害，只是一種偏好而已；有些則具有危險性或者可能導致命案，例如戀童癖與性虐待狂。大多數錯亂都伴隨著連續行為而發生，戀物癖就是很好的例子。社會中，戀物癖所沉迷的物品中，最常見的，大概就是女用內衣褲。

在我們訪談的罪犯中，有百分之七十二在成長過程中的某個階段，都有戀物癖。容我再說一次，我們所面對的，是一種連續性的問題。我想我們可以說大部分正常的美國男性，只要年齡到了一定階段，都會在見到黑色蕾絲內褲與網狀絲襪時被挑起性欲。我的朋友兼同事、心理學家派克．迪葉茲（Park Dietz）博士表示，你會不會被像玻璃絲襪這種更普通的女性用品挑逗，要看你自己對性體認的程度，年齡發展成熟的時間、地點，以及這件物品與你的性觀念的特殊關聯性而定。

其次，當我們檢驗犯罪動機時需要注意的，是犯人在性思考或者性行為的強調、專注及整體模式。換言之，這種性方面的刺激，究竟只是一時的，還是性衝動的快感主宰了你的生活？同時，儘管對蕾絲內褲感到興奮並不稀奇，但是迷戀腳就有點罕見了。戀物癖本身沒有什麼大害，但是如果我們舉前述的布魯多斯為例，他殺害婦女，砍下她們的腳，再用來展示他個人的女鞋收藏，那麼你就會明白，這些幻想可能是精神錯亂的初步先兆。童年或青少年時期對腳的興趣及欣賞所引發的刺激，和布魯多斯看見腳時所引發的刺激之間究竟有何不同，就是本書要討論的主要課題之一。

我們訪談對象所詳述的行為與興趣中，還有幾項就是妨害風化的裸露、打猥褻電話，以及與動物發生性行為。我們談話的對象中大約有百分之二十五的人三項都做過。變裝、召妓與在公共場所和陌生人摩擦性器官等行為，則有大約百分之十到二十的人做過。從連續性觀點說來，單獨討論這些行為本身都沒有什麼意義，但在這些暴力罪犯的形式和激發過程中，這些行為的暗示意義，對我們卻頗有助益。

伴隨著這些性方面的興趣和舉動，這些犯人，也開始透過外界行為來處理本身的壓力。這些在成長後發展出暴力或者侵犯人格的男性開始對同儕顯示侵略性，與反社會行為，例如搶劫、縱火、偷竊、虐待動物與作弊。不論智力程度如何，都可能從高中輟學、嗑藥或酗酒來應付壓力。他的舉止往往很衝動，不在乎會給他自己或別人留下什麼印象。他也開始覺得疏離，甚至被社會排斥，因此，不論他用什麼方式反擊社會，他都找得到藉口。

對某些孩子來說，只要有過一次誤觸法網的愚蠢經驗，就會被嚇得返回正途；但重刑罪犯，則發現侵犯行為可讓他處於高度亢奮的情緒中，而感到滿意和滿足，所以，他不但不會羞恥和後悔，反而還會設法增加強度。這就是我們所稱的「反饋濾網」（feedback filter），他開始實驗更多讓他感覺有力和滿足的行為，排除那些阻礙這種體驗的因素和行動，他會逐漸發現更多的領域和情況，讓他得以實驗控制和主宰別人的快感。他還會由經驗中學習，讓技巧更完美，避免失風被逮受到懲罰。他得到的成功和滿足愈強，這種回饋循環（feedback loop）就愈精鍊。

這就是為什麼前述的戀物癖和其他錯亂舉動會變得愈來愈危險的原因。隨著犯人愈來愈清楚什麼事物會讓他滿足，這種錯亂現象就愈強。原本只是喜歡偷窺的年輕人，可能開始偷竊他所偷窺的婦女的個人物品。一旦他破門而入，並且規避制裁，就可能再惡化為強暴。再舉例來說，如果他為了避免被害人指認，那麼強暴案就可能以謀殺收場。如果他又發現殺人的快感更大，權力和滿足更高，他就進入了另一種層次的控制感，這種謀殺行為就會持續下去。我們在布魯多斯身上就看到了類似的演變過程。

我完全無意暗示每名（大部分）偷窺狂都會變成連續殺人犯，我只是指出如果你像我們那樣去研究最暴力的性侵害兇手的話，就會發現諸如此類的殺人犯，都是從較輕的罪行開始，再慢慢累積成重犯的。

那麼，我們還能由哪些線索來搜索這些罪犯呢？我們試著了解為什麼成人罪犯會犯下某種罪行；同樣地，我們也要了解這些還年輕、正在發展中的反社會違法者的動機。

我們合稱為殺人犯傾向三元素的年少行為有三種：在過了某個年齡後還會尿床、縱火，以及對動物或較小的孩童施暴。並不是每個符合這三種徵兆的男孩，長大後都成為殺人犯，但這三種徵兆的組合，在我們研究那些犯人時非常明顯，所以我們建議如果父母和老師發現有任何兩種上述模式（而不是獨立事件）發生時，就應該提高警覺。

當然，你也要注意整個大環境。如果你發現一個六、七歲大的小孩，經常在路邊用放大鏡引火燒螞蟻，除此之外，假使他家庭健全，而且沒有顯露其他徵兆的話，可能只要透過很簡單的雙親干涉就可以解決。或者如果小孩經常尿床，但是沒有其他讓人擔心的行為的話，就該接受生理機能檢查；如果這個檢查的結果正常，那麼該設法解決尿床這個問題。但是，假設你觀察到上述兩種行為同時發生，而且這個小孩大都與比他年紀小的孩子一起玩，還經常欺侮或者辱罵他們，又或是如果他向自己的兄弟姊妹挑釁，或者如果他沒有任何社交活動，喜歡玩火，甚至從虐待螞蟻升級到虐待貓狗或是天竺鼠等寵物的話，那你就真的碰到問題了。這是初期的反社會行為，這種狀況不會自行改善，不會只是成長過程中的一個「階段」而已。

老師還能提供更多的描述。除了在學校裡欺負弱小和不一致的行為外，老師通常也會覺得這種小孩很聰明，卻像是完全不在乎。他們古靈精怪，但並不積極。事實上，他是很積極，卻不是這些老師所樂見的方式。

當我在全美各地訪問，或者對各種社團演說，連續殺人犯都是後天造成而非天然生成時，經常有人問到，會不會有些小孩就是「天生殺手」？換言之，是不是有所謂的「壞胚子」？這些人是不是生來就很邪惡呢？這種問題似乎屬於神學範疇，我無法回答，但不容置疑的是，有些小孩，早在你能夠開始觀察他們的時候，就比其他孩子要有侵犯傾向，自制力比較差，也很明顯地比較反社會。這並不是說他們註定會變成罪犯。但是研究的確顯示：如果孩子先天傾向如此，再被丟在極度不正常的環境中，又不見任何補救的話，那就很可能會長成一個有暴力傾向的成人。這也很可能是為什麼我們經常見到在同樣一個家庭中成長的兩個或更多的孩子，卻只有一個在長大後變成罪犯的原因。也許三個孩子都處在相同的環境，卻只有一個人天生就比其他兩人容易受到這種不良影響。

我想重申非常重要的一點：我雖然能夠解釋某些犯行，並不代表我原諒這些行為。我們可以了解引導某人步上犯罪與暴力生涯的影響，但沒有人是被迫去傷害他人的，沒有任何不幸的背景可以讓一個人無法抗拒犯罪的誘惑，也沒有人天生就缺乏自制力，每次都要向這種誘惑低頭。如果真的如此，逮補這種人應該易如反掌，但在我的專業生涯中所獵尋的行兇者，都很難繩之以法。我從事執法工作將近三十年中，還沒有見到過如下案例：某人因為太想犯下某種暴力罪行，即使知道警察在場，仍然犯下罪行。這種精神失常的辯護理由是如此根深柢固，還被稱為「當警察近在肘邊」的檢驗原則。

讓我們回頭想想杜威特的案例，就是我們在本章先前所提起的那名搶劫犯。也許沒有人能預測，他會因為殘暴地傷害、奪走別人的生命而被判處死刑，但隨著你閱讀他的案例，你可能也會說，當然了，這是很明顯的。他就像是個不定時炸彈，隨時都會爆炸。

如果杜威特是被允許引爆的炸彈，他所接受的早期干預、心理治療、監禁或其他行為調適等待遇或處分，都不足以引導他步上正途。他的案子很容易歸納出結論，不過我們稍後將會提及的一些個案，就比較微妙了。

就像孩童時期的早發行為，能夠暗示長大後的麻煩一樣，有些成人的行為也能讓我們提高警覺，雖然這些行為本身還不算是犯罪。讓我舉幾個涉及對同一種物品產生戀物癖的例子，向讀者說明有經驗的剖繪者如何利用這些案例，去了解特定物品對罪犯的刺激力量，並預測犯罪發生的可能。

二十世紀中期的美國社會，芭比娃娃可算是一個歷久不衰的時代象徵。由於我也有兩個女兒，所以很習慣看到芭比娃娃穿著各種服裝，甚至沒有穿衣服，或是處在各種待修理、不堪修理的狀態。

好幾代的美國女孩都是在芭比、她的男朋友肯尼，以及他們朋友的陪伴下成長的。這也沒什麼大不了，但當這個代表潮流、光鮮與美女的強烈象徵落入不那麼天真的人手裡時，我站在專業角度上，就不能等閒視之了。

一九八〇年代末期，一間照片沖印店在沖印了一組照片後，主動與聯邦調查局聯繫。這組相片裡有一名年約二十五到三十出頭的男子，身穿迷彩衫，把跑車停在森林裡，站在車後擋泥板上，和一個自己製造的、看來受到虐待的芭比娃娃一起擺姿勢合影。這個人的臉被黑影遮住，身旁還有一隻白色愛斯基摩犬。後來，在這一系列的相片中，還出現金髮及褐髮的芭比娃娃，頭都被砍掉了，身上還塗著血。這個人沒有前科，肢解洋娃娃當然也不犯法，但就我當時的判斷，這個人要再觀察。由他煞費周章拍攝這些照片看來，這件事已經變成他生活中很重要的一部分。而從他已經成年，卻還在玩娃娃這點看來，他可能無法融入同儕環境。此外，他還擁有車輛及打獵裝備這件事，顯示這個人也有行動力、足夠的財力與武器配備，足以製造傷害。目前，他還只是和娃娃演戲，應該還沒對任何婦女犯下嚴重的罪行。有件事大家都知道，你不會由強暴和謀殺這種罪行，退化到和洋娃娃一起拍照。

但是別忘了，我們曾經提過，幻想總是發生在侵犯暴行之前，洋娃娃很快就無法繼續滿足他了。他將會渴望並且開始幻想對真人下手的實際經驗，機會來臨時，他就不會錯過了。舉例來說，他可能正在森林裡準備結束另一場拍照儀式，精神正處於恍惚狀態中，兩名露營的貌美女子正好經過。一時衝動之下，他突然決定讓幻想成真，還可能會把犯罪過程加以攝影，並且比對實際罪行和先前與芭比娃娃合照的場景有多相像。

這個人讓我憂心忡忡，我覺得他已經飽受犯罪刺激，執法單位卻還無計可施。我建議當地警方，不要忘記這個人，萬一日後發生類似案件的話，這個人很可能會是嫌疑犯。最好讓警方逮捕這個人，把他與社會隔離，不讓他有機會犯下更嚴重的罪行。

還有另外一個人，住在美國中西部的一間精神病院裡。我們發現他把數百根針刺進裸體的芭比娃娃體內，這個人在融入社會的心理調適能力方面，當然不會比剛剛那個人強，我卻認為他沒那麼危險，他的行為代表他與同齡女性在相處上有很嚴重的問題。他的敵意也許和前述的人相同，但只要他一直待在醫院裡，他的心智複雜度與手法都不足為害。就像我們稍後會討論的縱火犯與炸彈客一樣，這個人是懦夫，也是孤獨者，他連隻狗都沒養！

這兩個人之間的差異在哪裡？第二個人只是把自己的憤怒和沮喪發洩在懲罰他所嚮往、卻從未擁有的事物象徵上（如果他不是刺一個女性娃娃，而是刺嬰兒娃娃的話，我的結論就可能大相逕庭）。然而，第一個傢伙雖然還沒有實現他的幻想，實際上卻因為某位女性對不起他，或是他自以為受到委屈，而以所有婦女為對象報復。如果讓他自由支配操縱、主宰與控制意志力，很可能就會醞釀成殺人案。

還有一個例子。一九八〇年代中期，美國南方發生了一起勒索案，案子到了聯邦調查局，我正好奉派調查此案。一名帶著兩個小孩的單親媽媽收到了兩封信，要她拍下七十二張自己的黑白裸體照片，並將底片交到購物中心的指定地點。如果她不聽話，小孩就會沒命。

分析過信件之後，我認為這名勒索犯應該是個很沒用的傢伙，這一類的犯人通常會有些後續動作，觀察她會不會照單全收，按照他的要求去做，交出照片。他也可能會藉著見她，好在心裡將她更私人化一些。所以我告訴當地探員，這個嫌犯會想出些花招跑去找她，例如去問路等等。

我也通知警方，既然他要求七十二張照片，還特別要黑白的，他很可能想在自己家裡的暗房沖印這些相片。

結果，當兩位探員在這名女子的家中訪談時，一輛洗衣店的貨車停在她家前面。兩名探員由窗口向外看，發現一個穿著繡有名字的制服的男子，正朝裡頭探頭探腦。警探要他進來，這個人方寸大亂，立刻就和盤托出。

這個勒索犯一人獨居，當探員搜索他的房子時，他家裡不但有暗房，還有好幾套婦女更衣時的照片，這些照片大都是在當事人不知情的情況下，由窗口偷拍的。但在這堆相片中有一組用腳架拍攝的黑白相片，畫面中這個傢伙拿著刀折磨一個體格魁梧的女人。這組相片中，他變得比較有威脅性，那名女子則逐漸脫去衣物，最後一張照片裡，她全身赤裸，躺在床上，他則跨坐其上，一隻手還抬起來，作勢要給她一耳光。

儘管這看起來讓人提心吊膽，而且從某個層次來說，真的很驚悚，但從相片上的僵硬姿勢和兩個人木然的表情看來，應該只是做做樣子而已。我立刻猜想他大概付錢給這個女的，請她客串演出。

案情最後大白，他在當地購物中心見到這位單親媽媽，尾隨她回家後，決定拿來當作目標。這個傢伙很明顯是個沒有能耐的失敗者，不會強暴或殺人，他甚至不大可能下手殺害幼童。但他還是有危險性。他的幻想非常強烈，在這個案子中，我們也見到令人憂慮的演變過程。剛開始，他滿足於偷窺，偷拍不知情的女人在家更衣的照片。那些都不再能滿足他時，他就以戲劇方式實現自己的幻想。接著，他開始勒索不會抱怨的配合者。接下來，他可能企圖闖入民宅，尋找內衣和照片，作為戀物癖的紀念品。而萬一他被人家撞見了，就會勃然大怒，感到困窘而迷惑。如果他被活逮了，就會採取行動來解決問題，而他的腦海裡已經有了具體細節，我想我不必再進一步為大家清晰描繪潛在的危險了。

最後，有些案子實在非常怪異，不得不先搖頭嘆息，才能定下心來解釋及評估。

某天晚上，兩名巡警把警車停在路邊一輛車子旁邊，車裡有一對男女正在親熱。

「警官，有什麼問題嗎？」那名男子問。

「你們不該在這裡辦事。」一名巡警堅決地說。

「你這是什麼意思？」男子忿忿不平地說：「你們該去看看那邊那個傢伙，我們本來打算把車停在那裡，可是我們一看進他的車窗就打消念頭了，他正在裡面跟一隻雞搞呢！」

「什麼？」警官結巴了。他和搭檔找到了那輛車子裡的人。沒錯，不論從生理結構上說來有多麼不可能，那個人確實正在和一隻雞發生性行為。不僅如此，他還把整個過程錄影下來！

我之所以知道這件事，是因為我看過那捲錄影帶，其他許多人也都看過那捲帶子。

不管這件事聽來如何荒謬，卻一點也不好笑。觀看這捲錄影帶的時候，我想這個人對雞沒有什麼熱情。從他的談話中，他好像是在和一個女人進行降格以求的、強迫式的性關係。我在報告中指出，如果他能找到一名可以令他予取予求的女人，他就不會拿這隻長滿了毛的動物代替。很明顯地，這個傢伙很怪異，甚至有可能是個瘋子，而警方在毫無選擇的情形下，只能當成一般妨害風化的案件處理。這個人只被判虐待動物和妨害風化的裸露罪名，但他很明顯已經受到幻想的刺激，我懷疑沒多久，那隻雞就不能再滿足他了。

在我們位於匡提科的單位中，我們經常分析並且協助偵破「缺乏動機的犯罪事件」。雖然我們願意協助，但還是要澄清一點，實際上沒有所謂的「無動機犯罪」。每件案子都必然有動機。而我們的工作就是去了解罪犯究竟在想些什麼，才能了解**為什麼**要犯罪，從而引導緝拿**真兇**的方向。

Chapter 02
玩火自焚

具有暴力及反社會傾向的孩子，經常會虐待動物或者幼童，他們甚至過了正常年齡都還可能尿床。我們的研究指出這些人的內心，其實對自己缺乏控制能力而相當沮喪。在殺人犯行為模式三部曲中，最讓我們對罪犯心態感到困惑的，應該是第三種行為。縱火這種行為，究竟在哪方面塑造了這麼多潛在犯罪者的想像？每個人的思想和行為模式都不同，八歲的小孩扯動火災警鈴的把手，然後他在十六歲時做出同一件事，儘管動機可能類似，但這兩件事所帶給我們的訊息卻不同。不過，在我職業生涯剛開始時，我就明白如果真正想了解這些人，就必須知道為什麼縱火這種行為，在他們的發展過程中，占了這麼重要的地位。

我最早聽到的縱火故事，是在我們剛開始進行監獄訪談計畫的時候。

大衛．伯考維茲，也就是自稱「山姆之子」的罪犯，在成為連續殺人犯之前，曾經在紐約縱火高達兩千次，這件事是他自己寫在日記裡的。他就是我們所謂的縱火狂，警方則將這種人稱為妨害行為縱火犯，因為他會在垃圾桶、空曠的垃圾場，或者廢棄的空建築物等目標放火。伯考維茲主要的縱火地點在皇后區和布魯克林區，接著，他會等著看消防隊的反應。他對這些縱火事件的紀錄非常完整及嚴密，他甚至記錄了什麼樣的滅火設施用來撲滅哪場火，以及當時的環境狀況，例如當時有沒有起風以助長火苗。

當我們在阿提卡州立監獄訪問伯考維茲時，他告訴我們，他經常在觀看這些火場時，躲在一邊手淫；這也暗示著縱火經常是以性為基礎的犯罪行為。他常常談到手淫，我問他是不是在手淫這方面有困擾，這個問題後來經常出現在我們的問卷上。

「是的。」他回答。

「到現在還是嗎？」我問。

「對，到現在還是。」每天數次手淫。他說他從來無法讓自己滿足，縱使他在手淫的時候，能夠達到多次性高潮。

聽到他的回答，我回想自從我進入這間監獄的會客室後所發生的每件事。我做的第一件事居然是和他握手！雖然我曉得還要進行好幾個鐘頭的訪談，我卻已經忍不住想要去洗手。

了解縱火和手淫間的關聯後，我常建議警探在勘驗可疑火場時，找犯罪現場攝影師拍下圍觀群眾，再加以研究。如果有人當時正進行手淫，面部表情呆滯，這個人很有可能就是縱火犯。

有一次我對一些紐約市警察提到這個看法。「道格拉斯，這個主意可能在國內其他地區有效，」其中一位警察對我說：「但在紐約市，火場可是很熱鬧的！你只要到略具規模的縱火現場去看看圍觀民眾，就會看見好幾個手淫的人，還有人在撒尿，天知道還會看見什麼其他人！」

但是，不論在哪裡，縱火是許多高度危險的罪犯展開犯罪生涯的起點，所以縱火也就成為我們第一個開始研究的罪行。

許多具侵犯行為傾向的人後來也會犯下強暴和姦殺等蓄意性行為，同樣地，縱火經常是一種企圖，想要獲得控制、權力與成就感。看看縱火犯認為他能夠操縱與控制的人的名單，我們就不難了解這種滿足：陷身火場的犧牲者、消防隊員、警察與其他象徵權威人士、媒體，甚至整個社區，都是縱火犯認為在自己掌控之中的人。

一九八〇年，我在英國的布藍希爾警察學院（Bramshill Police Staff College）講授一門剖繪課程，當地距離倫敦大約一小時車程，相當於美國匡提科的聯邦調查局學院，很巧合地，匡提科也正好距離華盛頓特區大約一小時車程（不過，我感覺這裡的作風比匡提科正式，學員上課時，都穿著各單位的制服或者值勤時所穿的西裝）。這門課的授課內容，大都基於學員們曾經經手的個案，其中有個案例特別有趣，因為相當符合我對於連續縱火犯的早期發展、演變和行動方式所做出的結論。

彼得．喬治．丁斯戴（Peter George Dinsdale），一九六〇年出生於沮喪與不幸的環境，母親是性工作者，他自己則患有癲癇症，右手臂還有些畸形。小時候，他和外祖母同住，三年後，他的母親爭取到監護權，才讓丁斯戴搬來與她和丈夫同住，但這樣的安排並沒有發揮效用。丁斯戴九歲時在一個購物中心縱火，後來則坦承每次只要手指「發癢」，他就會點火。他十三歲時又縱火，並且導致一人死亡。四年後，他把一間安養院當成縱火目標，奪走了十一名老人的性命。

丁斯戴其他人格方面的細節，完全符合我們描述的典型縱火犯。有一次，他與一名老人吵架，因為他指責丁斯戴吵到了他養的鴿子。他趁著這名老人在安樂椅中睡著時潛進來，掐死所有的鴿子，再放火燒死這名老人。十九歲時，他把名字改成李小龍（Bruce Lee），紀念這位他視為偶像的功夫電影明星，這也是許多此類縱火犯典型的強烈幻想。隔年，他在赫爾（Hull）地區燒了一間房子，燒死了一位母親和她三個兒子，這位「李小龍」在警方後來的逮捕行動中落網，他對一長串的殺人罪行坦承不諱，並且被判處在精神病院服無期徒刑。

當警方詢問他的動機時，「李先生」的回答是：「我奉獻於火，火焰是我的主宰，這就是我縱火的原因。」

也許更能點明我們的主題的是，調查此案的檢察官對這件案子所說的一句話：「可悲的是，這些縱火案件就是他畢生唯一的真實成就。」

美國最引人注目的連續縱火案之一，就發生在一九九〇年代初期的西雅圖。

位處西雅圖北郊，華盛頓州林塢市（Lynnwood）的兩座教堂在某周日清晨遭人縱火後，當地消防隊委請菸酒槍械局特別縱火調查員丹・偉特瑟（Dane Whetsel）協助偵辦。偉特瑟曾經擔任辯護律師，也是非常能幹的調查人員。他曾經參加過一門研究連續縱火的課程，接到西雅圖當局報案後，他認為剖繪也許能夠幫助調查，於是把罪案現場資料送到我們的調查支援組。

嫌犯的第一件縱火案，發生在一九九二年八月六日，當時的目標是幾棟尚未完工的房子。鑑識人員後來認為，這場火是經由打火機點燃沾了柏油的紙而引發的。當消防隊出動滅火時，縱火犯同時又放了另外三把火，只為了讓他們疲於奔命，並且逼迫消防隊按照他的意思前往他「指示」的地方。

三天後，也就是八月九日，正是那兩座教堂被燒的日子，首先是林塢聯合教派的教堂，接著是路德教會的教堂。同一天早晨，還有另外一間施工中的房子被燒，偉特瑟此時開始加入調查。兩周後，又有兩座教堂在三天內被人縱火。等到勞動節時，一座辦公大樓也遭殃了，此後又有幾場零星縱火案，目標物包括麵包店及木材公司。九月十九日，縱火犯對住家下手，當時這家人還在裡面睡覺，幸好那對夫妻、九歲的小孩和嬰孩都及時逃出。同一個晚上，這名犯人總共對四棟房子下手。

這個案子很複雜，因為縱火的標的物範圍很廣。如果某人專門放火燒以黑人為主的浸信會教堂，就可以看出明顯的動機，把嫌犯的範圍縮小。但本案的縱火對象包括各式各樣的建築物，更令人心驚的是，犯人的做案方式看來已有進化與演變的趨勢。

等到探員或縱火調查員找出幾場火災之間的關聯性時，這名未知嫌犯已經連續放了很多場火。當然，我們也認為這個人在童年或青少年時期一定也放過火，只是沒有人知道，或者還沒有人聯想到這些火災而已。

接著，在九月二十二日，危險度變得更高了。當天「四大自由之家」（Four Freedoms House）這間安養中心付之一炬，三位年長婦女身亡。這場火一開始被認定為意外事件，但當我們見到縱火的模式，而且發現當晚還有另外兩件疑似縱火的案件時，我們推想這場安養中心的大火，可能是人為的。如果真是如此，而且也是同一名未知嫌犯做的話，那麼我們就不再只是跟一個破壞財物的人周旋而已，我們得要追捕一名殺人兇手。

由於安養中心大火並沒有被判定是人為縱火事件，警方無法認定這名嫌犯目前為止到底有沒有殺人，但他已經造成高達數百萬美元的財物損失。隨著案件發展，警方成立了一個特別調查組，由偉特瑟與西雅圖消防隊的副隊長蘭迪．李奇菲德（Randy Litchfield）領導，這個小組由好幾個不同管區的警方與消防隊人員組成，被稱為「斯諾金縱火案特別小組」（Sno-King Arson Task Force），因為大部分火災都發生在斯諾霍米希（Snohomish）和金（King）兩個郡裡。這個特別小組裝設了一支免費的提供線索熱線，他們甚至還找來了一架配備紅外線熱感應影像的直升機，要趁著縱火嫌犯犯罪時立即發現他的蹤影。這個特別小組稱呼縱火犯為史貝克特（Specter，譯註：意指「鬼」），還懸賞兩萬五千美元給任何提供線索而將他繩之以法的人。

接著安德遜安養中心（Anderson Retirement Home）於九月二十八日，也就是前一起安養中心火災事件一周後，也發生大火。還好由於該中心有消防灑水系統，火勢順利掌控住，調查小組也終於找到了一些實質證據。在火場找到的證據顯示，縱火犯移除了一扇紗窗，由窗戶爬進安養中心，並且點燃床罩犯案。紗窗上還找到了兩枚指紋，卻與警方的前科檔案資料完全不符。

縱火犯事件從十月一直到十二月愈演愈烈。十月間，另外一棟林塢市的房子起火燃燒，當時有一家人，包括七個孩子，還睡在裡面，同一個晚上，單單在斯諾霍米希郡第一防火區裡，就發生了六場火災。凌晨三點左右，鄰居發現九十三歲高齡婦女海倫．艾倫（Helen Allen）的房子著火，於是破門而入，將她平安救出。總計當晚在四小時裡，共發生了十二場火災。

不過當晚案情也出現了很有潛力的突破。一對夫妻發現有一名穿著合宜的男子從轎車中走出來，走到兩棟房子中間，手裡還拿著行動電話。他後來上車並將車開走，兩分鐘後，火苗就冒了出來。這對夫妻打電話給消防隊，接著把這名男子的外表形容給偵查人員。李奇菲德曉得這名嫌犯根本不是在打行動電話，而是在竊聽警方的無線電。

十一月二日，又有一間民房與兩座倉庫遭人縱火，當晚有人從酒吧走路回家，注意到有輛車子（警方由目擊者的描述，認定是一輛克萊斯勒車廠出品的汽車）在馬路上急速迴轉，切入一條小巷。幾分鐘後，救火車就抵達現場。目擊者指稱這輛車很新，掛著臨時車牌，車窗上還有克萊斯勒的廣告。在偉特瑟的指示下，警探尋遍了當地每家克萊斯勒汽車經銷商，以及可能製造那張廣告卡的廣告公司，但是一無所獲。

另一個可能的目擊狀況發生在十一月十七日，一名婦女在距離西雅圖東南方一百六十公里左右的公用電話亭中，發現有人靠近一棟空屋，不久烈焰與黑煙翻騰，那人則迅速離開現場。她打電話通知警方，警方也立即發布嫌犯駕駛車輛的描述，而在鄰近克利伊倫（Cle Elum）地區的一位警官曾目擊這輛車。這位警官發現這輛車駛入當地艾克森石油公司的加油站，但駕駛人衣著光鮮，看來不像縱火犯。另一位目擊者則說，當她在火場觀看消防隊滅火時，見到一個人從車裡走出來，站在離她很近的地方，舉止相當可疑，她還向探員描述這個人的長相，警方因此得以繪製嫌犯素描。

十一月底一對老夫婦的車庫遭人縱火，十二月則是一座儲放小遊艇的庫房遭到祝融之災，經營這座庫房的夫妻兩人就住在樓上，他們幸免於難。這些火災地點相距高達約五十公里，已經南抵塔科瑪郡（Tacoma）了。警方成立了敦親睦鄰守望相助小組，並且鼓勵大家舉報社區附近任何可疑的活動。

當地警探發現了一些有趣而且很重要的事情：幾乎所有認定為這名縱火犯所放的火，起火高度都是在腰部到胸部之間，而非從地板燒起。此外，沒有一場火在天候不佳的時候發生。調查人員據以推斷，這名縱火犯喜歡保持乾淨。目擊者的證詞都指出有美國製造的車子離開現場，由於這些車子多半屬於美國車廠出品的旗艦型車輛，警方有人認為這名未知嫌犯可能是個需要經常出外旅行的推銷員。

我們加入調查時，這個案子列入例行案情討論會議中。在這種會議上我們盡量邀請很多探員共聚一堂，大家聆聽案情、提出詢問、分析和評論，並且分享彼此的看法。這個案子，就像其他連續性的犯罪一樣，我們會試著找出這種行為模式有什麼意義，也就是說，我們從嫌犯縱火的演變過程中，能夠看出些什麼？

連續縱火案的第一點，就是那些被燒的房子裡有沒有人，或者當縱火犯點燃火苗時，認為裡面有沒有人。如果嫌犯選擇空屋下手，那麼不論損壞價值高低，充其量只是騷擾型的罪犯。但是，如果標的物從空屋演進到住家，那麼，他的行為就和其他逐漸升級的侵略犯相同。本案並無特定受害人，如果他心中有特定的受害者，就不會在騷擾型犯罪這個類別逗留良久。故意在裡面有人的建築物放火，展現對社會的憤怒與敵意，原因要不是因為他覺得在某方面受到了傷害，就是沒有受到應有的重視。縱火和放炸彈及各種恐怖主義形式的罪行一樣，都是懦夫所犯的罪。犯下這種罪行的人（普遍為男性）通常想要出擊，但缺乏勇氣，甚至也沒有足夠的能力處理人際關係。特別在縱火方面，嫌犯通常把受害者看成沒有臉孔也沒有性別的個體，而非活生生的人。

我們將這類罪犯視為**內化型**（internalizers）以區隔**外發型**（externalizers）。兩種人都由幻想開始，外發型犯人會直接實行這些幻想，至於像縱火犯及炸彈犯這種內化型犯人則否。內化型犯人孤獨且不合群，他們必須與其他人維持情緒與實質上的距離。為了讓你明瞭，犯罪研究這門專業裡，沒有簡單或絕對的公式。我不妨告訴你，內化型犯人也可能是強暴犯或者一對一的殺手。但其受害人將會比較瘦小、羸弱或脆弱，也就是說，他不必挑戰被害人，甚至不用站在公平基準上競爭。另外一種可能則是仔細挑選受害者及犯罪環境，可以「閃電奇襲」攻其不備，或者讓她失去知覺或防衛能力，這樣一來，罪犯就不需要將她視為一個活生生的人來對付。我經常指出，從某個層次來說，侵略性罪犯都是懦夫，但是內化型犯人在這些罪犯中，是最怯懦的一種。

我們對這個連續縱火犯的結論是，這名西雅圖嫌犯一個晚上連放好幾場火，是以他自認為的優越感奚落權威。根據我們的分析，這名犯人特別在等到消防車接到報案電話，出動前往救災後，立刻在傾巢而出的消防站附近再放一把火。

現在，嫌犯已經被媒體的報導所迷惑，開始認為自己有力量，而這種力量是他生命所缺乏的。由於在他所犯下的大多數案件中，他並沒有與受害人發生任何關聯，縱火可能導致他人死亡，造成了加分效果。他並不恨這些人，但他對操縱別人生死的權力感到滿足。他放的火將愈來愈大，也愈來愈引人注目，而隨著每次的「成功」，他變得更危險。

無論如何，只要你面對一連串有升高趨勢的犯罪情況時，不論是強暴、謀殺、放炸彈或者縱火，都該仔細查驗最早發生的幾起案件，推論出罪犯可能住在哪裡。當然也有助於縮小偵查範圍。

在他們剛開始犯罪時，只會在自己的「舒適圈」（comfort zone）內活動，通常是距離他們居住或工作地點很近的地方，熟知地理環境和逃脫途徑，能夠由附近街道融入當地社區，回到家裡或者其他安全的避難所，可以在陷入困境時，編出一套說詞解套。如果他們的行動都是成功的，他們就會開始覺得自己很懂得如何犯罪，技巧還可以更加精鍊。當他們開始執迷於自己的能力和信心時，這些罪犯將離開舒適區域，到愈來愈遠的地方做案，這就是為什麼分析早期案件如此重要。

當地菸酒槍械局的調查人員發現，這名嫌犯習慣就地取材，他將地面上的可燃物堆成一個空心圓錐，再用打火機引燃，這種手法在他最早的幾起縱火案中尤其明顯。探員稱之為縱火犯的「**簽名特徵**」，亦即其「個人行為特徵」，也就是賴以辨認他犯案的特殊手法。但根據我們在匡提科的說法，這種特性被稱為罪犯的「一貫手法」（modus operandi），簡稱為M. O.。我們認為，這種手法是動態的。隨著罪犯學得愈多，犯罪技巧變得更純熟，這種一貫手法也會跟著演進。如果你持槍搶銀行的話，那麼槍枝就是你一貫手法的一部分。另一方面，「簽名特徵」的真正意義是指：罪行中讓犯人在情緒上感到滿足的部分，比較不會被改變。舉例來說，折磨與虐待幾乎一直是任何罪行「簽名特徵」的一部分。

罪犯之所以折磨被害人，只因為殘酷成性的情緒需要。所以，如果一名犯人用槍抵住受害者，加以折磨，那麼你既看見了他的一貫手法，也有了犯罪行為的特徵。釐清這兩者之間的差異非常重要，因為這兩個名詞在我們日常工作上不斷出現。一貫手法會隨著兇手經驗的增加而改變，但是「簽名特徵」卻是直搗嫌犯人格與動機的重要線索。

縱火犯的犯罪特徵，通常指某個或某些特定的目標，但這名西雅圖的縱火犯似乎沒有特定對象，所以這方面未能提供我們任何線索。如果除了放火之外，他還很明顯地在火場地板上大小便、展現某種模式的破壞行為或者掠取，尤其是偷走能證明他有戀物癖的物品，以上任何一項行為，都是一種對我們破案有幫助的特徵。但我們手上唯一掌握的，只有案件的數目，以及他對於權力展現的強化。

目擊證人已經將犯人定在年約二十到三十幾歲的白人男子，我們並不意外。縱火犯主要都是白人，而非黑人、西班牙裔人或是亞洲人，至少在美國如此。從發展過程看來，這名犯人的年齡應該在二十五以上到三十五歲之間，才能如此老練。還有，他一定長期以來都對火有興趣，甚至可以追溯到童年時期。在那個時期，一定能夠發現他在家附近放火而引起小規模騷亂。這名犯人在童年時期應該曾虐待小動物或其他小孩，更有可能年紀很大了還尿床。他能監聽警方廣播也不意外，他是警察或者消防隊迷，還可能試著申請這些工作，想成為此類專業人士來滿足自己，但也許不夠資格，或者因為某種原因而被拒絕，這更增加了他生命的挫折感。你常常會見到這類型的人申請擔任義消或者義警，他們會申請任何能夠帶來身分及權威的工作。他在情緒上很孤獨，和異性的關係也總是不成功。這個特徵也能夠回溯到童年，他在學校裡幾乎沒有朋友，同學把他形容成怪人，老師則說他有不良影響，功課表現也沒達到標準，他的表現向來跟潛力不符。

為了稍微彌補自己低落的自尊，他應該非常重視外表，也總是試圖以良好外表偽裝，如果被拆穿了，他很容易就會崩潰。曾經與他一同工作或者交往過的人，應該會注意到他有時候會因為小小的刺激而勃然大怒。他總是很快地歸咎他人，從來不認為或者不願意承認會是他自己的問題。我們預料他喜歡看內容粗暴的色情片，尤其是有變態的主從關係，或其他控制型態的內容。

如果目擊者的描述正確，那麼這名嫌犯的收入能讓他買得起光鮮的衣著、有輛新車，能夠到處遷徙而且資源豐富。他在生活方面並非可悲的失敗者，所以他的問題出在對自己的看法。不論實際上的外在表現究竟如何，他只有在自認統率當地警消雙方資源，並且讓大眾畏懼時，才覺得自己有控制權。這些縱火案件的效率和組織力也顯示，他可能已經在白天事先勘察過做案地點，晚間再回來迅速縱火。這也符合先前評估他可能是個推銷員的說法，因為這種工作讓他白天在外走動，無需解釋他人在哪裡以及做些什麼。他能兼顧工作，也不會引起任何懷疑，還能夠偵查足以讓他放一百多場火的地點。

我們認為可能有某個導火線引發這一輪的縱火案件，一般而言，最有可能的兩件事，就是失業或者失戀。以他目前的行為而論，周遭的人應該注意到他密切留心媒體的報導與論述，這一個特點與他想操縱與控制權威及公共設施的欲望是分不開的。他認為媒體報導是對他的一種認可，卻也給他帶來壓力。他以前可能曾經嗑藥或者酗酒，現在說不定又故態復萌。如今既然警方的特殊小組已經蓄勢待發，調查壓力也急遽上升，他可能會找藉口出城，這點應該不會太難，因為，他可能是個常常旅行的推銷員。我們由研究中發現，像這樣長途開車，尤其在夜間，在他們的腦海裡，就好像展開狩獵之旅。隨著調查行動逐漸加強，這名嫌犯身邊的人將會發覺他的情緒明顯不佳。

嫌犯**剖繪**最大的功用之一，就是協助當地警方過濾名單且加以改善，集中偵辦力量。但在某些特定的情況下，剖繪則是讓警方採取更積極的行動，讓大眾協助警方破案。我們即將見到，嫌犯幾乎無法避免地會對自己親近的人展現某種行為，暗示他們犯案，這種情形在放置炸彈案件中尤其明顯。只要你能夠讓嫌犯周遭的這些人明白他們所見的情形，破解這種行為的變化，並且願意與警方合作，案子就能偵破，並且終止這一系列的犯罪。

這就是我們認為西雅圖警方應該做的事情，在一九九三年一月二十七日，斯諾金縱火案特別小組召開了記者會，會中發表了縱火嫌犯的合成素描，以及關於他行為剖繪的重點。

偉特瑟向媒體說明：「這名嫌犯缺乏自尊，可能來自破碎家庭，資料顯示他有可能患有心理疾病，例如精神分裂症，不論這種疾病的程度是否相當輕微，或只是潛在的情緒問題，」偉特瑟還補充：「縱火讓他感到相當興奮並熱忱投入。」

在記者會接下來的時間裡，警方表示嫌犯在七月底左右應該曾遭受情緒創傷，而率行縱火。李奇菲德呼籲：「如果有人知道這名嫌犯是誰，請與警方聯絡。」

就讀於西雅圖太平洋大學，當時二十一歲的班・凱勒（Ben Keller）正好在電視上看到了這則新聞，愈看愈警覺。不論是警方提出的合成畫像或者關於嫌犯行為的剖繪，都非常像他的哥哥保羅・凱勒（Paul Kenneth Keller）。保羅在他們父親的廣告公司裡擔任業務。班於次日打電話給在同一家廣告公司工作的姊姊魯絲・華克（Ruth Wacker），她的先生普勒斯頓・華克（Preston Wacker）正好就是斯諾霍米希郡警察局副局長。班建議姊姊將保羅用來申請出差費的加油站收據資料拿出來，核對一下去年十一月十七日的時候，是不是有一張克利伊倫地區的加油站開立的收據。

魯絲的回應，是令人緊張的**有**。

同一天，他的雙親喬治和瑪格莉特・凱勒（George and Margaret Keller）正在閱讀《埃佛瑞特先鋒報》（*Everett Herald*）關於警方召開記者會的報導，該報的標題寫著：**警方表示，有人認識這名嫌犯。**他們也因為兒子保羅和警方畫像相似而感到困擾，更為保羅與警方的罪犯行為剖繪神似而疑惑。保羅二十七歲，離婚，在一九九二年七月間，保羅的確遭遇了嚴重的情緒打擊，當時他宣告破產，喬治形容這件事「對他個人有極大的毀滅性」。保羅總是維持外觀整潔，從小就對火著迷，曾經兩度申請擔任消防義工但被拒絕，他還知道所有西雅圖地區消防站的位置。

當天喬治・凱勒勇敢地前往埃佛瑞特市消防局拜訪探員華倫・伯恩斯（Warren Burns）。這正如我們所願，也再次證實了每個案件中，都會有個人手中握有足以讓我們解開所有謎團的資料。伯恩斯與喬治談完後，便聯絡了斯諾金特別小組，並且讓喬治和偉特瑟與李奇菲德聯絡。我後來也讀了喬治對調查人員所做的聲明，喬治・凱勒將他關切這個案子的理由複述了一次，還告訴警方保羅在童年時期，就有數不清的情緒問題，大約八或九歲時，就被逮到在家附近的一棟空屋縱火。除此之外，他曾經在商店中順手牽羊，在家裡欺負弟弟與妹妹，還和父母嚴重爭執。他曾在埃佛瑞特市一間公司擔任會計工作，但是在五、六年前遭到解雇，在他離婚前，他的座位非常可疑地起火。

喬治與檢方並沒有向保羅透露任何訊息，但特別小組將保羅列為嫌犯，對他展開詳細調查，而喬治則和警方充分合作。保羅的電話帳單紀錄顯示，許多場火警發生時，他人都在火場附近。保羅還告訴父親，某些房子著火時，他就在現場看熱鬧。這些事實，都讓他成為縱火的主要嫌犯。

喬治・凱勒提供的情報非常有用，而我們在匡提科的人員也感到十分有興趣。他提到大約一年前，這間家庭企業型的廣告公司買了架昂貴的照相機，而保羅要求使用這台相機拍攝個人作品。他開車走遍華盛頓州，以他有興趣的兩個主題照了很多相片，其一為舊式火車，其二就是現代化的火警與緊急事故服務單位。他曾經把相片拿給父親看，但等到警方公布了一些縱火犯的細節之後，就停了下來。喬治說，他認為這與他的一貫作風大不相同。

保羅是一名剽悍的駕駛，他的車子被操得很厲害，也經常因為交通事故和超速而收到罰單。除了尋找消防隊和竊聽警方的緊急廣播訊號這兩個嗜好外，他還在行李廂內擺著一件消防隊員穿的黃色外套。好幾個朋友和家人指出曾經在許多火場見到過他，而至少有一次，他為了要盡速抵達火場，差點撞到人。

喬治對保羅的描述，幾乎就是我們所做的剖繪，與我們所提出的行為發展模式配合得天衣無縫。他形容自己的兒子即使相當聰明，卻為極度低落的自尊所苦。保羅不論工作或休閒，總是衣著亮麗，保養頭髮和鬍子達到著魔的地步，但卻經常忽略像刷牙這種個人基本衛生。

他對於任何可能讓自己外在形象蒙塵的事情，都非常敏感，只要有一點點不完美的地方就會讓他立即勃然大怒，對人惡言相向。接下來，他也能夠以同樣快的速度轉換情緒，立刻變得風采迷人。儘管他拙於處理自己的挫折，卻能溫柔體貼地對待老年人。他還參加了教會的唱詩班。

從小時候起，保羅就是一名有強迫症的撒謊者，也是名過動兒。他的父親提到他偶爾還有不良行為，例如，別的小孩跌倒受傷時，他反而笑了出來。他經常折磨自己的弟弟妹妹，並對傷害他們感到滿足。有一次，他在地板上撒滿高爾夫球，然後讓才一歲大的班從球上走過去，結果班跌斷了腿，有好長一段時間都必須半身打上石膏。喬治回家時，經常看見瑪格莉特為了無法控制保羅而淚流滿面。

不管什麼規範或者處罰，似乎都沒有任何效用，就好像保羅對自己行為上的問題徹底健忘，相反地，他經常指責父母偏心，站在魯絲和班那邊。雖然喬治認為保羅在最近幾年有所長進，他仍然發現這個兒子喜歡爭執，而且常常貶低自己的手足。別人永遠都是錯的，他永遠是對的。

在整個求學過程中，保羅都沒有真正的朋友。喬治不記得他在高中時代有沒有交過女朋友；儘管他很聰明，功課表現卻不理想。保羅在班上是破壞分子，經常公開作弄同學。有一次他還把鉛筆戳進了前排同學的背上。

凱勒夫妻曾經試過心理輔導，但是沒有效果。保羅也曾經進入專門讓問題青年就讀的「男孩農場」（Boys' Farm）特殊輔導教育學院，可是在一次嚴重的食物過敏後，他只好離開。

他在八歲或九歲時，就開始縱火，而他虐待弟妹和其他小朋友的行為，還要更早些。這已經占了殺人犯三要素的其中兩件。從剖繪的角度看來，這件案子的其他細節也同樣有意思與可以預期。保羅對上大學不感興趣，高中畢業後，他在西雅圖北部一家保全公司找了份工作，對於自己的制服和閃著一道光的車子，感到十分自豪。但由於無法與同事和睦相處，他丟了這份工作，也為相同的原因失去了後來的幾份工作。在連續遭到解雇後，他在光騎士帳篷公司（Light Rider Canopy Company）當會計，也就是在這間公司，他的桌子神祕地起火燃燒。

保羅在一九八九年夏天於教堂中結識了他未來的妻子，並且閃電結婚。但就在度完蜜月不久後，保羅對父親說他犯了個錯，兩年後，這對夫妻還是離婚了，而保羅再次感到非常孤單。

喬治終於雇用了保羅替家裡經營的公司做事，而保羅也成為成功的業務員，但他陰晴不定的脾氣仍然是個問題。後來情況實在太糟糕，以至於喬治在一九九二年八月給保羅下了通牒，告訴他如果不去找心理諮詢，他就會丟掉工作。瑪格莉特支持喬治的決定，並且和保羅在電話中起了嚴重爭執。這些衝突可能在那一連串的縱火事件中，扮演著加深壓力的效果，而這些爭執的時機和連續縱火的關聯性是毋庸置疑的。

有了這種剖繪和個人成長史後，我們要問本書最重要的問題了，那就是**為什麼**？凱勒先生和太太看來是很好、很關心、也很愛子女的父母，三個小孩中有兩個長大後都是很好的人。

然而，儘管父母盡了最大的努力，這個孩子還是不能融入周遭的環境，也無法控制自己的憤怒與沮喪，他選擇犯下這些罪行。我認為他父親的一個觀察結果很重要，那就是保羅能夠在轉眼之間從破口罵人變成迷人萬分。他這種行為以及犯下這些罪行的原因，容我提醒大家，這就是**動機**，就是因為這些行為讓他從沮喪與憤怒中得到滿足和釋放，任何其他事物都不能讓他有這種感覺。

對保羅．凱勒的生活所進行的祕密調查，還顯現了其他符合這類犯罪剖繪的細節。他在酒吧、按摩院，和色情錄影帶店花了大筆的金錢和時間，酗酒還加上吸毒，這些習慣也造成那次讓他深受打擊的破產。

斯諾金縱火案調查特別小組在一九九三年二月六日早晨六點三十分時，就在他位於林塢市的家中正式逮捕了保羅．凱勒。雖然檢方認為他可能與近百起縱火事件有關，他們卻只針對三樁證據最充分的案件逮捕他，這三樁案件就是於一九九二年十一月二日發生的倉庫大火，還有同一天發生的民宅火災，以及在一九九三年新年當天發生的另一起倉庫縱火案。

他們在大批警方護送下，將保羅帶回調查特別小組的總部，沿途鳴放警鈴。換言之，他們從保羅能夠了解的層次上，讓他感到自己很重要。在總部大樓裡，該郡消防隊長瑞克．伊斯特曼（Rick

Eastman）穿著正式制服迎接他，這套制服他通常只在參加正式葬禮時才穿。依照我的建議，偵訊地點已經被「妝點」設計過，以取得最大效果。他們在偵訊室裡擺上公告欄，上面貼著警方先前公布的嫌犯圖像，而那張圖像旁邊，他們貼上了保羅的相片，還有個標示寫著：**已指認**。

但我們提出的建議中最重要的一點，就是讓保羅的父親也在場。如果在保羅一生中有任何象徵權威的代表，那應該就是他的父親。喬治在偵訊室內和兒子見面，並且擁抱他，然後對他說了類似：「都過去了，兒子。他們已經知道發生了什麼事，所以你必須說實話。」這樣的話。我們認為如果保羅自認已不需要再對父親隱瞞事實的話，他比較會和盤托出。

下一個讓他說實話的步驟，就是讓辦案人員對保羅的聰明表達佩服，讓他以為自己是多麼老練的縱火犯，這個舉動能夠強化先前警方車隊的效果。這個策略奏效了。剛開始，他只對警方清單上高達數十起縱火案件裡的幾件認罪。接著慢慢地，幾個小時後，他開始提供愈來愈多細節。在招供的過程中，他說他並不自豪，並且要求不要讓他坐牢。他把罪過推給酒精，還責怪一些被燒的房舍屋主，指稱他們不該把易燃物品留在地上。你大概不難想像我對這種說法的看法：這就像一名強暴犯為了脫罪，卻指責受害人是自找的一樣。

「我不是他們該捉進監牢的人，」招供時保羅說：「我是說，你們可以從我的保險或者什麼地方扣錢來理賠。」

一個月後，保羅正式對三十二樁縱火案認罪，還承認放了另外四十五場火，並且因此被斯諾霍米希郡高等法院法官凱瑟琳・淳布爾（Kathryn Trumbull）判處七十五年徒刑。稍後，當他也承認涉及「四大自由之家」這場奪走三條生命的火災後，他又被金郡高等法院法官吉姆・貝茲（Jim Bates）判處額外

（但要同時服刑）的九十九年徒刑。

檢方一位檢察官克瑞格．彼得森（Craig Peterson）表示：「很明顯的事實是，保羅．凱勒如果還保持自由的話，將會非常危險。」我衷心希望每個處於彼得森位置的人，都能夠像他這樣清楚世事，那就是儘管懲罰與改過遷善這些觀念很重要，但最重要的考量，還是讓這種人離開社會。

在他因為第一批縱火案而接受判決時，保羅．凱勒終於至少稍微表現出一點負責的態度了，他宣讀了一封道歉信。「我不否認我這些行為的嚴重性。」他對受害者說：「但你們的聲明中以為我的目的是要傷害及殺害你們，這徹底偏離事實。我的矛盾現在已經被發現並加以診斷了。」他繼續在信中說：「一個對我自己感到失望的生命，引導我做出這些舉動來。」

接著他說：「我同樣要求消防隊和警方人員的原諒。你們許多人都知道，我對消防和緊急醫藥服務的興趣是很合理的，我也從來沒有試圖扭曲這些興趣並誤用。對於你們所冒的危險和花費的代價，我深感抱歉，失去這麼多好朋友，一定是很痛苦的，你們仍然是我堅定不移的朋友，我感謝你們，因為你們能夠超越現實情況，透視我的內心。」

如我所說，保羅承認了部分責任，並且展現了些洞察力。但當他提到他並不想傷害或殺害別人時，他真正告訴我們的，是他已經把可能的受害人「非人化」到了嚴重地步，以至於在年長者的住所縱火時，他根本不考慮這些人可能會被燒死。如果他是個其他種類的罪犯，例如比較有自信又大膽一點的話，我想他會更具破壞性，譬如，他可能將被強暴的女性被害人同樣加以非人化，殺害並加以肢解。同樣地，如果他的生活經驗有所不同，例如，他如果接受過技術或者軍事訓練的話，那他也有可能由縱火更進一步，變成製造與置放炸彈。如果他像大衛．伯考維茲那樣是個好槍手的話，他所選擇的武器就會是強有力的手槍，而非簡單的打火機。

真正的英雄，喬治・凱勒接受了警方懸賞的兩萬五千美元，立即捐給林塢市馬丁路德復活主日教會的理察・魯斯（Richard Rouse）牧師，他所主持的教堂亦曾遭保羅焚毀。喬治在記者會中說：「我已經失去了一個兒子，生意上也損失了數十萬美元，我花了很大的代價才學到如何做正確的事情。」

我對他做了正確的事情而向他致敬。

就像每個人的背景、教育程度以及工作經驗可能反映其犯行一樣，他的人格也可以由他選擇犯下的罪行看出端倪。舉例來說，我們可以將縱火案件加以歸類與分析，好似對強暴案件所做的歸類分析。

這些沒有能力，屬於騷擾型的縱火犯，和我們所稱的**力量安慰型**（power-reassurance）的強暴犯是相似的。力量安慰型的強暴犯，是在性或者社交方面無能的人，他藉著強暴來證實自己的能力與價值，通常犯下暴行後，他幾乎立刻就感到內疚，甚至還會對受害人表示歉意。另一方面，對住宅縱火，並且帶著喜悅與滿足，觀看人們跳樓逃生的罪犯，則對應著我們所稱的**力量自信型**（power-assertive）強暴犯，這種人的攻擊，是為了享受控制及展現權力的感覺。他會是很粗魯野蠻的強暴犯，並且喜歡看到受害人哭泣及受苦。

和其他暴力犯罪相同，縱火案件的細節能夠讓我們看出犯人的動機，從而分辨其人格類別。不過，我們最好記住，任何一個簡單**騷擾型**的縱火犯，只要生活環境或是心情狀態惡化時，都可能加劇其犯罪行為。不過，這些犯罪總是先由幻想開始，這也就是為什麼強暴和縱火通常都從偷窺開始。

我發現執法單位的調查人員和其他有關人士，通常混淆使用「動機」（motives）和「企圖」（intent）

這兩個字眼。「企圖」指的只是行為方面的蓄意，也就是有意識地選擇去犯何種罪行。「動機」在縱火犯行上，則是指他們放火的原因，執法單位經常遇見**七種基本縱火動機**：詐欺、縱火狂、掩飾罪行、虛榮心作祟、怨恨或者報復、社會失衡所導致的政治或者革命上的活動，以及單純的青少年玩火的惡作劇。

七種動機分別代表了不同的罪犯與不同的剖繪特性：

詐欺型縱火經常都是專業人士的勾當。所謂專業人士，就是藉著把縱火偽裝成意外事件斂財的人。詐欺縱火案件經常是為了保險理賠而發生，動機非常明確，就是想要獲得金錢上的利益。其他種類詐欺型縱火的動機也同樣明顯，例如消除競爭對手，或是玩恐嚇或者保護的假象遊戲。調查可能是詐欺型的火災時，首先應該檢查動機，毀滅這棟建築物，誰能獲得什麼好處？舉例來說，公寓主人是不是認為，如果他能攆走這些他不喜歡的或者支付低租金的住戶，再把整棟公寓賣掉的話，他將會獲得暴利？你必須仔細觀察事件，並且考慮各種可能。

縱火狂（Pyromania）的定義是無法克制的縱火衝動。不像大多數暴力或者有潛在暴力的罪行，這種犯罪模式是男女都可能採行的，但男女縱火狂的特色還是不同。男性縱火狂通常會到離家比較遠的地方縱火，而且他的活動也有模式可循。至於女性縱火狂則通常引起較小規模的火災，會在自己家中或者附近放火，而且案發時間多半在白天。有趣的是，這些差異和其他兩性的不良行為研究中的差異，有著關聯性。我們先前說過，男人傾向將憤怒宣洩在別人身上，而女性則比較傾向於自我懲罰及自我毀滅。不像其他的縱火犯，真正的縱火狂通常不具侵略性。這種犯人可能想要坦承罪行，而且只要處理得當，他們會明白自己有心理問題，需要專業協助。

掩飾罪行的縱火在白領階級或者普通暴力犯的犯行中都會發生，更嚴重的是，這類犯人還能藉著把燒毀犯案房舍或屍體，來掩飾謀殺罪行。我們有時候也見到，消防隊員及時將燃燒中的汽車澆熄，找到車內已經快被燒焦的死者屍體。有時候，我們面對的情況可能有多層次的複雜度，例如一個以詐欺為目的的縱火現場（以詐欺保險金為例），被布置得像是小偷為了掩飾盜竊行為而縱火的狀況，這種布置極可能誤導偵辦方向。與其他各種經過布置的犯罪現場一樣，這種縱火現場通常也有線索可尋。如果我們懷疑某棟私人住宅可能是屋主為了詐騙保險金而自行縱火的話，我會立刻檢查像家庭相簿這種不能重新購置的物品，有沒有一起被燒毀，或者已經先行取走了。

就在我們著手撰寫這一章節時，一樁駭人聽聞的案件正在華盛頓特區近郊喬治親王郡發生。在某周三凌晨三點半過後不久，兩名男子與一名女子走進了在安德魯空軍基地附近的一間二十四小時點心店，強迫三名店員趴在地上，再用霰彈槍殺害他們。三名店員中有兩人當場死亡，第三人雖然受到重傷，卻因為裝死而逃過一劫。行兇之人非常鎮定，當時有一位女客人正巧走進來，被害的店員就在後面的廚房血流滿地，這三名兇手假裝是店中的工作人員，把甜甜圈賣給她，並且讓（極端幸運的）她離開。這些歹徒在離去前還縱火燒燬這間店面，以湮滅證據。好在這場火觸動了警鈴，警方到達現場，才發現這起犯罪事件。

稍後還有一件發生在拉斯維加斯的駭人案件，使用了我們在本章中討論過的許多手法。在這樁犯罪事件中，一名四十七歲的男子因謀殺、綁架、性侵犯、縱火，以及保險金詐欺等罪被逮捕。他在自己住的拖車式住宅裡放火，偽裝自殺，藉以收取保險金**並**躲過對孩童性侵犯所可能面對的制裁。他在縱火後搬到了另外一州，並且改名換姓，死在火場裡的則是另一名男子。

至於**虛榮心作祟**的縱火事件，我們將之分為兩類。第一種是「利益虛榮感」（profit vanity），這也是一種間接詐欺型態。看守員想要爭取加薪，或者希望自己的工作形象看來更為重要；希望工作時段加長，或者想爭取較好的工作時段的消防員，都是此類縱火事件的嫌犯。第二類則是「英雄虛榮感」（hero vanity），希望自己看來是個英雄的警官或者消防人員；想要大家注意的平民；想要藉著從火場拯救女友，讓她對自己傾心的年輕人，都有可能製造這類的縱火事件，再來個「英雄救美」。一名想製造自己拯救了小孩形象的臨時保母，自導自演一場火災。你可能已經猜到，這類犯人通常比較能夠接受治療，比那些傳統上為了操縱、主掌及控制等動機而放火的人要容易得多。

因**挾怨報復**而縱火，也就是由憎恨、妒忌，或者其他無法控制的情緒而產生的縱火行為，可能是所有惡意縱火原因中，最容易致命的一種。這種火災通常發生在黑夜，而可能造成大量生命或者財產損失。愛或性經常在此類案件中扮演動機因素，阻止犯人所愛的人離開，或者報復前任愛人。這類縱火案件的標的物經常是公眾聚集之地，例如酒吧、小酒店或者舞廳。我們發現挾怨報復的縱火事件，常是女性或者同性戀者所採取的行動，而這在其他犯罪行為中並不常見。這並不表示他們比較傾向於放火，而是代表他們比較不習慣用刀或槍來平息爭執，所以當他們因為怨恨或報復而犯下暴力行為時，比較可能讓火來解決問題。挾恨縱火案件的動機，還包括勞工爭議、宗教或種族對立、種族優越感等，就像在美國南方發生的黑人教會縱火事件。

這種縱火案的例子，就像不久前底特律發生過的一件案子，犯案女子模仿電影《等待夢醒時分》（*Waiting to Exhale*）中的一幕。她在美容院中得知男友對她不忠，於是縱火燒了他的新型雪佛蘭蒙地卡羅（Chevy Monte Carlo）轎車。當警方詢問此事時，她表示當時她想到了電影中的一幕，就是演員安琪拉·

貝瑟（Angela Bassett）所飾演的角色柏娜汀，在丈夫遺棄她後，將先生的東西堆進他的寶馬轎車裡，然後放火燒了那部轎車。火在哪裡發生，而到底誰才是受害人，這些問題都需要非常仔細地研究。

民意反彈和政治因素的縱火案件，可能只有一名縱火犯，或者是一群人，在一時情緒高漲或是壓力下縱火。在此類案件中，財產的摧毀被當作社會抗議，或者展現群眾的力量。種族暴動、貧民暴動、戰爭抗議遊行，以及無政府主義活動等，都屬於這種案件。與其他縱火案件相較，在此類縱火案中，犯人接受某種暗示而縱火，是非常重要的因素。一旦群眾激動起來，就會引發雪球效應。別的動機因素常常也會加進這類案件中，看來像是件政治因素的縱火案件，可能只是為了遮掩怨恨或報復、掠奪或者其他破壞行為的煙幕彈。由於很難在這類案件中，明確指出究竟是哪個人放的火，而且許多明明沒有放火的團體，也常常為了要昭顯自己的動機，而冒認縱火，使得此類案件很難偵破。

關於**青少年或者青春期孩童**的縱火案件，不管男孩、女孩，大家天生對火都有好奇心，通常這種好奇心在四歲到十二歲的時候會表現出來。「犯人」年紀愈輕，就愈可以斷言這場火可能源自對火的好奇心，而非惡意或有犯罪意圖的罪行。這種因好奇心而引起的火災，常常發生在臥房櫃子裡、床底下、地下室、閣樓上小小的爬行空間、門廊底下，或者在小巷弄裡。換言之，這種火都不是發生在公共場所，意圖引發大眾注意。此類案件中，我們需要的是家庭輔導或專業心理諮詢，而非起訴或懲罰。當然，我們也需要觀察整個行為模式來判斷動機。縱火者的年齡愈大，問題就愈嚴重，動機也就愈不單純，例如報復、虛榮心，或者意圖掩飾其他罪行。為了破壞公物而縱火在各個年齡層都會發生，從青少年到成人都有，但當這種情況發生在青少年身上時，犯案原因大都是因為無聊。我們在評估青少年縱火案件時，最主要的兩個法律觀點就是罪行的複雜程度及其行為模式。再次強調，我們當然也會檢視縱火標的物究竟是什麼。如果放火燒的是有人住在裡面的建築物，也就是說，會有人因此受傷，而縱火犯還是選擇犯罪的話，那麼你所面對的，就是嚴重的人格問題和執法的困難了。

我們的目標就是要把犯罪心理學從晦澀難明的學校教條、只有心理學家與醫師才會使用的技術性字眼，轉化成對執法人員實際及有用的知識。而我們和這些連續性罪犯所做的談話及研究，所產生的重要深入結論之一，就是把這些罪犯加以分類。根據其慣用手法、犯案現場的情況、犯案前後的各種舉動，以及其他相關因素，把犯人分成有組織、無組織，以及混合型三種。這種分類方式，不論對縱火犯、搶劫犯、強暴犯、謀殺犯，或者其他暴力犯罪者，都一體適用。

有組織的縱火犯，最可能是以利益為出發點，或者想隱瞞其他罪行，或者是想隱瞞自己是個職業「火把」，有放火衝動的事實。至於無組織型的縱火犯，通常比較年輕，思想比較沒那麼繁複，可能覺得自己是遭到排斥的孤獨者；這類犯人可能酗酒或染有毒癮，通常幾乎沒有朋友，也傾向於在住家附近縱火，也就是在覺得舒適有把握的地域下手。

一九八三年時，我在匡提科的單位接到了一份請託，要我們對發生在康乃狄克州哈特福市（Hartford）的多樁縱火案提供諮詢。該年八月的一周內，當地有人對伊曼紐（Emanuel）和年輕以色列（Young Israel）兩所猶太會堂，以及年輕以色列猶太會堂拉比所羅門．克路普卡（Solomon Krupka）位於西哈特福市的住宅縱火。經過調查後發現，年輕以色列會堂的電話帳單顯示，有人從那裡撥了大量的長途電話到德州達拉斯市的一間上空酒吧。

我當時手邊案件堆積如山，所以我指派特別探員大衛．愛科福（David Icove）和布雷恩．麥韋恩（Blaine McIlwain）與我協同調查這個案子。他們兩人都剛到我們單位不久。大衛剛剛從田納西州調過來，他在那裡發展了名為縱火資訊管理系統（Arson Information Management System, AIMS）的電腦程式。

在第一批於哈特福發生的火災事件後，八月十七日，火焰吞噬了康乃狄克州議員瓊安．肯姆勒（Joan Kemler）的家，她是伊曼紐猶太會堂的活躍成員。這場火災發生在猶太教贖罪日（Yom Kippur）當天凌晨五點四十五分，這也是猶太教最嚴肅的聖日。由於前後四起火災之間都有宗教關聯性，加上最後這場火災發生的時機，西哈特福當地警方及許多市民因此認定這些火災屬於仇恨型態的縱火行為，而反猶太人則是犯案動機。

我可不那麼確定。

年輕以色列會堂發生的那場火並不大，火苗是由火柴點燃垃圾桶開始的，接著嫌犯也點火燃燒會堂主建築物裡的窗簾。在伊曼紐會堂中，窗簾同樣也被焚燒，而三卷鎖在聖櫃裡，放在至聖所的教律（Torah）手卷，也遭到燒毀。拉比住宅發生的火警，則是在後門及後門台階上潑灑汽油，再用火柴引火。肯姆勒家的縱火事件中，警方在戶外找到空的可樂罐子，裡面裝了汽油和浸過汽油的混凝土，這場火災同樣也是由火柴引燃的。

儘管這一連串的火災，很明顯的有著敵意、反社會和意圖顛覆的特質，這些罪行卻不像是複雜的犯罪行為，而且似乎不打算造成很大的損害。看起來反而像是想引起別人注意的年輕人做的。所以我認為集中注意力在第一樁縱火案上比較重要，因為這件案子應該就在嫌犯自覺舒適的犯案區域內。

大衛．愛科福掛起了一幅地圖，標示出所有縱火案地點，當他完成這項工作時，我們仔細研究了這幅地圖，推斷這名縱火犯可能沒有什麼能力，住在這些地點圍成的範圍中心附近。我們還認為這名嫌犯應該在十八歲至二十歲出頭，不太參與社交活動，與母親或雙親同住，他也可能沒有任何前科。

本案應該並不棘手，我們的猜測是，嫌犯應該隸屬於第一所被焚燒的猶太會堂，由我們所面對的狀況看來，這個猜測真是讓人難過。而這名嫌犯如此單純，卻可以自在地從猶太會堂打了這麼多長途電話，也讓我們了解他必然在教會裡完全不感到拘束。此外，資料也顯示，嫌犯在焚燒那三卷教律時，是由右往左燒的。這件奇怪的事也透露，嫌犯可能了解希伯來文與西方語文不同，是由右向左書寫及閱讀。由這些事實推斷，這並不是一件源於仇恨的犯罪，反而像是一名年輕人在反抗權威。調查人員向牧師說明這點時，牧師表示他認識一名就住在大衛所繪的範圍中心點上的人。

他的名字叫巴瑞・道福・舒斯（Barry Dov Schuss），只有十七歲，是年輕以色列猶太教派的成員，出身傳統猶太教家庭。他在一九八三年十二月十四日遭到逮捕而未加抵抗。面對四起二級縱火罪的指控，他願意負全責，但無法解釋為什麼要放這些火。遭到逮捕的時候，他正在當地一所醫院接受心理治療。他對最後起訴的兩起二級縱火罪與兩起三級縱火罪均表示認罪，其中兩起縱火罪的起訴罪名獲得減輕，是因為兩所猶太會堂遭到縱火時，裡面並沒有人。舒斯被判處入獄十四年，外加五年保釋觀察，不過法官也接受暫緩實施坐牢的時間，條件是犯人必須在私人精神病院中接受住院治療。我同意法院的判決。只要有人幫助，這個孩子將不至於淪為終身罪犯。這種縱火犯真正需要的，就是打理自己的生活，因為他本身最有可能陷入危險情況。

我試著在經驗允許的範圍內，保持希望。

一九八六年，新墨西哥州克羅維斯市（Cloris）警察局的小隊長雷・蒙德雷根（Ray Mondragon）與我聯絡，希望匡提科協助他們起訴二十四歲的愛德華・李・亞當斯（Edward Lee Adams），罪名是在當年稍早時強暴並謀殺八十一歲的老婦人，並且因為案發後縱火焚燒這位老婦人的家，而遭併案起訴，法院訂於次月開庭審理此案。

任何一件強暴或者謀殺案在本質上都是可怕、兇殘，而且令人不齒的，我願意盡全力將罪犯定罪。蒙德雷根曾經在匡提科上過我的課，這也是為什麼他會知道我，以及我的單位所做的工作。這個案件中的縱火犯事實上還犯了其他罪行，這件事也讓我想要深入追查。我很想在這個案子裡多學一點，所以我自己負責處理。

通常，檢方都會希望我或者我組裡同事回答**為什麼？**這個問題。一旦犯人被捕後，這個問題看來就不是那麼重要，但當檢方在起訴時，卻是很重要的因素。如果陪審團不了解犯罪動機，就很難說服他們犯下了這麼兇惡的暴行。我們認為辯方會試圖將這點模糊化，你將會見到，我們如此推想是有原因的。

亞當斯被起訴下列罪行：

一九八六年一月三十一日早晨，八十餘歲的奧拉．坦普（Ola Temple）在自家住宅遭到姦殺，住宅遭到縱火。消防隊員在臥室床上發現死者的屍體，雙腳垂在床沿，她的眼鏡和胸罩則丟在房內其他地方。剛開始，這場火被判定為意外事故，因為坦普女士死在床上，而大家知道她習慣在床上吸煙。但重要證據開始浮現，解剖發現她血液中的一氧化碳含量很低，顯示她必然是在起火之前就已經死亡。驗屍報告結果推測，死因為勒殺而死（儘管辯方說詞指稱，她實際上死於心臟病發作）。除了頸部斷裂及喉頭受傷外，她還有三根肋骨折斷，陰道也明顯地遭到侵犯。

根據目擊者形容，亞當斯當時在坦普家附近徘徊而被認定為嫌犯。此外，他的名字最近也受到警方注意，因為他剛假釋出獄，而先前入獄的原因也是一樁類似的強暴案。警方搜索他的家，發現相關證物，包括一根菸蒂，香菸品牌是坦普太太所好，但亞當斯卻不抽的。他唇上的傷口，也符合她當時反擊所可能造成的傷口。

雖然他坦承犯罪，亞當斯卻把責任推得一乾二淨，就像他在第一件強暴案中，辯稱是受害者強暴他的，而在坦普案中，他則辯稱自己無意殺害她，死者的傷口則是在他發現她已經斷氣時，對她施行人工呼吸急救造成的。

我試著尋找行為模式，所以我想先知道亞當斯的第一件案子的細節。

一九七八年七月三十日上午十點三十分左右，當時十六歲的亞當斯闖入一名四十七歲婦人家中，搶劫並強暴了她。根據受害者描述，亞當斯由背後抓住她，命令：「閉嘴，不然我就殺了妳。」接著，他抱她進臥室，脫掉她的衣服。他將受害人推倒在床上，用枕頭壓著她的頭，再以陰道性交與肛交的方式強暴了她。他還要求口交，但她拒絕。犯案過程中，他開口要停放在門口的車鑰匙，受害人說她沒有。他還要錢，而她告訴他只要他離開，她什麼都可以給他。他跑到另一間臥室找到皮包拿錢，再回到原來的房間裡，揚言他會殺了她。他用拳頭壓住她的喉頭，但外面的噪音引開了他，當他去查看噪音的時候，她跑進另外那間臥室找到了槍，當他回頭看到槍的時候，就趕快逃離現場。

第一起案件中，目擊者同樣看到亞當斯在做案現場附近，而他因為符合受害人的描述而被捕，逮捕後復經指認。他對警方說這名女子讓他進入她的房子，然後拿槍強迫他和她發生性關係，最後還從皮包裡拿錢給他。他說，她之所以受傷，是因為他試圖抓住她握槍的手，當時他也握住她的喉嚨，但槍掉在地上以後，他就放手了。他表示自己接著就跑出了房子，並且一出門就把錢丟下來。稍後，他還是承認了性侵害與重度搶劫等罪名。

從我的研究中，我知道罪犯不會由這種重罪開始。當我檢視亞當斯的背景資料時，令人熟悉的剖繪會開始浮現：家庭破裂、曾經與雙親分離、有一位無法控制他的祖母，還有份很長也很污穢的前科一覽，顯示他從年輕時就開始犯罪，而隨著年齡增長，罪行也愈來愈嚴重。我可不想讓這種人在外面自由活動。

所以，我不惜長途跋涉，也要去新墨西哥州擔任檢方的專家證人，根據他的行為證據以及我認為他先前犯過的強暴案中，所透露的一些習性，指證出本案的實際動機。五天的審判過後，亞當斯被判七項起訴罪名成立：犯罪性侵犯、縱火、隱瞞證據、重度搶劫、強盜、綁架以及一級謀殺。陪審團只花了一小時半的時間討論，就達成判決。

為什麼亞當斯要如此侵犯這名婦人？他是不是在持續某種行為模式？這項犯罪行為究竟屬於罪犯本人的複雜心態，或者只是因為侵犯者甚至不能控制一名老婦，而由闖入民宅搶劫的罪行變得更糟糕？控方在書中要求判處死刑，根據新墨西哥州法律，表示控方必須證明犯人的行為將加劇惡化。檢察官希望將亞當斯的前案細節作為呈堂證供，並傳喚被害人出庭作證，由於亞當斯在上次審判中已經自承有罪，所以該名被害人從來沒有出庭指證他。辯方強烈反對讓她出庭，堅稱前案與本案無涉，同時，亞當斯也堅稱殺害坦普並非蓄意使然。如果我能說服法官，讓他知道這兩件案子是相關的，並且可以指向未來其他行為模式的話，那麼前案被害人將獲准出庭現身說法。亞當斯身材高大，面貌兇惡，我記得他在我們討論時，一直用輕蔑的態度對待我。

辯方的論點是當事人感到懊悔，而且可以矯正，關於這點，檢方與我完全不以為然。依我看來，本案讓我想起法庭心理學家史丹頓．森瑙（Stanton Samenow）的主張，也就是當一個人從來沒有**明瞭及認同**過社會行為規範時，該如何**矯正**呢？亞當斯才剛出獄不到**一周**，就殺害了坦普，在法庭聽過他的自白後，我認為亞當斯對這名老婦人的攻擊，象徵他對祖母不滿的宣洩，因為他認為祖母沒有好好待他。

亞當斯並不算特別聰明，但他也足以犯罪。這兩樁案件並不是「恰巧發生」的強暴搶劫案，只要檢視行為證據，就不難看出兩起案件裡都有明顯發展的慣用手法。兩案都發生在早晨，都在比嫌犯年長很多的女性家中，並且兩名被害人當時都是隻身在家。在兩件案子中，他都哄騙受害人讓他進屋，在行兇時都用枕頭蒙住被害人的臉，用拳頭抵住被害人的喉嚨試圖讓她們窒息，由皮包中搶取金錢，並且威脅被害人如果不與他發生性行為，就殺害她們。這種事情你也許會臨時起意做一次，但你不會二度臨時起意再做一次。他本來打算殺害第一名被害人，但她持槍自保。而坦普太太比前者更沒有自保能力，這也顯示他由上次的犯罪經驗中學習，而選擇了她作為下一位被害人。他也從上次讓他入獄的罪行中學到，必須殺死被害人滅口。亞當斯沒有在犯案時蒙面這件事非常重要。如果強暴犯犯案時無意殺害被害人的話，就會設法遮住自己的臉或是被害人的臉，避免日後被指認。亞當斯犯的兩個案子中，他都沒有這樣做，我認為這很明顯地表達了他意圖殺人的動機。

我們接著來談談他放的火。如果我們列出所有他可能縱火的動機，包括縱火狂熱、報復坦普太太對他不好、種族憎恨或者仇視（亞當斯是黑人，而坦普是白人）等等。但只有一個動機是合理的，那就是這場火災是為了掩飾另外一件罪行而犯的。事實就是亞當斯的思緒已經複雜到利用縱火，企圖毀滅所有證據，只是這場火的效果並不如他所預期；和其他縱火犯不同之處是，亞當斯似乎對縱火本身沒有特別情緒，他的縱火並非行為特徵，沒有滿足感，強暴和謀殺才能讓他滿足，對他而言，縱火完全只是慣用手法。

如果亞當斯沒有落網，或者他可以逃脫姦殺坦普太太案的刑責的話，縱火將成為他標準慣用手法的一部分。同時，根據我的判斷，由亞當斯的行為證據與犯罪發展模式看來，他必定會食髓知味。他並沒有偏好的被害女性類型，他就只是個必須侵犯女性的人，只要當時有人不巧在附近，就會成為犧牲品。

陪審團後來宣判亞當斯死刑，法官也同意，但這個判決只維持了一個月。一九八六年十一月，即將卸任的州長東尼・艾納亞（Toney Anaya）宣布，將當時新墨西哥州五名等待處決的死刑犯全部予以減刑。隔年二月間，尼維斯（Reuben E. Niceves）法官判處亞當斯須額外服刑二十八年，也就是檢方對他起訴的七項罪名，每項罪名都多服四年刑責，因為亞當斯已經被歸類為慣犯。

「州長的行動表明了他和我們的觀念一致，認為處決犯人只不過是引起大眾注意的戲劇化手法，根本上就是預謀的暴力殺人。」這是「美國人權自由聯盟」（American Civil Liberties Union）反對死刑計畫的負責人亨利・史瓦茲柴德（Henry Schwarzchild）當時對合眾國際社發表的說詞。

我認為，不論你的道德觀為何，將死刑稱為「預謀的暴力殺人」令我在道德上覺得厭惡，因為這種說法將罪犯與被害者擺在同等地位，犯罪者與無辜者之間的重要區別變得無關緊要。我們欠坦普太太一個公道，而一旦我們的社會無法清楚區別這兩種人，那麼我們也就是在玩火。

當時，我多麼希望艾納亞州長在發動這項有勇無謀的政治行動前，曾經多花些時間去了解那五名犯人的犯罪動機及意圖，但是我懷疑他並沒有。

Chapter 03 媒體惹禍？

當案件發生時，我和以前的同事會從犯案現場、目擊者證詞、驗屍報告或任何其他能夠讓我們協助警方擴獲未知嫌犯的事物中，檢視行為證據。在這個過程裡，我們發展出一個嫌犯的剖繪，這個剖繪的作用之一，就是大膽提出我們對犯罪動機的看法，也就是為什麼嫌犯會犯下這起特定的罪行。接著，如果我們夠幸運，嫌犯也順利落網，我們便能夠就犯罪動機方面，比較我們的看法與嫌犯的供詞。這一直是件有趣的事，因為嫌犯的意見和我們的不見得永遠都一致。

這其實很有道理。遭到起訴的嫌犯和他的律師如果在法庭上抗辯時，承認自己強暴並且謀殺一名年輕小孩，只是為了從中獲得擁有控制他人的強烈快感、權力感，以及滿足性衝動的話，這種答辯大概不會成功。所以，如果你身為辯方被告，而又無法就案件中的事實加以爭辯的話，你想讓陪審團或判案法官放你一條生路，最好的策略就是想出一個解釋（就像愛德華・李・亞當斯所做的那樣），這種解釋可以讓你獲取同情、諒解的光環。某件事必定強烈地**影響**了你，讓你做出遭到起訴的可怕罪行。如果沒有這種影響，你絕對不會獨力犯下這麼殘暴的行為。

我們經常聽到悲慘的童年背景，被當成激發犯罪的理由。雖然遭虐待或者家庭失衡這些背景，可以解釋你為什麼變成一名心理偏差、不快樂，或者心理方面有其他問題的成人，但是這並不能成為你對其他人施加暴力的理由，也不能讓你逃脫責任。

但近年來，有另外一種所謂影響因素漸漸開始為人所用，那就是媒體。隨著社會中媒體的整體影響力升高，我們顯然應該研討媒體在動機剖析方面的影響。

簡而言之，人們是不是會從電視或電影獲得犯罪的點子，然後犯下這些罪行呢？電影、電視、書籍雜誌或色情影片是不是能讓一個普通人轉化成對婦女、孩童施暴的人呢？電視節目或電影過度渲染，會不會讓社會變得麻木不仁，使得有些人失去判斷對錯、適當與失當的能力，或者在一時衝動下失去控制呢？

根據我多年研究與觀察後發展出來的論點是，媒體確實能提供罪行的點子（包括慣用手法和罪行特徵），對於那些原本就傾向於採取暴行的人，媒體也許扮演了具影響力的因素。媒體也可能讓大家對真實的恐怖事件感到麻木，但除了少數幾類案件外，媒體（這裡所指的媒體也包括色情媒體）並不會引導善良人民或原本守法的公民從事反社會暴力行動。

我們來看看幾個關於媒體與暴力犯罪間關係的不同案例，這些案例都是我在匡提科授課時所使用的。

一九七六年六月四日，名叫艾麗娜・海格特（Elinor Haggart）的八十二歲婦人，在她位於佛羅里達州邁阿密海灘的住宅中遭人槍殺，遭到殺害的原因是她突然回家，嚇到兩名強盜，這兩人是當時十五歲的鄰居隆納德・薩摩拉（Ronald Zamora）和十四歲的戴瑞爾・雅格瑞拉（Darrell Agrella）。遭到逮捕後，薩摩拉這名身材尚稱壯碩，身高一百六十公分，還在高中讀書的哥斯大黎加移民，兩度坦承槍殺海格特太太。但在兩次供詞中，他對事件始末提出了不同的說法。

兩次自白都沒有錄音存證，也沒有記錄下來，但這兩次證詞就罪行是如何開始的這點上卻都符合。薩摩拉和雅格瑞拉兩人缺錢，他們知道薩摩拉隔壁這位年邁的鄰居將錢放在家裡，所以他們闖了進去，找到了整個信封的錢和一把點三二口徑的左輪手槍。海格特太太恰巧回來，發現了這兩名男生，表示要報警。他們哀求她不要，在這之後，薩摩拉的兩次口供就有所不同了。

第一次自白時，薩摩拉聲稱他是在意外情況下開槍的。「我不知道發生了什麼事，」他說：「那把槍就是走火了。」中彈後，她要求喝些威士忌，但在薩摩拉去拿酒時，她卻倒地死亡。

第二次自白，也是邁阿密海灘市警局警官保羅．阮塔能（Paul Rantanen）認為比較誠實及可信的版本，這兩名年輕人表示曾經與海格特太太談了一個半小時，並且不斷幫她調製威士忌加水，直到比例讓她滿意為止。她讓他們看看自己和過世丈夫的照片，他們以為她已經同意不報警了。當她最後表示還是要報警時，薩摩拉說他把槍包在枕頭中開槍。接下來他們徹底搜查房子，把可能留下的指紋都擦乾淨，帶著幾件海格特太太的財物，包括兩台電視逃之夭夭。

在一個可以稱為有趣的諷刺情況下，薩摩拉等人的審判是佛羅里達州電視轉播的首件審判案，這是該州最高法院所批准、為期一年的試驗計畫的一部分，這也是全美第一樁在電視上轉播的謀殺案審判過程。代表薩摩拉辯護的，是卓越的律師艾利斯．魯賓（Ellis Rubin）。沒有人對於薩摩拉殺害鄰居這件事有任何疑問，所以魯賓的辯護策略就是辯稱無辜，理由則是失去理智，薩摩拉由於看了太多電視上播放的暴力內容而發狂。在對陪審團所發表的開庭聲明中，魯賓表示，他將向陪審團展示「一名看電視上癮者是如何被創造及毀滅的」。

接下來利用靈活的公關宣傳手法，魯賓希望讓演員泰利．薩瓦拉（Telly Savalas）出庭，就他領銜主演的熱門電視影集《光頭偵探》（*Kojak*）主角科傑克可能對這名年輕的被告所產生的影響作證。薩瓦拉接到了法院的傳票，並未拒絕出庭，不過，他說自己實在沒有什麼好說的，稍後，他也獲准免於擔任證人。同時，辯方原本打算傳喚的一位心理學家也向法官坦承，她還沒聽說過，電視節目實際上會促發殺人罪行的。魯賓把電視描述成薩摩拉的「教師、洗腦、催眠的工具」。他聲稱自己的委託人「無法分辨自己究竟是在電視節目中表演，還是在進行一樁冷血的預謀殺人」。

辯方還是設法找到了一位能夠出庭的證人，那就是心理醫師麥可．吉柏特（Michael Gilbert）博士。他作證指出：「扣動扳機的動作，實際上是一種制約反應，而這種制約反應，則是因為他的電視癮及喜愛觀看諸如《光頭偵探》等暴力犯罪節目的結果。」吉柏特博士表示，薩瓦拉的角色就是薩摩拉的英雄，而薩摩拉的腦袋聽到槍聲，見到被害人倒地後，開始重新回憶一集《光頭偵探》內容。吉柏特博士還指出，薩摩拉確實對《光頭偵探》非常著迷，以至於他曾經要求自己的繼父把頭髮剃光，就像薩瓦拉那樣。

被告的母親優蘭達．薩摩拉（Yolanda Zamora）也作證指出，自己的兒子在案發前幾周有自殺傾向，她表示他曾於當年春天做了一次心理測驗，測驗結果也顯示他有自殺傾向。她在證人席上痛哭失聲，描述自己的兒子看太多電視，不與任何人交談。

檢方則傳喚了四名十幾歲的青少年，作證指出薩摩拉在案發後僅數小時，便帶他們到迪士尼世界遊玩，還開海格特太太的車載他們去。全程費用都是由他帶在身上的一疊數百美元的現鈔中支付。這些男孩表示，他們不知道車和錢都是他的鄰居的，也不知道薩摩拉已經殺了她。

薩摩拉被判處一級謀殺罪。檢察官湯姆．黑德利（Tom Headley）並沒有要求判處死刑，但魯賓要求庭上從寬考量，辯稱在過度觀看暴力電視之下，薩摩拉心理有病且有自殺傾向。法官同時也接獲薩摩拉同班同學所簽署的請願信，但沒有推翻陪審團的判決，並且宣判薩摩拉應為謀殺罪終身監禁，並在二十五年內不得申請假釋。此外，薩摩拉還因為搶劫及人身侵犯等罪名被處五十三年徒刑。宣判時，法官指出儘管辯方要求從寬量刑，原先曾經審閱過這件案子的少年法庭卻因為這些暴行的嚴重性，而將這件案子轉交到成人法庭審理。

至於雅格瑞拉則對二級謀殺罪罪名不提抗辯，以交換終身監禁，但卻沒有薩摩拉所被判處的二十五年內不得要求假釋的嚴苛處分。

接下來，一九七八年春天，薩摩拉和他的父母按鈴提出索償兩千五百萬美元的民事訴訟，控告美國三大電視網美國廣播網（ABC）、哥倫比亞廣播網（CBS）和國家廣播網（NBC），聲稱這三家電視網所播放的暴力節目「教導易受影響的青少年……如何殺人」。在此同時，美國最高法院剛剛同意加州所提出的一件控告案，控告國家廣播網及其位於舊金山的關係電視台，控方是一名年僅九歲卻遭多日性侵犯的女孩的雙親，因為在該台播出《生來無辜》（*Born Innocent*）一片後，這名女孩即遭侵犯，而這部電影詳細描述了與她所遭受的暴行類似的犯罪。一九七八年九月間，美國地方法院法官威廉．霍維勒（William M. Hoeveler）駁回薩摩拉所提出的控告，指出魯賓並沒能指出三大電視網的疏忽之處，並表示如果對薩摩拉的指控做出正面裁決，將導致對廣播業必須制定新法律，但這種新法律卻是無法執行的（關於《生來無辜》節目一案，後來也同樣不予受理）。

原本很單純地只是一件侵害美國社會老人的典型案件。由剖繪立場來說，我們的主要鐵律就是，被害人年紀愈大，加害人的年齡就愈輕，除非被害人的選擇及其他慣用手法顯示較高層次的犯罪複雜度，就像在亞當斯案件中所展現的那樣。當我們試著在暴力犯罪案件中判斷嫌犯的年齡時，我們通常由二十五歲開始，然後根據犯罪的複雜度，增加或者減少歲數。當被害人的年齡是七十或者八十多歲時，我們則開始判斷的嫌犯年齡壓低至青少年階段，尤其是如果犯罪本身與性有關時（但在前述案件中，並沒有這個元素）。獨居婦女最容易成為被害人。她需要幫手來維持家務，而許多能夠擔任這種幫工的人，年齡都很輕；此外，由於她不方便外出，家中也會存放現金。如果一個年輕人缺錢，還有誰比這麼一位住在附近，又幾乎沒有反抗能力的老太太更合適呢？

重點是我們在這件罪行中發現了明顯而且有說服力的動機，那就是貪婪。薩摩拉心知肚明自己的動機是要偷錢和其他財物。這個選擇跟他們所謂電視暴力中毒說法完全不相干，難道是電視暴力讓他去掠奪一棟主人不在的住宅嗎？讓他身處犯罪現場的動機，與他由《光頭偵探》或其他節目中所見到的暴力內容都毫無關係，事實上，如果他如此認同光頭偵探，而要求自己的繼父剃光頭的話（謠言甚至傳說，他還要求繼父像薩瓦拉那樣咬根棒棒糖），他就該去打擊犯罪，而不是犯法。

是什麼原因促使薩摩拉殺害被害人呢？很明顯地，當她意外返家時，他倍感訝異而且慌了手腳。你也許可以指稱媒體讓他對於暴方與殺戮的恐怖無動於衷，而我將率先承認我們的社會在許多情況下，的確對暴力變得無動於衷。如果這些暴力發生在我們周遭，那麼我們傾向視為理所當然。只不過，這也包括新聞報導，而我當然不是指新聞媒體不該報導。事實是，暴力會養成更多暴力，而慢慢地，人們就會對暴力見怪不怪。

因此，你可以說薩摩拉在看過電視後變得無所謂，但他會不會無動於衷到他不再明白，或者了解扣下扳機以殺害一位老婦人是不對的呢？即使要賭上你的生命，你都該認為那是不可能的事！在我自己的經驗中，我從來沒見過任何能支持這個說法的案例，也絕對沒有任何資料能支持這種說法。薩摩拉當然明白搶劫是不對的，他選擇了殺人，以免因搶劫而惹上麻煩。如果我們在薩摩拉案件中想學到任何教訓，如果我們真正了解動機是什麼，我們就不能責怪媒體催眠他。其次，在我們嘗試禁止媒體描述暴力之前，我們應該先致力於解決暴力。我希望讓潛在的罪犯較難取得槍枝，而不是少看《光頭偵探》這樣的節目。

當一名侵犯者真正地由媒體得到殺人或傷人的點子時，那通常相當明顯。我的同事洛伊·哈茲伍德（Roy Hazelwood），也是匡提科現代行為科學的先驅研究者，有一次受邀前往德國處理案件，這件案子中有一名美國軍人很殘忍地殺害了自己的妻小，情節則完全取材自一本偵探雜誌。我們知道這件事的原因，是因為那本雜誌就放在電視機上面，還翻到描繪這起暴行的那一頁。使用的武器是相同的，被殺婦人屍體的姿勢，也和雜誌中描述的一樣，整件案子的風格，就像模仿這本雜誌似的。

該案的證據很明顯，毋庸置疑，如果沒有這本雜誌上的故事影響，就不會用這種手法來犯案。但我們同樣並不懷疑，如果案犯沒有看過這本雜誌，他還是可能會根據另外一本雜誌、一部電影，或者出於不正常的想像力謀害妻小。

根據哈茲伍德的看法，所謂的偵探雜誌的危險是他稱為「暴力色情化」（the erotization of violence）的現象，也就是在反社會與有暴力傾向的讀者腦海中連結暴力與性衝動。一九八六年，他與派克·迪葉茲（Park Elliott Dietz）也就是舉國知名的法庭心理學家與調查支援組的顧問，連同心理學家兼法律學教授布魯斯·哈利（Bruce Harry）為《法庭科學期刊》（*Journal of Forensic Sciences*）撰寫了一篇里程碑般的文章，標題是

〈偵探雜誌：性虐待狂的色情書刊？〉。他們檢驗許多此類刊物的封面、書內插圖與故事內容，所提出最嚴重的批評，是這些雜誌經常殘酷地將傳統上的色情畫面（例如美麗而穿著養眼的女性）及性行為的描寫，與暴力場面及受害人無助的場景相提並論。這三位作者還發現某些性罪犯的幻想與這些雜誌的照片與文章有直接關聯，而且這些刊物在大多數的書報攤都有販售，未成年人想取得這些刊物非常方便。

他們很謹慎地指出：「無疑地，偵探雜誌提供了充分的性虐待資訊……但我們所研究的案例卻並不能證明偵探雜誌『導致』性虐待狂或是虐待狂的暴行。」但他們也表達了關切，就是持續將暴力與色情畫面連結，容易讓年輕人開始將這兩樣事物聯想在一起。

這篇文章在警界與法庭心理學界都獲得極大的注意，還促使雜誌出版商改變封面主題，以及避免使用過於露骨的施虐或者受虐狂畫面。這確實是非常正面而且給人帶來希望的發展。同樣重要的是，我們還應該記住，那就是在此類案件與其他我們曾偵查過的案件中，媒體並沒有導致犯罪。媒體能夠做的，只是影響並強化細節，媒體並不會在本身沒有動機的人心裡創造動機。動機發自內心深處，深沉得多也驚人得多。

我們再來看看另外一個惡名昭彰的案子，其動機已經成形，媒體則提供了一項重要細節。

一九七四年四月二十二日晚上六點，戴爾．瑟比．皮耶（Dale Selby Pierre）與威廉．安德魯斯（William Andrews）兩人均為十九歲，同在空軍服役，於接近打烊時分搶劫了一家猶他州奧格丹（Ogden）的音響器材店。他們把兩名店員：二十歲的史丹．華克（Stan Walker）和十八歲的蜜雪兒．安斯利（Michelle Ansley）趕進地下室，然後再綁起來。就在這時，十六歲的寇特尼．奈斯比（Cortney Naisbitt）恰巧走進來要跟史丹致謝，結果這兩名搶匪也將他趕進地下室綁起來。

他們並沒有搶走現金和小家電，相反地，他們花了一個小時把店裡的音響搬上貨車。當史丹的父親，年齡四十三歲的奧倫・華克（Orren Walker）走進店裡，查看為什麼兒子遲歸時，他們聽到了後門傳來的腳步聲就躲進地下室。之後，皮耶用槍抵住了奧倫，逼他下樓，和其他人質押在一起。由於很明顯地動怒了，皮耶對著地下室的牆壁開了兩槍，使得蜜雪兒與寇特尼開始慌亂起來。蜜雪兒要求綁匪饒她一命，史丹則要搶匪拿走所有他們想拿的東西就走，所有人都不會指認他們。現場證據顯示，在整個折磨的過程中，人質均未曾反抗或對這兩名搶匪造成肢體威脅。

皮耶要安德魯斯從貨車裡拿些東西過來，那是個包在紙袋中的瓶子。安德魯斯倒了些藍色液體在紙杯裡，命令奧倫灌那三個躺在地上的人喝下去，奧倫拒絕，皮耶就將他的手腳綁住，叫他臉朝下趴在地上。那時，寇特尼的母親，五十二歲的凱洛・奈斯比（Carol Naisbitt）正好跑進店裡找兒子，搶匪抓住了她，叫她躺在兒子旁邊。

皮耶和安德魯斯接著強迫他們的囚犯喝下藍色液體，並將他們調成坐姿以便吞嚥。皮耶說那只是伏特加酒混合了德國製的安眠藥。他們一吞下這液體，就開始狂亂地咳嗽、嘔吐以及窒息，奧倫假裝也喝了並且模仿別人的痛苦反應。這種液體灼傷被害人的口腔內部與喉嚨，沿食道灼燒內臟，甚至燒傷皮膚。皮耶想用膠帶把被害人的嘴封住，但由於這種液體立刻在被害人嘴上燒出大量水泡，連膠帶都無法固定。皮耶不滿意這種毒藥的效率，就走向凱洛，由腦後開槍，接著又射殺她的兒子，還在近距離朝奧倫開槍，但沒有射中，接著他射殺了史丹，再走回奧倫那裡，繼續朝他開槍。

然後，皮耶將蜜雪兒・安斯利鬆綁，她還求他饒她一命，他將她帶到地下室的另一頭，強迫她褪去身上衣物後數度強暴她。他接著將她帶回其他人併躺的地方，粗魯地將她臉朝下壓在地上，再對著她的頭開槍。由於皮耶懷疑奧倫沒死，還用店裡音響器材上切下來的電線勒他。這個方法還是沒能殺死他，皮耶就將一枝筆插入奧倫的耳朵，再用戰鬥鞋的後跟用力踩這枝筆，直到穿透奧倫的耳鼓，直達喉嚨為止。

被害人在晚間十點被人發現，當時華克太太和小兒子林恩驚惶失措地到店裡尋找史丹和奧倫。林恩把門踢開並且打電話求援，史丹與蜜雪兒當場死亡，凱洛則於送醫急救後不治。奇蹟似地，奧倫和寇特尼卻活了下來。奧倫的內臟遭到嚴重灼傷，耳朵也嚴重受損，寇特尼在醫院待了兩百六十六天。那個藍色液體原來是工業用的排水設備清潔劑，主要成分是鹽酸。

就在這件駭人聽聞的罪行發生後不久，警方接到一通電報，這位線民是一位空軍現役人員，兩個月前，安德魯斯曾經向他誇口：「總有一天我要搶劫音響店，要是有人阻擋我，我就要殺了他。」

接獲這通電話幾小時內，兩個年輕男孩在席爾空軍基地（Hill Air Force Base）接近皮耶與安德魯斯的營房附近的垃圾場裡，找到了被害人的皮夾和皮包。抵達現場的警探正巧曾經在匡提科上過課，知道偵查技巧，以及我們為了逮捕嫌犯，偶爾鼓吹的戲劇性手法。根據經驗，嫌犯通常會去觀察偵查過程，他認為這些不知名嫌犯很可能藏身於垃圾場圍觀的人群中。

警探用一把長嘴鉗從垃圾箱內摘取證物，避免證物受損，每當他認為找到了某項證物時，就會特意在同僚及現場群眾面前擺動這件物品，再把證物放進封套裡。他注意到兩名旁觀的空軍人員相當激動，他們來回踱步，不停進出營房。後來他告訴我，光憑這一點，他認為這兩個人可能就是嫌犯，他們就是皮耶和安德魯斯。當晚，這位警探的舉動，還沒有一個正式名稱，現在，我們稱之為「主動出擊技巧」（proactive techniques）。這位警探後來還獲得司法部頒獎，至於在匡提科的我們，則因為他在我們這裡受訓成效斐然而深感高興。

皮耶和安德魯斯遭到逮捕，警方搜索他們的營房。在地毯下面，搜出那間音響店的傳單和一個儲藏倉庫的租約，循線查獲贓物，還有一瓶排水設備清潔劑，瓶子已經半空了。

戴爾·皮耶和威廉·安德魯斯均以一級謀殺罪名遭到起訴，並且判處死刑。另外還有一名叫奇斯·勞伯茲（Keith Roberts）的人，則因與案情有關而判處入獄，但他最後獲得保釋。皮耶在一九八七年八月間以毒針注射處決，這是自從蓋瑞·基爾摩（Gary Gilmore）於一九七七年由火槍隊執行死刑以來，猶他州首度執行死刑。事實上，據說當基爾摩沿著監獄長廊走向火槍隊所在的行刑場時，嘴裡還喊著：「皮耶和安德魯斯，我們地獄見了。」猶他州立監獄的警衛人員指出，基爾摩在說這些話的時候面帶笑容，但皮耶和安德魯斯則默默聆聽，臉上並無笑意。

安德魯斯數次在行刑前獲准暫緩行刑，直到一九九二年七月三十日，才在毒針注射下面對死亡。行刑時他已經三十七歲，在死刑犯名單上停留了十八年。包括國際特赦組織和全美有色人種促進會在內許多組織，都曾對安德魯斯的死刑表示抗議，他們宣稱安德魯斯並未開槍殺人，還說本案涉及種族歧視，因為三名被告都是黑人，而所有被害人與陪審團都是白人。他們表示，猶他州白人殘酷殺害黑人，並不會被判死刑。例如一九八一年間，約瑟夫·保羅·富蘭克林（Joseph Paul Franklin），在兩名黑人陪同白人女子慢跑時，殺了這兩名黑人，就沒有判處死刑。

不用說，只要在謀殺罪起訴的法律程序中涉及明顯的不公平待遇，我總是感到非常困擾。我希望見到死刑執行能夠更公正一致，而且坦白說，更快一點。這樣一來，我們就不用爭論像威廉·安德魯斯這樣一個雖然沒有實際扣下扳機，卻策畫了整個致命的行動，而且本意就是覺得被害人都是該死的人，究竟是否該判處毒針注射。皮耶和安德魯斯兩人究竟是不是真正的犯人這點，已經毫無疑義，不必討論。如果我們研究動機的話，顯然，不論是誰開槍，這兩人都知道必要的時候，就得動手殺人。

「我參加搶劫，從來沒有想到會演變成比搶劫更嚴重的事，」安德魯斯對《今日美國》（*USA Today*）表示：「但後來發生了這麼多事，就失控了。」

事實上，他和皮耶拿電影情節當範本。另外一件事實是，安德魯斯從卡車上把那瓶清潔劑拿了下來，他以為他們要用這瓶清潔劑做什麼？

這樁野蠻的案子被稱為「音響店謀殺案」（Hi-Fi Murders）。我們在聯邦調查局學院教授這個案例，我們也把這個案例放進《罪案分類手冊》（*Crime Classification Manual*）。進行審訊的時候，我們發現這兩名犯人是由觀看克林．伊斯威特（Clint Eastwood）所主演的《緊急追捕令》（*Dirty Harry*）這部電影的續集《緊急搜捕令》（*Magnum Force*），才想到清潔劑的點子，這部電影在案發前一年上映，他們還去看了兩三遍。

音響店謀殺案的環境與電影情節不盡相符。這部電影是敘述舊金山警局警探哈利．卡拉漢（譯註：即克林．伊斯威特在兩部電影中扮演的主角）剷除一群騎著摩托車執法的警察幫眾中的敗類，他們對法律無法處死的壞人執行私刑，遂行所謂的正義。他們決定要幹掉一名既殘暴又誇張的壞蛋，他將一輛計程車停進馬廄裡，然後在後座殺了一名性工作者，懲罰她私吞金錢，就是強迫她喝下清潔劑，這名女子也立即倒在計程車裡一命嗚呼。

根據我們在《罪案分類手冊》中的分類，這件音響店謀殺案屬於無差別重案殺人事件（indiscriminate felony homicide），這是一種以重案手法犯下的殺人事件，之所以稱為無差別，是因為犯案者打算將殺人納入犯罪行為，事先卻不知道要殺什麼人。我也認為該案有著殘酷殺人案的意味，這是另外一種犯罪分類，因為戴爾．皮耶似乎在操縱、主宰與控制受害人，並對他們施加肉體與情緒上的折磨，獲得感官的滿足。他甚至狂暴地強暴了一名被害人，強暴與他原本劫盜財物的動機毫無關係。只是當時讓他有機可乘，而他也把握機會遂行強暴，再加上她哀求他饒她一命，可能更讓他滿足。

由程序層面來看，這樁罪行是仔細計畫過的。我們知道他們策畫了數個月之久，他們事先租下一間倉庫，用來存放贓物，他們選擇的犯案時間讓他們不會在犯案時被打擾，而且他們自認為想出了一個滅口的好點子，這個方法是從一部他們非常喜歡、看了不只一次的電影中學到的。

皮耶和安德魯斯究竟是不是被媒體影響而犯案的呢？從某個很挑剔的層面而言，他們當然是。但他們早已決定結夥搶劫，只不過還少一個方法而已。在電影《緊急搜捕令》中，被害的性工作者被迫喝下清潔劑後，幾乎立即死亡。站在滅口的這個角度來看，這是多好的點子啊！乾淨俐落，又容易執行，沒有槍聲，也不會在衣服上留下血漬。就連哈利探長在聽說這名性工作者如何死去時，似乎也留下深刻的印象。

但就像許多其他和電影有關的事物一樣，現實生活和電影還是不同的。現實生活的受害人並沒有立即死亡，過程非常雜亂無章，這些被害人都窒息及嘔吐，還發出聲音，皮耶後來還是得開槍斃了他們。醫療人員認為要喝清潔劑滅口，可能還得再花上十二個小時。

重點是這兩個殘酷成性的卑鄙之徒，不論他們聽到或者看了什麼，都會犯下這起罪行，媒體的影響只侷限於犯案細節而已。然而，媒體並沒有讓皮耶與安德魯斯變成這種怪物。如果這件案子一直沒破，而我要提供剖繪分析的話，那麼不論我是否看過或者了不了解《緊急搜捕令》這部電影，都不會有什麼不同。犯行本身就說明了一切。

有趣的是，如果這些罪犯沒有落網，本案將讓執法單位得以在媒體上運用主動出擊手法來協助偵破。我並不是要操縱或者誤導媒體，而只是發布剖繪分析，並對大眾說明其重要性。

如果我們把音響店謀殺案當成一起未破獲案件處理，很快就能明顯看出案犯不只一人，因為，一個人的力量不可能控制五名人質，更別提獨力將笨重的音響器材搬上貨車了。由這條線索以及我們在其他類似案件中所汲取的經驗，我們假裝兩名（或者三至四名）嫌犯中有一人為首，負責掌控全局並控制人質。遭到強暴的遺體則透露只有一人涉及這項既殘酷又惡毒的性侵害。

因此，我們剖繪出這起暴行的首領，並透過傳播散布訊息。接著我們還會得到下一個理論：本案是一件失控的集體搶劫，我們了解整個案情，相信可以破案。但是主犯讓整件事失控，並再度失控。現在他擔心共犯會屈服自首，所以要先下手為強。

「只要這名主使人物還沒有落網，共犯就會非常恐懼，因為你們也差不多了。你們唯一的機會就是向警方自首，並且檢舉他。如此，法律過程至少可以保護你們，他卻不可能會保護你們。」

諷刺的是，媒體在本案中可能也扮演一個重要角色：協助破案，而非促使案件發生。

有些嫌犯，特別是那些比較聰明的嫌犯，被捕之後，往往能夠利用媒體進一步滿足動機、需要及欲望。其中翹楚就是邁可・羅斯（Michael B. Ross）。

他於一九五九年生於康乃狄克州，雙親經營一座養雞場。羅斯在高中時期就對動物學相當拿手，並且於一九七七年就讀康乃爾大學。巧合的是，這所大學曾經通知我，由於我的高中學業成績未達標準，他們無法讓我入學研讀獸醫系（不過，他們是對的）。羅斯一九八一年畢業，在中西部一些農場裡工作了一段時間。一九八一年九月二十八日，當他騎著自行車橫越伊利諾州時，綁架了一名十六歲的女孩，並且在警方抵達前將這名女孩捆住。他承認非法拘禁的罪名，被判兩年假釋及五百美元罰鍰。之後羅斯返回康乃狄克州，又數度觸犯相同的法律，包括企圖掐住一名女子逼她就範，這名女子是一名當時沒在值勤的警官。

最後，他身繫六件殺人案，被害人為十六至二十三歲的女性。康乃狄克州法院宣判他有罪，判處他一百二十年徒刑及死刑。

羅斯的案件與我們在此討論的主題相關之處，在於這個聰明、善於表達，而且從長春藤盟校畢業的傢伙，一直都在替發行量龐大的出版社撰寫文章，針對一些重要話題表達立場，包括救贖、寬恕以及死刑。我不反對任何人有機會發表文章，即使是名被判有罪的殺人犯，但有趣的是，我們看到他在名列待處決死刑犯名單上這麼多年來，已經改變了立場，而且你也能發現，這些年來他利用媒體達到目的。

一九八八年，羅斯對《哈特福新聞報》（*Hartford Courant*）傳給他的書面問題發表了回應，指出死刑並不具威嚇力量，因為殺人犯在犯案時不會想到死刑這種後果，因此死刑只是政府在「以牙還牙」。一九九五年二月，他又為《美國》（*America*）雜誌寫了一篇分析死刑的文章，主張儘管死刑合法而且讓許多人達到情緒上的滿足，但要將一名已經被判有罪的犯人送上死刑台，所要花費的金錢與法律資源，實在太過龐大，還說我們應該讓他留在牢裡，把這些資源用在其他地方。好吧，這也不算是獨特的立場，羅斯也算是位很不錯的作家，論點也頗具說服力與邏輯。

接著，當年十二月間，他又提出了對於執行死刑與成本的不同看法，美聯社記者布里基提・格林柏格（Brigitte Greenberg）報導，羅斯發了封信給美聯社，信裡表示為了大多數人的利益，自己應該及早處決。「不要再把被害人的家屬捲入，讓他們再承受一次可怕而擾人的證詞。」格林柏格引用羅斯的信說：「雖然我不想死，我的生命卻不值得讓被害者的家屬承受如此痛苦。」

格林柏格寫著：「這是羅斯想要做的事：

> 他同意自己的案件中包含許多惡劣因素，即其罪行之惡意與無情。他希望表明，此案中並沒有所謂可使罪行減輕的情節，例如心理損傷，儘管他相信是性虐待狂這個心理病症逼他殺人的。
>
> 最後，他希望不要有人因為他心理不正常而作證，即使州政府方面已經握有一份心理分析報告，而（州最高法院）法官引用這份報告推翻了他的死刑。
>
> 如果此案只被認定有惡劣犯罪情節，而沒有可使罪行減輕的事由，死刑即為必然結果，羅斯也將成為康州自一九六〇年以來第一名死刑犯。
>
> 「我不想讓（這些家庭）再承受更多傷害來保住我毫無價值的性命。」羅斯寫道。
>
> 現在，即使羅斯拒絕了公設辯護律師，選擇自己辯護時，專家仍然認為他知道自己在做什麼。」

在一篇於一九九六年四月五日登載於《天主教國家紀事報》（*National Catholic Reporter*），以及另一篇於七月七日刊登於《克里夫蘭誠懇家日報》（*Cleveland Plain Dealer*）的類似文章中，羅斯只寫到請求被害人家屬和解，寫著他願為自己的行為負責，並請求上帝賜予他「力量、韌性與道德毅力，在執刑之前，完整了我的人生旅程」。

發表於《天主教國家紀事報》的文章中，他不提死刑這些話，而改用「與光合而為一」的字眼。但在郝華．史溫德（Howard Swindle）於一九九七年四月二十一日《達拉斯晨報》（*Dallas Morning News*）的文章裡，羅斯又再度仔細描述自己的童年時期、精神狀態以及為何犯下這些可怕案件。

史溫德寫下：

> 而今，他（指羅斯）每個月注射一次柳菩林迪波（Depo-Lupron），這是一種人工化學去勢藥品，以降低其睪固酮，並且減輕性失調的症狀。

羅斯先生利用自己在死刑名單上等死的時間，撰寫文章與社論來反對死刑：「我們也許注意到讓一個人被判處死刑的犯罪舉動……」他在《普羅維登斯日報》（*Providence Journal*）中寫著：「但我們幾乎都不去了解他們究竟是些什麼人。」

大約一年多以後，一九九八年八月五日，美聯社報導，當時三十九歲的羅斯不願再順從地接受死刑，而「希望展開完整的答辯」。

雖然我對美國在審理求處死刑案件上曠日廢時而感到遺憾，我卻無法苛責一名改變心意、懺悔犯行的人。這是屬於他和自己的良知之間的問題——如果他還有良知的話。但我不得不這麼想，從他先前在媒體上發表的文章，自認應該受死，建立了可信度以後，這個過程卻賦予他現在提出想要逃避死刑判決的新立場，如此將引來更多的興趣、注意、諒解與同情。如果他現在只是利用媒體救命，而非提供被害人家屬一種案件終於終結的感受的話，那麼他自稱對這些家屬非常關切的說詞，究竟有幾分可信？我並不支持審查新聞，但如果我是報社編輯，而且了解這件案子中媒體的運作，我會三思是否要刊載邁可・羅斯的文章。

就在本書出版前，邁可・羅斯再一次嘗試控制案件發展，這一次他在擁有高度安全措施的康州索莫斯（Somers）北方管訓中心（Northern Correctionul Institution）吞下過量的致命藥物。僅以他能夠取得這種高毒性藥品，就足以證明他的狡獪，以及應付監牢體系複雜思想的能力。在我看來，事件的訊息相當明顯，那就是像邁可・羅斯這種人永遠要在某些方面作主，有些犯下這種罪行的懦夫甚至會在落網後立即自殺，虐待年輕婦女並加以殺害的性虐待狂李奧納德・雷克（Leonard Lake）就是如此，當他於一九八五年六月間在舊金山警局接受偵訊時，吞下氰化物自殺。還有一些人被包圍了，面對可能被捕的後果時，往往會在現場做出我們稱為「由警方執行的自殺行為」。但無論何種方式，重點都一樣，就是要堅持操縱、主宰和控制直到最後一刻。

我們承認自己都受到媒體影響，也都希望所作所為備受注目。我在職業生涯中，曾經多次登上報刊，我也得承認，每回看到關於自己的新聞時，總是精神為之一振，就像下列的報紙標題：「聯邦調查局超級探員在威廉斯審判中大顯神威」（出現於《亞特蘭大新聞及憲法報》〔*Atlanta Journal and Constitution*〕、「聯邦調查局的新福爾摩斯」（《聖路易環球民主報》〔*St. Louis Globe-Democrat*〕，或是「電影《沉默的羔羊》（*The Silence of the Lambs*）探員範本，聯邦調查局約翰・道格拉斯提供了不寒而慄的案件細節」（《今日美國》）。

連續殺人犯亦然，許多人對自己的「成就」深感自豪，即使坐牢以後，還希望大家以為他們就是最大、最壞也最厲害的壞蛋。讓人覺得死不足惜的已伏法殺人兇手泰德・邦帝就常常因為學者寫信給他，表示他們想要研究他複雜的犯罪心理而沾沾自喜。另外一名罪犯亨利・李・魯卡斯（Henry Lee Lucas）則宣稱自己至少犯下了七十樁其實並不存在的罪行。

我曾經訪問過一個名叫約瑟夫・費雪（Joseph Fischer）的犯人，他是一名怪異、性情衝動、擁有暴力傾向、酗酒成性而邋遢的流浪漢，因為犯下三件婦女謀殺案而被監禁在紐約州監獄中。其中一名被害人是年齡比他大二十八歲的妻子，犯案動機只是他對她感到厭倦而已，但他希望別人以為他是有史以來最罪大惡極的連續殺人犯。當他於一九七九年在紐約州杜契斯郡（Dutchess）遭警方逮捕時，他自承犯了三十二件謀殺案，警方在偵訊一年後，卻只能將他與其中三件扯上關係。在我和他訪談的整個過程中，他都在演戲，抱怨他的母親有多糟，因為他以為這就是連續殺人犯該有的表現。後來他甚至爭取到上電視的機會，在一個探討連續殺人犯的紀錄片中露面，重演一次自己的犯行，並且對著他以為存在的公眾嘮叨自白。

這些在落網後，還要搞操縱、主宰與控制的犯人中，有個更怪異、更明目張膽的例子，就是加拿大溫哥華地區的克里夫・歐森（Clifford Olson），他專門姦殺年輕女子與孩童，而且自認為是連續殺人犯裡的超級明星。他一被捕，就提出一個條件，表示他願意以一具屍體一萬美元的代價，指出那些遭他殺害，卻一直無法尋獲的被害人遺體所在。加拿大皇家騎兵警隊當然非常憤怒，並且拒絕了這項提議，但是英屬哥倫比亞總檢察官阿倫・威廉斯（Allan Williams）基於人道立場，駁回了警方的決定，同意接受，讓被害人家屬有個交代與安寧。歐森特別指定警方將大部分的錢匯入其子的基金帳戶，其中部分款項還是直接進了他的口袋。他在京斯頓監獄（Kingston Penitentiary）牢房中的電視機，就是用這筆錢買的。當時他還開玩笑說，基於誠意，他還免費指引警方多找出一具屍體。由於喜愛成為焦點，歐森又進一步提議以十萬美元的便宜代價，向警方提供二十位被害人埋屍地點，加拿大警方卻沒有接受。他於一九八二年一月認罪，判處十一個終身監禁。最後，他實在過於聲名狼籍，其公開聲明也令被害人家屬非常憤怒，加拿大法官判決他再也不能接受任何訪問。

在電影《沉默的羔羊》殺青上映，媒體開始將我與片中傑克．克勞福這個角色連在一起後，我在匡提科的辦公室接到了一通歐森打來的電話。模仿電影中接到聯邦調查局女探員克麗絲．史達琳（譯註：片中由演員茱蒂．佛斯特〔Judie Foster〕飾演）邀請，就其目前正在偵辦的謀殺案提供線索的智慧型殺人狂漢尼拔．「食人魔」．萊克特（譯註：由演員安東尼．霍普金斯〔Anthony Hopkins〕飾演，並獲得奧斯卡最佳男主角獎）的情節，歐森當時正就綠河謀殺案（Green River Murders）接受訪問，以未知嫌犯的角度來分析案情。他了解這件長久以來沒有破獲的謀殺案在我個人的生命中占了多麼特殊的地位，因為在承辦該案時，我差點就死在一九八三年，歐森在電話裡曾經說他就是綠河謀殺案的兇手。

接下來的一年間，歐森不斷打電話給我，經常是每天一通，我接他的電話，並且花時間和他談話，儘管我立刻發覺他滿嘴狗屁不通，但這還是個可以去挖掘罪犯思想深處的機會。我發現他很合群，很能操縱別人，而且會不著痕跡地讓人上鉤，和約瑟夫．費雪幾乎完全不同。我可以一眼看出他如何哄騙小孩跟他走，或是他如何哄騙執法單位來配合他。在我與歐森進行的多次會談中，我倒從來沒有察覺他對自己所毀滅的生命感到絲毫後悔或歉意。事實上，更糟糕的是，他經常寫些威脅信件給某些被害人家屬，直到監獄主管人員發現，開始過濾他的信件，才告終止。就像邁可．羅斯一樣，他的文章也出現在許多報章雜誌上，他也寫許多信給記者。在他發表的一些聲明中，他表示如果他離開監牢，就再也不殺人了，因為他已經知道對錯。而在其他聲明中，他則表示像他這樣的人，唯一治療的方法就是死刑。他不惜一切來爭取大眾的注意，他在牢裡小心翼翼地保存著一捲錄音帶，錄下他對每樁謀殺案的回憶，供他日後撰寫自傳。他唯一的恐懼就是被大眾遺忘。

一位名叫彼德・渥辛頓（Peter Worthington）的記者在《麥克林》（*MaLean's*）這份加拿大雜誌上撰文，描述他曾經詢問歐森如何將自己與漢尼拔・萊克特相比，歐森回答：「彼德，我們兩人根本就無法比較，萊克特只是個虛構人物，而我是真實存在的。」

除了要我做他的聽眾外，他還想要我在前往華盛頓州這趟被廣為報導的旅程中，帶著他一起去，他表示，他願意在路上告訴我更多綠河謀殺案的細節以及更多屍體所在。如果我相信他是在對我說實話，就會毫不考慮地同意，並且想盡辦法說服加拿大警方。但我已經花了很多時間研究這個案子，所以我知道他根本就滿嘴胡言。他只想獲得注意與認同，好讓他變成一個他想成為的人物。

為了形象，歐森對我描述他如何被囚禁在一間塑膠玻璃隔間的牢房裡，就像電影中的漢尼拔那樣。我洽詢監獄人員，才知道他們在歐森的牢房門口加裝玻璃，是因為其他囚犯非常討厭這名殺小孩的兇手，每每朝他丟擲裝著糞便與尿液的杯子。這就是最了解他的群眾對他的認同。

我們還要討論另外一種與媒體影響有關的犯罪行為，就是以錢財為動機的案件，這也是我們唯一能夠確認罪犯是直接受到媒體影響而犯案的案型。以下就是一個典型案例。

一九六六年十二月十三日，國家廣播公司播映了一部名為《末日航班》（*Doomsday Flight*）的電視電影，編劇是曾獲得六座艾美獎，構思出電視影集《陰陽魔界》（*Twilight Zone*）的電視界老前輩羅德・瑟林

（Rod Serling）。這是個引人入勝，而且寫得很好的驚悚片，內容為一名心懷不軌、曾經任職於航空公司的人，把炸彈安置在載客噴射機上（有趣的是，正如我們所發現的，多年以來，飛機上擺設炸彈的案件裡，假定未知嫌犯是名心懷不滿、又曾經在該航空公司任職的人，已經成為我們辦案時的理論了。）瑟林的故事情節為該炸彈是由高度來引爆的，放炸彈的人設定在高度低於約一千兩百二十公尺引爆炸彈。機長終於想出解決辦法，將飛機降落在丹佛機場，因為丹佛的高度比水平面高出約一千兩百二十公尺以上，即使飛機著陸，也不會引爆炸彈。瑟林在編劇時，他的哥哥羅伯特（Robert Serling）還提供技術協助，羅伯特本身也是一位成功的作家，曾任合眾國際社的航空編輯。我們必須補充說明，羅伯特一開始就對劇情感到很緊張，他寫了封信給瑟林，提醒他：「我希望你能思考周詳，會不會有人從這個戲得到靈感，還真的去使用無液體炸彈。」

這部影片大受歡迎，晉身當季收視率最高節目榜。但是，影片播出一周後，就接二連三發生要求贖金的勒索案，被勒索的對象包括東方航空（Eastern Airlines）、澳洲航空（Qantas）、環球航空（TWA）、國家航空（National）泛美航空（Pan Am），以及西北航空（Northwest）。有些航空公司付了錢，但是，所有勒索案都沒有發現真的炸彈。其實，這是另一宗模仿電影的案例。羅伯特還告訴瑟林一樁沒有廣為報導的事件，這是一則真實的勒索案，遭到勒索的是美國航空公司（American Airlines）的班機，結果機長足智多謀地將航線轉向至丹佛地區的史塔普頓（Stapleton）降落，儘管當時美國航空公司的班機還沒有飛過這個機場。

瑟林是與我共同寫作的馬克・歐爾薛克的朋友，也是他早期的良師，他幾乎被自己劇本的效應擊垮。他對蜂擁而至來訪問他的記者表示：「我向上帝禱告，希望我沒有寫這個劇本，而是寫了約翰・

韋恩（John Wayne）領銜主演，關於驛馬車的故事。」直到他在一九七五年英年早逝之前，瑟林都還為《末日航班》所衍生的問題所擾。

這些由於《末日航班》影集所引發的勒索案，就被歸類在犯罪企業（criminal enterprise）中，意即犯罪的動機就是要錢。我們仍然可以指出，這種犯罪行為還是發自有犯罪思想的人，任何誠實的人都不會在看完影集後對自己說，這是個搞錢的好主意，我可以在航空公司最脆弱的時候威脅他們，更不必自找麻煩去搞個炸彈！但我們也必須指出，當時如果沒有這個節目，就不會發生這些勒索案，瑟林的劇本確實給這些壞傢伙提供了不難執行的構想。這個假設也獲得證實，因為五年後，這個節目在電視上重播時，又重演了類似的威脅事件。

《末日航班》這類經驗的教訓，不會讓人開心或安慰，而且這類教訓還真不少。我們必須了解與接受這個事實，那就是總會有人想藉任何機會，拿走不屬於自己的東西，就像總有些變態與戀童癖，只要盯著百貨公司郵購型錄裡的兒童照片，就能產生如同觀賞最噁心的兒童色情錄影帶後的性衝動。這些打電話進來的偽威脅者，也可能只是看過美國航空公司事件的報導後，就產生這樣的反應。

在《末日航班》播映多年後，瑟林終於準備好一套能面對媒體訪問的論述觀點。他對馬克說：「我對記者說，我對社會負責，但我沒有錯。」

所有的執法人員亦同，我並不認為因為這些反社會與有犯罪心態的模仿者，扭曲與利用了神聖的自由表達的權利，我們就該放棄這種表達權。不過，就如我們將於下一章討論到的，這些罪犯將呈現另一個層面的犯罪動機，而這種動機是我們所不能忽視的。

Chapter 04 商品下毒

現實生活中模仿《末日航班》的罪行，只是數種公眾恐怖活動或群眾勒索行為之一，貪婪為其主要原動力，歸類於「犯罪企業」。可是還有一種群眾勒索行為更值得注意，亦即對商品下毒。本章將探討幾個這種案例。這些乍看之下屬於同樣形式的犯罪，卻牽涉到非常不同的犯罪者和動機。

即使某些案例裡的慣用手法看來相當類似，未知嫌犯還可不直接接觸被害人，就能夠殺害他們，然而某些細節，無論是行為上的線索或動機，都能加以利用，讓未知嫌犯水落石出，部分原因跟犯罪場景的架構方式有關。

雖然我們不常思考我們所購買的商品可能會被人動手腳，其實，這種憂慮卻是集體潛意識的一部分。當邪惡的皇后派遣獵人去殺死白雪公主，卻無功而返時，她便自己動手在蘋果下毒，再把毒蘋果送給預謀殺害的被害人。我們將以現實生活中最早發生的一件案例揭開本章序幕。該案讓社會上每個人都感受到一種全新的無助感，感覺在自己家中被扣作人質。這個案例就是在聯邦調查局中代號「泰殺案」（TYMURS），發生在芝加哥地區的「泰樂諾」（Tylenol）毒殺事件。

這是我負責剖繪以來，接觸到的第一宗商品下毒案例，記憶中還想不出任何其他案件，能夠像泰樂諾下毒事件這樣，劇烈地改變了我們的生活方式。消費大眾不再信任自己所購買的商品，也改變了公司包裝商品的方式，政府部門也針對這種相當可怕、以傳統角度看來卻無涉暴力的犯罪手段重新修法。諷刺的是，雖然犯案的動機相同，本案卻非一般或具代表性的勒索案，因為，大部分的勒索者毋須以殺人來確立自己的可信度，卻已經有人為本案喪命，至今這還是個懸案，因為按照法律條文嚴格而論，本案在紀錄上尚屬未偵破。

一九八二年九月二十九日到十月一日之間，有七個人在芝加哥地區離奇死亡。事件由一名十二歲的小女孩開始，她因為鼻塞而請假在家一天，卻死在浴室地板上。兩位郊區的消防員將這些死亡事件聯想成流行病，並指出其共同點，他們碰巧也是受過訓練的縱火調查員。當阿靈頓高地（Arlington Heights）的卡皮泰利（Philip Cappitelli）和任職附近艾爾克溝谷（Elk Grove Village）地區的奇渥斯（Richard Keyworth）發現社區裡這宗無法解釋的死亡事件時，就立刻展開調查。如果沒有他們的調查，這個危機可能還要拖得更久，後果將更嚴重。阿靈頓高地西北社區醫院（Northwest Community Hospital）急診室主任金姆（Thomas Kim）醫師解開了醫療上的謎題，並且通知了庫克（Cook）郡醫療檢查人員。

最後發現這幾宗死亡案件死因都是氰酸鉀中毒，這種毒特別迅速有效。氰酸化物會抑制血液從肺部運輸氧氣到身體各部位，被害者會立即缺氧、呼吸急促、血壓下降，身體開始抽搐，甚至昏迷。兩眼發直，心臟便停止跳動了。

這些被害者唯一的共同點，就是他們都曾經服用紅白包裝的超強藥效泰樂諾（Extra-Strength Tylenol）膠囊。這對執法人員來說尤其棘手，因為泰樂諾是全球最廣泛使用的，不需醫師處方即可購買的止痛藥之一。警方記錄了數個相關製藥廠識別批次號碼，顯然地，這些藥物是在出廠上架後，才被人一瓶瓶地下藥。當時的藥物包裝非常簡單，只有個非常容易打開的蓋子和一團擋在瓶口的棉花球。

中毒事件的消息流傳迅速並且愈演愈烈，新聞媒體像是在報仇似地披露了這則新聞。整個芝加哥的市民都深感不安與脆弱，甚至擴及全美國。的確，如果你連只是吃顆止痛藥，都要擔心喪命的話，人生還有什麼安全可言呢？讓我在此補充一點，打從一開始，泰樂諾製造商麥克尼爾消費者產品公司（McNeil Consumer Products）的母公司嬌生製藥公司（Johnson & Johnson）的危機處理方法就值得讚揚。他們的訊息簡單而明瞭：消費者的安全最重要，公司利益與形象壓後。他們派遣一組化學人員前往芝加哥抽樣檢查無數瓶泰樂諾，還提供美金十萬元給任何提供消息、協助警方緝兇定罪的人。

謠言不脛而走，還有人說這些案件都是巴勒斯坦解放組織搞的。

本案亦成立聯合數個機構組成的特勤小組，包括芝加哥警察局、伊利諾州警和聯邦調查局探員。動員超過一百名探員參與偵查，其中光是聯邦調查局就出動了三十二名探員，芝加哥分部負責調查的特別探員赫格提（Ed Hegarty）與我聯絡，請我協助辦案。由於本案非同小可，我即刻飛往芝加哥，直驅分部。當年他領導調查局巴爾的摩分局時，赫格提深具權威而且威風凜凜，因此也得到了一個綽號「巴爾的摩之王」（Lord Baltimore）（可沒人敢當著他的面如此稱呼他）。赫格提帶我進入一間空出來的辦公室，裡面堆滿了相關本案的文件與資料。他指著一張辦公桌對我說：「好吧，道格拉斯，讓我們瞧瞧你的本事。」赫格提就是這樣的一個人。然後他命令其他探員都走開，讓我獨處，我猜他們其實是去吃飯，留我一人絞盡腦汁篩選可以用來剖繪分析的證物。

當我翻閱這些照片、文件以及報告時，第一個浮上心頭的問題就是：「動機是什麼？」我們要先解決這個問題，才能抓到這個混蛋。

這些慘案都教人難以形容，受害人卻沒有共同的被害模式。第一位被害者瑪麗・凱勒曼（Mary

Kellerman）年僅十二歲，她的父母發現她倒在浴室地上昏迷不醒，不到三小時，她就在阿樂斯兄弟醫療中心（Alexian Brothers Medical Center）去世。約莫兩個小時後，離那兒八公里遠的地方，二十七歲的郵局員工亞當．傑納斯（Adam Janus）因為肩膀肌肉痠痛而服用泰樂諾，躺下休息後就再也沒能爬起來了，亞當於當天下午在西北社區醫院去世。親屬趕回家中致哀時，亞當二十五歲的弟弟史丹利（Stanley）和他新婚才三個月，年僅二十歲的太太德瑞莎（Theresa）各自因頭痛服用了兩顆泰樂諾膠囊，也同樣死於非命後，醫療當局明顯地面對著一樁非常嚴重的問題。

瑪麗．瑞訥（Mary Reiner）跟亞當．傑納斯一樣都是二十七歲，一周前才產下第四胎，剛剛才返家休養。結果，她的生命居然結束在重返分娩產子的醫院裡。

三十一歲的瑪麗．麥克法藍（Mary MacFarland）是兩名幼子的母親，她跟同事抱怨嚴重頭痛後，吃了一顆泰樂諾，結果在周三晚上被送進醫院，並死於次日凌晨，調查員發現她的皮包中有一瓶超強藥效的泰樂諾。還有三十五歲的空服員寶拉．普林斯（Paula Prince），因為沒有返回預定服勤的班機，稍後被人發現死在自家浴室地上。屍體旁邊還有一張超強藥效泰樂諾的收據，她在這種藥回收前不久，才剛買了一瓶。

還有一個令人費解的疑點，就是殺人者並沒有遵循一般模式，大部分的勒索者會先做確立可信度的事，再提出要求。舉例來說，如果這名未知嫌犯曾經寄信到當地報社、電視台或警察局，指點他們到某商店去找某種被他下毒的商品的話，本案就會比較容易理解，其動機也會變得比較明顯，如果要求沒有達成，嫌犯才會開始殺人。本案嫌犯卻沒有提出任何要求，就直接殺人。

不像一般的兇案現場，商品下毒案現場所能提供的線索，比爆炸案現場還少，警方往往無從著手。犯案現場到底在哪裡？商店？藥廠？還是被害人服藥的家中？這些地方到底能提供些什麼樣的線索？因為這是種懦夫般的犯案手法，不必期待犯罪者主動與媒體聯絡而暴露其性格。我想，這種類型的犯罪者如果近距離面對他們的罪行的話，一定會發狂。

儘管本案發生在我剖繪分析生涯初期，我也從來沒有處理過商品下毒個案，更未曾訪談過此類定罪犯人，我還是覺得兇手符合其他經觀察研究得出的懦夫型侵略犯罪典型。不論具體動機為何，其態度及犯行都受到自己的憤怒所驅使。他可能經歷過一陣子的極度沮喪以及缺乏自信，感覺自己什麼事都無法勝任，無助、絕望，甚至有性功能障礙，同時他卻確信自己被周遭以及社會中人惡意中傷。一生當中必然可以列出無數次的失敗經驗，從就學、就職、社會經驗到與他年齡及智慧相當的女性之間的關係。我甚至推測部分的不適應感可能源自宿疾或殘疾。和縱火犯一樣，他會被權力或是權力的象徵人物所吸引，像是保全人員、救護車駕駛以及志願消防員等性質類似的工作。可是就如同其他與他有關的事物，這份工作他也做不久。我甚至猜想他可能有從軍過的背景，這種人是會被陸軍或海軍陸戰隊所吸引的。容我再重複一次，如果真有前述軍方背景的話，我預測犯人的行為問題背景資料以及一連串的精神治療病歷將呈現出來。

我深信這名未知嫌犯為二十多歲到三十出頭的白人男性，也是沮喪孤獨的夜貓族。我將他的犯行歸類在暗殺犯類型中，一個無時無刻不在想著殺人、卻從來不曾親自動手的人。我相信，此類犯案係由壓力因素所激發，就像其他侵略型犯罪一樣。根據第一案發現的時間判斷，其壓力因素，無論是失業、失戀、離婚或是喪失雙親，都應該發生在九月中。

我們還知道些什麼，或者還可以分析出些什麼嗎？

下毒的手法並不細膩，基本上，未知嫌犯是在藥局裡打開貨架上的藥瓶，加入氰化物，再把瓶子歸位。所以我不認為這個人會是個有系統、有條理的罪犯。如此至少可以排除麥克尼爾消費者產品公司，以及嬌生製藥公司裡面高階人員涉案的可能性，即使假設犯案的動機是為了報復，這種排除法還是有兩家公司中的許多一般員工，他們也全都有可能心懷怨恨。問題是，正如我在剖繪分析裡所提到的，我們並不知道兇手是在報復藥廠、藥局、被害人或是一般社會大眾。同樣地，挑上泰樂諾也可能另含特殊意義，但也可能沒有。可能只是因為這種藥品的使用者眾多，相對的，被害者也會很多。甚至可能只是因為嫌犯喜歡其包裝才選上這種藥。此外，氰化物很容易取得，追蹤其來源就像大海撈針一樣。

我預計這個人會重回犯案現場，尤其是當傳播媒體開始報導以後。不只重回他放置毒膠囊的藥局，還有被害者的家或墓地，他甚至還可能偷偷監視這些人家。

他可能開著一部沒有經常保養、車齡最少五年的舊車，從犯罪手法到下毒方式，全都反映出嫌犯性格粗枝大葉以及容易分心，而非小心翼翼，我推測這些事實會反映在他所駕駛的車上。他的車可能也是警方最常使用的福特汽車，因為這象徵著力量與權力，兩者都是他所追求但難以擁有的。

特別小組需要調查嬌生製藥公司、麥克尼爾消費者產品公司，以及每一家被下毒的藥局中所有的不滿員工和離職員工。可是當我再仔細思考所有下毒事件的細節後，我愈來愈相信兇手是在對他認為有愧於他的社會大眾表達怨憤，而非對某人或是對藥品公司不滿。嫌犯是在報復所有對不起他的人，意即社會大眾。過去，他還可能寫信給有權勢的顯要人士，特別是當時的美國總統雷根以及芝加哥市長珍・拜爾（Jane Byrne），但他也可能寫信給從聯邦調查局局長到教宗之中的任何人。這封信裡應該敘明他認為受委屈的事情，卻沒有得到任何賠償或是令他滿意的解答。他因此倍感忽視，促使他變本加厲。他也可能在信上簽下真實姓名，這將是個很好的調查方向。

這就是我獨自在芝加哥分部那個空房間裡所推測出來的人格剖繪分析。可是整個大芝加哥地區裡，有太多人符合這個模式，無法直接引導我們找到犯人。不過，只要警方整理出他們的嫌犯名單，應該就可以縮短時間，並且按優先順序處理名單上的嫌犯。然而更有效的方法是以「主動出擊策略」來引誘嫌犯上鉤。

我認為警方可以利用嫌犯的好奇心，任何人花了這麼多的時間與精力在泰樂諾膠囊上下毒，一定會很想知道到底達成了什麼效果，出售有毒的泰樂諾的藥局有何反應？他們會因此改變營運方式嗎？被害人的家屬又如何呢？還有製藥公司呢？無論如何，我覺得他一定會親自欣賞他得來不易的影響力。

滿足這種需求最簡單的方法就是與別人討論這個案子，可能在酒吧裡，或是跟藥局店員，也可能是跟警察在警方經常駐守的地方。他一生中首次得到這種國際關注，強化了他的自負。他可能還弄了一本剪報甚至日記來加以記錄，如果我們讀到他寫的東西，我猜測這樣就揭露他的自卑感。

我建議有關當局只能對媒體聲明案情持續明朗化，以便對他施加壓力。千萬不能表示案情呈現膠著狀態，或者調查陷入僵局，絕對不能讓兇手在心理上適應他的犯行。此時，更不能說他是瘋子或狂人來激怒他。事實上，最好能請一位心理醫生或是心理學家公開聲明，這名未知嫌犯是（不健全）社會的受害者，正好符合嫌犯自己的想像。這樣可以替嫌犯保留面子，甚至鼓勵他打電話或是（極可能偷偷地）親自去看醫生。我並不知道就在我提議的同時，伊利諾州首席檢察官泰隆・法納（Tyrone

Fahner）在電視上稱泰樂諾下毒者為危險的狂人。

此類案件中，媒體總是扮演著重要角色，因為未知嫌犯經常會對新聞報導做出反應。我希望新聞界能夠只報導事實：有關被害人全盤而完整的事實。如此，從關心被害人權益以及不願把被害者只當成統計數字的立場而言，我會感到非常高興。換言之，如果我們能讓未知嫌犯將這些被害者與現實中活生生的人聯想在一起，而非只是供他洩憤的抽象目標的話，我們就有機會讓這類型的嫌犯內疚自責。如果能夠按照我的方式報導，報上將不會出現任何猜測，而只有被害者的照片與他們下葬的地點，強迫讀者以及未知嫌犯把被害者當成有血有肉的無辜者，而他們原本也就是如此。

當我看到被害人名單時，我覺得能夠發生最大效果的被害人應該是年僅十二歲的瑪麗·凱勒曼。如果她無法打動人心的話，我的計畫大概也就不會成功。如果報導中提及埋葬地點，我將建議警方監視，因為那將是痛悔的未知嫌犯最有可能去向小女孩道歉的地方。

另一個可行的途徑，是讓媒體報導用含糊語氣描述曾售出有毒膠囊的藥局新的安全措施，防止類似情形再次發生，此類報導當然不致洩漏任何真正的安全措施，卻可能激起嫌犯的好奇心，讓他親自前往察看。我重複審查每家藥局的地點及環境，最後選擇了一家遠離所有高速公路的藥局，過濾掉大多數只是來湊熱鬧的熱心民眾。還有一種做法，就是邀請一家沒有受波及的藥局老闆或經理，公開吹噓自己店裡的安全設施有多完善，而他的管理方式又有多精明，嫌犯不可能有任何機會在他店裡下手。如此一來嫌犯可能把這家藥局當成一個挑戰，所以二十四小時監視這間商店，也有可能逮到此類罪犯。

接著我提議演一齣假警報來引誘嫌犯，假裝是收到來源可靠的密告，而派遣警察與調查局探員到事前排定的藥局搜查，雖然是空跑一趟，卻能讓當地警察局長或者探員公開誇耀其反應有多迅速，連嫌犯都嚇跑了。這對嫌犯來說，可能又是一個無法抗拒的挑戰。

我們如果宣布為每一個被害人夜間祈禱的話，未知嫌犯很可能會在會場現身。我建議在會場放個小十字架，或是在墳上擺設特別紀念品，讓嫌犯潛回偷取。我甚至建議特別小組徵求義工幫忙接聽電話，處理民眾所提供的線索，期望未知嫌犯會自願參加。

當我寫完這份剖繪及案情分析，並交給祕書打字時已經很晚了，然後等待艾德．赫格提與其同僚回來。

他們終於出現時，已經快要半夜，我安靜地站在特別探員身旁，他拿著那份厚達六、七頁的剖繪分析，迅速看過一遍，抬起頭來對我說：「非常好。」對赫格提而言，這是很高的讚賞。

同時，嬌生製藥公司做了一件當時算是非常驚人的舉動，他們將所有的事情公諸於世，然後從全美各地回收了二十六萬瓶的超強藥效泰樂諾。

報告指出，遭人下毒的藥瓶出自兩個不同的製藥工廠，分別位於賓州與德州，顯示除了藥局貨架以外，其他方法都極不可能下毒，而且還得在購買藥品不久之前完成，因為毒物學專家指出，氰化物具有腐蝕性，要完全腐蝕膠囊不需花太久時間。每瓶泰樂諾裡含毒膠囊的數目也不同，每家藥局裡下毒的藥也不會多過一瓶。

我將我想使用的新聞角度告訴赫格提，赫格提建議聯繫當地兩家眾所周知的專欄作家，麥克．羅伊可（Mike Royko）與鮑伯．葛林（Bob Greene）。《芝加哥論壇報》（*Chicago Tribune*）的專欄作家葛林答應與我碰面。他已經跟編輯吉姆．史顧爾斯（Jim Squires）討論過，兩人也已經和赫格提及芝加哥警察局長理查・布瑞謝斯克（Richard Brzeczek）談過。雖然我仍然希望能有一位專業的新聞記者，但我還是非常尊敬葛林，因為以前我在維吉尼亞州就讀過他的專欄。

他由當地聯邦調查局探員湯尼・迪洛倫索（Tony De Lorenzo）駕車，前來我在假日飯店的房間。我提供他一些我在匡提科小組的背景資料，告訴他我們的專長是研究人格以及找出連續殺人犯的犯案動機。我解釋這些殺人犯通常將被害者非人化，然而，還是有些犯人在適當的情況下會內疚與自責，我敢打賭泰樂諾下毒案的未知嫌犯就是如此。

我們討論過後，葛林與我在以何種新聞標準來述說瑪麗・凱勒曼的故事上達成共識。她是最年幼的被害人，因感冒而服用泰樂諾，她的父母發現她倒在浴室地上，穿著睡衣死去。目前為止，她的父母還不曾接受記者訪問。

葛林對我說：「這是我想寫的故事，就算我沒有聽說過你。如果你能把我弄進她家的話，我想與她的父母談談。」

我們向他表示，安排訪談應該沒問題。我們沒有提醒他該寫些什麼，我們就是信賴他，並且也說明了我們的策略。如果他寫了一篇專訪，我們就會全天候監視凱勒曼家以及瑪麗的墳墓。

凱勒曼先生與太太同意與葛林晤談後，第二天早上湯尼便載他到凱勒曼家。由李羅伊・海姆鮑赫（LeRoy Himebauch）引介，海姆鮑赫也是探員，直接負責與凱勒曼家聯繫，並獲得他們的信賴。母親淚眼汪汪地敘述她本想買較小瓶的泰樂諾，卻想到除了瑪麗，其他家人也可能會用到，才伸手去拿較大的那瓶，沒想到是下了毒的藥。瑪麗是他們的獨生女，因為他們已經無法再生育了。凱勒曼先生對葛林表示，他非常強烈地希望抓到這個怪物。

葛林寫的專欄非常有說服力，發諸內心而直抵人心。他的開場白是這樣的：

如果你是泰樂諾下毒案的兇手，以下文章可能和你有很大的關聯，或許，對你而言已毫無差別了。

如果你是泰樂諾下毒案的兇手，你的整個殺人遊戲可能由於執行得毫無瑕疵而完美無缺。你在膠囊下毒，有人因而送命，你讓全國每一個人心中充滿恐懼。如果你是殺人兇手的話，完成任務的成就感可能正支撐著你。

如果你是泰樂諾下毒案的兇手，你還是會對你的殺人計畫另一端的人懷有少許好奇，也就是那些不幸買到下毒膠囊的人。

接著他形容了凱勒曼家附近的街道與地址。葛林後來指出，他的專欄編輯曾經不無疑慮，因為他將那麼敏感的訊息完整地寫在文章裡。葛林沒有多說，只是請他不要刪除。

葛林對這篇報導的新聞道德標準自省良久，甚至後來當他擔任《君子》（*Esquire*）雜誌的發行編輯時，還將這次經驗寫成一篇專文。就像他在那篇專欄裡所寫的：「記者該不該與執法機構合作是一回事，但是，當你住的地方有七人被毒死時，這個判別標準是否還適用就是另一回事了。」

他最後的結論是：「你每天早上起來，試著去做你的工作。有時，你自己會想到底有沒有做錯？最後我們處理這個案子就像平常一樣，把文字放在報紙上，期望會對某些人產生正面影響。」

效果應該是很明顯的，我深深欽佩葛林，不只以身為一名調查局探員才如此，就關心的讀者及市民的角度而言，亦然。他讓我了解，不論是新聞記者，或者聯邦調查局與警局探員，你都還是個有人性的人。

泰樂諾中毒事件很快變成全國關切的新聞，服用再平常的藥也會讓人感到不安了。發現被下過毒的一間藥局，就在靠近歐海拉機場附近的一個購物中心裡面。如果旅客帶著下過毒的藥瓶到美國其他地方該怎麼辦？如果是其他一般消費用品，例如三合一即溶咖啡包，變成下一個下毒的標的物，又該怎麼辦？

「什麼樣的人能夠想出這種陰謀，小心地打開膠囊，倒進毒藥，再把這罐經過處理的藥，與其他相同的藥放在同一家藥局的貨架上？」《華盛頓郵報》（*Washington Post*）在一九八二年十月六日的社論中問道。同一時期一些偶發疾病以及死亡事件，都被懷疑與本案有關，也出現了其他手法類似的模仿勒索恐嚇，連靈媒都跑來提供見解。

當我停留在芝加哥時，發生了一個出人意料的戲劇性插曲，不但證明了我的推測可靠，也驗證了「無心插柳定律」（law of unintended consequences）。芝加哥警察同意我的建議，在葛林的專文刊出後，派人監視瑪麗的墳墓。他們待了好幾個晚上，半夜監視墓地可不愉快，所以沒有人爭著搶這份差事。我可以想像那幾位被派去監視的人，和上司一樣翻著白眼想著：「是喔，道格拉斯，這個點子真是太棒了！為什麼你不試試看自己來監視這個死人院呢？」我想，他們幾乎要放棄我的計畫，直到他們終於有所斬獲。

一名男子前往墓地開始對著墳墓講話，周圍沒有其他人在場，所以他一定是直接對瑪麗講話！他跪倒在地上，兩手撐地，開始啜泣：「對不起，」他流著淚說：「我不是故意的，這是意外！」太好了，這些殺人犯通常都說這是意外。警察開始興奮了（道格拉斯可能還是知道自己究竟在說些什麼），想著當他們明天宣布逮著了泰樂諾下毒事件的殺人兇手後，將受到何等的英雄式待遇。

「蘇珊……我真的對不起妳。」未知嫌犯哭著說。

警方差點就要撲過去，但是等一下——蘇珊？要命，誰是蘇珊？

結果，這個人其實是站在瑪麗旁邊的另一座墳墓前面！懺悔的對象是一件肇事逃逸車禍懸案的死者，兇手剛好在警察監視時回來懺悔。好消息是，我們破了一樁撞人逃逸車禍，也驗證了我的發現，無論是什麼罪，因種種理由，大多數罪犯都會回到犯案現場或是被害者的墓前，至少部分警探相信了我的理論。壞消息則是，泰樂諾下毒案的兇手還不知去向。後來才知道，主嫌早在展開監視前就離開芝加哥了。

我在芝加哥又停留了一周，再回匡提科繼續關切案情發展。他們約談了不滿員工，挨家挨戶地敲門請求辨認當天在店內或附近可疑人士的素描，從尚未賣出的瓶子上辨識指紋。他們反覆調看被下毒的藥局裡的閉路電視錄影帶。調查局要求新聞媒體提交普林斯喪禮的新聞片段。最好的線索是一位老太太回想，曾經看到一名男子從外套口袋裡拿出一樣東西，放回藥架上。當時她以為這個人可能只是把偷來的東西放回去。

伊利諾州首席檢察官法納當時負責協調州警、當地警方以及全國調查小組人力，他公開聲明表示，泰樂諾下毒案的兇手應不只一人，部分原因是某些毒膠囊組合得比較細心。可是，我認為我們仍然只是面對一名墮落的人，因此，仍以此為基準建議。多位心理學家與學者開始加入他們自己的剖繪，有些強調不滿員工的可能，而我早已放棄此種猜測。西北大學一位曾在約翰·威恩·蓋西殺人案裡擔任辯方的心理學者認為，下毒者應該與蓋西很像。

在新的中毒事件尚未出現以及沒有逮到兇手之下，一周就這樣慢吞吞地過了，大家還是非常恐慌，很多管區取消了每年一度萬聖節小朋友討糖果活動以及其他相關慶祝事項。差不多每個郡都發生過相關的恐慌事件，不論是真實的，或是虛構的。美國食品暨藥物管理局報告指出，自從芝加哥事件之後，一共還發生了另外兩百七十件疑似商品下毒案件，其中有三十六件被認定為案情嚴重。

某一州消費者保護部代理部長說：「這件事已經完全失控了。」

調查員深入調查其他州發生的氰化物中毒事件，希望找到任何相關性。其中包括了費城一名研究所學生死亡案例（最後被判為自殺而死），加州與堪薩斯州也各有一案。三十多歲的待業人士小佛儂．威廉斯（Vernon Williams Jr.）是兩個孩子的父親，最後，他因郵件詐欺被判處兩年徒刑，因為他企圖向嬌生製藥公司勒索十萬美金，並威脅要在更多的泰樂諾裡下毒。這名住在紐澤西州的男子聲稱，自己是從有關芝加哥下毒新聞報導裡，想到這個主意的。而這只是無數案例之一。

經過這麼多的調查，卻只找出幾名比較具體的嫌犯。一名是食品倉庫裝卸碼頭的工人，已知他喜歡化學，並且拒絕接受測謊。另一名男子住在芝加哥近郊，他有精神不穩定的病歷，而且有幾家受到波及的藥局曾被他威脅過。

還有三十六歲、曾在芝加哥地區擔任會計工作的詹姆士．威廉．路易斯（James William Lewis）。他曾向嬌生製藥公司勒索一百萬美金，威脅如果贖金沒有匯進芝加哥某個銀行的帳號中，他將繼續下毒，他在信裡化名為羅伯特．理查森（Robert Richardson），他以前也用過這個化名。他寫道：「到目前為止，我的成本不到五十美元，而且每瓶藥只花了不到十分鐘的時間。」製藥公司本來已經打算付錢，以杜絕後患，但被調查局勸止。特別小組以及調查局鍥而不捨地追蹤路易斯（他似乎在案發之後，就立即出城了）。他在逃亡時，曾經手寫幾封署名為羅伯特．理查森的信給《芝加哥論壇報》，聲明自己與下毒案無關，還說自己也是被害者。

其中一封信裡寫著怪異、偏執又著魔似的一段話：「我們手無寸鐵，除非你以解剖學上下身麻痺的角度來看。我們將永遠不使用武器，不論警察或調查局將我們形容得多古怪。國內，只有兩種心理狀況非常類似的人會攜帶武器：一為罪犯，二為警察。而我們兩者皆非。」

我讀到這裡時，馬上就坐起來做筆記。在我對泰樂諾下毒者的剖繪分析裡，我將他歸類為懦夫型，不敢與人正面、一對一的衝突；所以，不論他內心有多憤怒，他都不是個會攜帶武器的人。

隔天，《堪薩斯城明星報》（*Kansas City Star*）收到一封署名「理查森」的信，投稿了一篇名為〈道德困境〉（A Moral Dilemma）的文章。文中攻擊堪薩斯市警察局對雷蒙．維斯特（Reymond West）兇殺案的調查，維斯特是路易斯以前會計師事務所的客戶，遭人殺害，還肢解屍體，塞進塑膠袋裡，一九七八年八月十四日才在他家閣樓上發現。

「我想請人重新調查本案已經很久了，」理查森／路易斯寫著：「我知道我與維斯特先生之死毫無關係。我希望這次警方能多些時間詳細調查，而非只是做做表面工夫而已。」

這封信封上蓋著紐約市郵戳。從我對殺人犯的研究得知，他們經常會在逃離犯案城市後，到公立圖書館查閱故鄉的地方報紙，閱讀相關案件的調查報導。我建議紐約市的調查局探員與紐約的警察局徹底搜查每一間圖書館，尋找任何外貌與嫌犯類似且在閱讀芝加哥報紙的人。

十二月十二日，路易斯在紐約市立圖書館曼哈頓分館落網。隔天，他三十三歲的太太黎安

（LeAnn）從費城飛到歐海拉機場後向警方自首。她的先生似乎在十月中旬寫了恐嚇信給雷根總統，這也是我在剖繪分析中曾經預測過的事，這封信是由她以前任職公司的郵資機支付郵資的。信中抱怨某些賦稅政策，並警告總統如果不取消這些政策的話，就要加以刺殺。路易斯的保釋聽證會上，美國地方法院法官巴羅格（James T. Balog）獲悉密蘇里州的堪薩斯市警方在維斯特案裡發現新線索。雖然由於屍體被肢解，而無法確認死因，但毒殺的可能性很高。路易斯被控一級謀殺卻被駁回，因為法官判定其逮捕以及證物搜查程序無效。

路易斯身高一百八十五公分，體重約七十五公斤。保全攝影機照片顯示，未知嫌犯身高在一百八十五到一百八十八公分之間，體重則介於七十七到八十二公斤。由於路易斯在命案發生後立即離城，所以沒法對葛林的專欄做出可能的回應。

在因泰樂諾勒索信被捕數個月後，路易斯同時也因郵件詐欺被密蘇里州堪薩斯市法院判決有罪，處刑十年。

隔年十月，路易斯的律師摩尼可（Michael D. Monico）在芝加哥勒索案開庭時，承認其當事人寫了那封寄給嬌生製藥公司的信，雖然要求一百萬美元，他卻從來沒想要獲利。反之，摩尼可辯稱路易斯只是想報復麥卡黑（Frederick Miller McCahey），他是美樂啤酒家族的一員。黎安先前在麥卡黑的旅行社上班，但因旅行社倒閉而遭到解雇，而且在薪資訴訟中敗訴。路易斯勒索信裡所指定的銀行，麥卡黑亦設有戶頭。

「意圖就是問題的重點，」摩尼可在結辯中告訴陪審團，他的意圖只是要揭發黎安前任老闆所犯的錯。

就像我們提過的，把意圖與動機混為一談是非常普遍的。意圖指的是對某件行為的目的。揭發這個假設中的錯誤可能是他的目的，但他的動機卻是報復。

路易斯因勒索被判有罪，處刑二十年。黎安卻逍遙法外。也沒有人被控謀殺。這些殺人案突然消失，就像突然發生一樣不明由來。

路易斯因義務性假釋於一九九五年十月十三日周五從聯邦奧克拉荷馬州艾雷諾（El Reno）監獄釋放。據報他打算搬到波士頓附近黎安的居住地。儘管他只因相關勒索罪行定罪，但他強烈否認下毒，許多執法人員都把他視為主要嫌犯。然而，前芝加哥警察局長布瑞謝斯克卻不作如是想。路易斯獲釋時，他對《芝加哥太陽時報》（*Chicago Sun Times*）說，他認為除了一名被害者是蓄意謀殺之外，其餘都是隱瞞真相而慘遭波及的。

任何人除非證明有罪，否則都是無罪的，所以，路易斯不能說就是泰樂諾案的「未知嫌犯」。可是我有信心，下毒者應該就像這個被定罪的勒索者一樣，其動機是憤怒以及自覺委屈，想要報復某些特定人士或全世界。雖然路易斯堅決否認涉案，卻曾向警察敘述兇手大約是如何下毒，把氰酸鉀粉末撒在砧板上，再小心地刷進膠囊裡。

「他們問我該如何完成下毒，當然，就像一名好公民一樣，我想辦法幫他們的忙。」路易斯在一九九二年的監獄訪問裡告訴《芝加哥論壇報》。

這點就非常有趣了，在我自己做過的監獄訪問裡，我重複發現，當我的實驗對象不肯承認自己的單一或者連續罪名，特別是殺人罪時，我通常可以說服他們以旁觀者的角度，「推斷」犯人應該會進行特別暴力或侵略性的行動，這是我在伊利諾州瑪利翁（Marion）聯邦監獄訪問崔普涅（Gary Trapnell）這名惡名昭彰的武裝搶匪與劫機犯時學到的。對泰德・邦帝這名已經待在死囚監牢多年的兇犯而言，情況也很相似。他否認自己在全美各地殺害多名婦女的犯行，卻同意以第三者立場，談論此類兇手可能的行兇手法。

路易斯的背景也符合我對致命的勒索犯罪者的推測。就像《太陽時報》的報導，當他在密蘇里州長大時，曾與養父母激烈爭吵而被送往精神病院。後來他又與養父打架而被捕。

泰樂諾恐慌事件讓嬌生製藥損失超過一億美金，以及偵查此案的地方、州立與聯邦執法單位花了好幾百萬美元的開銷。一九九一年，嬌生公司與七名被害者家屬達成協議，開始以三層密封方式包裝藥品，預防類似下毒事件重演。其他藥廠也立刻跟進，因為他們知道，下一個對象很可能就是他們的產品。國會也把對商品下毒視為聯邦犯行，因而通過「商品下毒防制法」（Consumer Tampering Act）。我們身為普通市民的純真與信任再也不會和以前一樣了，只因為有個一事無成與毫無能耐的不滿分子，遂行報復手段，才造成這種結果。

我在泰樂諾事件後才知道，商品下毒及其他形式的勒索案件已經成為執法單位需要面對的嚴重問題。剖繪動機是非常重要的，了解動機與被害者及犯案手法，才能找出兇手。

可是因為我們的社會裡還是有許多恐嚇事件，舉例來說，就像《末日航班》與泰樂諾恐慌事件餘波的見證一般，所以在研究動機之前，還要先證實恐嚇的真實與否。恐嚇是真的？還是只是個惡劣的玩笑，為了製造混亂以及滿足恐嚇者的權力感？有些情況下，嫌犯會展現其能力；但警方多半均需以一連串的詳細分析來確定未知嫌犯究竟能否執行其恐嚇。

從行為科學角度來看，所謂「心理語言學分析」（psycholinguistic analysis），就是以實驗對象所慣用的單字與片語，推斷其個性深沉與否及其刺激劇烈之程度，加總起來就是他的能力。換句話說，犯罪者的特徵是否與威脅案的條件相符？如果是為錢財而勒索，我們就檢查關於繳付贖金的指示，因為領取贖金是最困難的部分，未知嫌犯的計畫可行嗎？還是他只是在異想天開？

以下的例子就可以看出嫌犯深沉與否，勒索者要求將贖金擺在某個電話亭裡。假設你是監視電話亭的警察，逮捕了一個走進電話亭的人。那你就錯了，他可以辯稱自己只是湊巧要進去打電話。好吧，你看他假裝打完電話，拿起裝了贖金的皮箱離開後，上前逮捕他。慢著，他還是可以說這只是他在電話亭裡撿到的，身為一名正直公民，他正打算要送到警察局招領。重點是，如果這個人夠深沉，能在事前就推演出萬無一失的計謀的話，你也得像他一樣深沉的暗中跟監，直到他露出破綻為止。

有時候，我認為恐嚇信被逐字逐句地過於仔細分析了。我經常告訴屬下要學著看到整個大範圍，看看寫信的人到底想傳達什麼訊息。就算只是惡作劇，也得抓到這個人避免再犯。

舉例來說，如果嫌犯只是威脅某個特定的人，然後要求一百萬美金，我們要先看被勒索者有沒有付款能力。沒有的話，就不必把這個威脅看得太嚴重。如果我在周五下午收到一通要求立刻付款的恐嚇電話，就表示著未知嫌犯滿單純的，因為所有銀行都已經下班了。即使嫌犯在自導自演，試圖博取同情或者詐欺，我們都有辦法看穿。

問題最後還是回到**動機**。辨每個案子時，第一個問題都是：**為什麼？**為什麼會發生本案？為什麼有人要恐嚇這個人或公司？恐嚇者到底要些什麼？動機是為了錢？愛情？性？報復？懲罰？認同？刺激？罪惡感？仇恨？還是只為了引人注意？恐嚇者的恐嚇告訴了我們些什麼？

假設他要報復，那我們就從找出哪些人會想報復開始。如果他就像泰樂諾事件一樣，展現出的憤怒是針對一般社會大眾的話，案件就比較難破。基本原則是：有組織的犯罪者為錢勒索，無組織的犯罪者為各種其他原因勒索。當然，還是有很多例外。

執法單位裡有句老話：「會殺人的不會打電話來，會打電話來的不會殺人。」這是說你可以從未知嫌犯的行為表現得到很多關於動機的訊息。如果他先打電話來或是公開他的企圖，那我們會先把他的動機當作要錢。要是沒打電話，被害人就死去的話，我們就先將動機歸類於報復或是憤怒。當然，這只是概論，我們還是要仔細地逐案分析細節。

如果是威脅個人，我會先告訴被威脅者注意生活周遭接觸的每一個人，甚至不經意接觸到的人。理由是，除了讓被威脅者保持警覺以外，未知嫌犯得親自觀察他所造成的影響，否則就無法得到滿足。

就像縱火一樣，商品下毒可以被用來掩蓋其他罪行，這就是下個案件所要講的。

一九八六年，雖然泰樂諾案件還記憶猶新，社會大眾卻已經鬆弛警戒了，又開始相信他們所購買的商品。

結果，六月十一日，西雅圖南方郊區奧本市（Auburn）的普潔灣國家銀行（Puget Sond National Bank）裡，既引人注目又受人尊敬的四十歲副總裁蘇珊・凱薩琳・斯諾（Susan katherine Snow）倒在浴室地上，被她十四歲的女兒海麗（Hayley）緊急送醫後，死於急診室裡，離過兩次婚的她才剛與深深相愛的四十五歲卡車駕駛保羅・維布金（Paul Webking）結婚。她迅速及戲劇性的死亡雖然使人聯想到腦動脈瘤或是服用過量毒品，但顱內卻沒有任何出血跡象，也沒有任何吸毒的紀錄。助理治療檢查員珍妮特・米勒（Jantet Miller）在解剖屍體時聞到微微的杏仁味，雖然並不明顯，卻是有力的氰化物中毒證據，毒物測試證明斯諾體內還殘留氰化物。家人堅持她絕對不會傷害自己，調查人員進一步徹底檢查，重建任何她可能服用過的東西時，只找到了兩顆超強藥效愛克斯丁（Excedrin）膠囊。藥瓶裡還有三顆已經下過毒的膠囊。雖然維布金也曾從同一個藥瓶裡服用過幾顆膠囊，卻安然無恙。

令人難以忍受的出操行動又要開始了，幾天內，食品暨藥物管理局公布了斯諾那罐藥瓶上的製藥廠識別批次號碼後，製造商必治妥製藥公司（Bristol-Myers），收回了所有產品。西雅圖警方搜索商店貨架，尋找其他可能被下毒的藥瓶。他們只找到了兩瓶，一瓶在奧本市，另一瓶在鄰近的肯特市（Kent）。因為泰樂諾下毒事件後所定的新法令，聯邦調查局也不能置身事外。我在匡提科的小組也應邀進行剖繪分析，設計些可行的「主動出擊策略」。

維布金答應測謊並輕易通過，所有調查都只顯示他是個非常敬愛新婚太太的悲痛丈夫。

我們等待著犯人的要求或是其他通訊，以了解這名未知下毒者的動機，但音訊全無。有關單位屏息等待其他被害者的消息，不幸的是，有另一名被害者。

六月十七日，四十二歲的史黛拉・莫汀・尼克（Stella Maubine Nickell）打電話給西雅圖警方，聲稱其夫布魯斯（Bruce），五十二歲，在華盛頓交通部擔任臨時性重機械操作員，曾接受嗜酒治療，不到兩星前，死於西雅圖的港觀醫療中心（Harborview Medical Center）。院方判定死因為肺氣腫，她卻明確地記得他死前不久曾服用超強藥效愛克斯丁。當她聽到有關斯諾的報導後，立刻檢查家中藥瓶上製藥廠識別批次號碼，結果發現與斯諾的那瓶一樣。調查員十分重視這個消息。

雖然布魯斯・尼克已經下葬，但是因為他曾經簽署器官捐贈，所以醫院裡留有他的血液樣本，毒物學測試後果然發現有氰化鈉殘存反應。此外，我們再也沒有收到任何其他被害者的消息以及任何恐嚇或威脅。保羅・維布金與史黛拉・尼克都控告必治妥公司過失致死。

調查卻發現一些超乎尋常的事，雖然只是些非常微小的細節，卻可以讓案情明朗化。有關單位在檢查了無數瓶超強藥效愛克斯丁後，只發現了五瓶被下毒。其中兩瓶在史黛拉・尼克所居住的拖車中找到，而她先前曾提及這兩瓶是在不同日子及不同藥局中購買的。五瓶被下毒藥物中的兩瓶在不同時間被同一個人買到的機率有多高？從統計學上來說，幾乎是零。

探員開始將注意力轉到史黛拉的身上，她有兩個美麗的女兒與一個外孫女，並不符合一般兇手剖繪分析。她在一間私人保全公司擔任調度員，同事都很喜歡她，而且在布魯斯猝死後，他們都明顯地看出她極度悲傷，我們建議調查員仔細分析被害者，找出動機。

仔細調查史黛拉後，調查局探員開始將其他事件串連在一起。化學小組的羅傑・瑪茲（Roger Martz）與黛比・王（Debbie Wang）發現膠囊裡不但有氰化物，還有其他四種化學物質。其中兩種是經常用於家庭魚缸的除藻藥劑。瑪茲在公餘時間察訪許多寵物店，閱讀所有魚缸清潔劑的標籤。最後，他找到了一種含有這些成分的魚缸清潔劑，叫作「除藻劑」（Algae Destroyer）。顯然，未知嫌犯用先前調配過除藻劑的容器，來調配氰化物粉末。

同時，西雅圖探員得知，除了布魯斯本身的三萬一千美元公務員保險外，史黛拉去年還替他額外加保。如果布魯斯意外死亡，史黛拉可以收到將近十七萬五千美元的理賠金。中毒死亡也算是意外死亡的一種。

探員回想起曾在尼克的拖車裡看到魚缸。他就拿嫌犯的相簿諮詢當地的寵物店，其中一張就是史黛拉。肯特市一家寵物店的店員挑出了史黛拉的照片，並想起曾替她特別訂購過「除藻劑」，同時還賣給她研磨用的研缽及杵。

證據集中起來了，史黛拉未能通過測謊，衝出房間，調查局文件組（Document Section）鑑定得知，兩份保險文件上布魯斯的簽名都是假的。但我們還需要更有力的證據，一九八七年一月，史黛拉的女兒辛娣．漢米爾頓（Cindy Hamilton）與調查員聯絡，表示自己應該挺身而出，向有關單位坦白。據她指出，她的母親常常說要殺死布魯斯，有次甚至說到要利用氰化物。還有一次她試著用有毒的種子來毒殺他，他卻毫髮無傷。她開始聯想到泰樂諾下毒事件後，她領悟到這就是她所要的劇本。辛娣還說史黛拉曾到圖書館裡參考過多本與毒品藥劑相關的書籍。

探員按照圖書館紀錄找到她曾多次借閱的書籍，書中還有她的指紋。其中兩本是《死亡收穫》（*Deadly Harvest*）及《對人下毒》（*Human Poisoning*）。

辛娣報告說，當布魯斯猝死，而她還沒來得及提出疑問時，她母親就說：「我知道你在想什麼，答案是 no。」

那就是正式紀錄裡的答案，死亡證書裡面，驗屍官錯誤地把死因歸究為急性肺氣腫，而非中毒。因此，史黛拉還要讓其他人也中毒而死，這樣才符合連續性犯罪模式，進而讓有關單位調查，否則就拿不到布魯斯意外死亡的理賠金。

還有一件毛骨悚然的事，就是即使她已經決定了她的行動方針，也只需打通電話或寫封給有關單位以建立其可信度，不需要犧牲另一條無辜的生命。她卻寧願讓一個陌生人送命，藉以凸顯她的說法。如果說米勒沒有在解剖斯諾時聞到杏仁味的話，史黛拉將會繼續殺人，直到圖窮匕現為止。

她的背景也顯示，她並不如外表那樣單純。一九六八到一九七一年之間，她住在加州，曾因偽造文件、支票詐欺及虐待兒童（親生女兒辛娣）等罪行定罪。布魯斯死後，史黛拉負債累累，甚至遭到破產以及房子將被債權人收回的威脅。

一九八八年五月九日，史黛拉．尼克因謀殺罪判處兩個九十年的徒刑，以及三宗商品下毒罪名各判處十年，與謀殺同時服刑。她是美國歷史上第一個因商品下毒而被判謀殺的人。

美國地方法院法官威廉．杜爾（William Dwyer）以「非常冷血及殘忍的罪行」來形容尼克的行為，還建議三十年內不得假釋，並以她所有的資產賠償被害者的家屬。

起訴此案的助理檢察官瓊．麥達（Joan Maida）在紀錄中寫道：「許多人將面臨死亡的威脅，只為了這個女人的貪婪。」根據檢方報告，史黛拉打算用理賠金買下她現在停放拖車的地方，開一家熱帶魚店，因為她熱愛養魚。

工商協會頒發了二十五萬美元獎金給辛娣，感謝她的幫忙，才能將史黛拉逮捕到案及定罪。

諷刺的是，雖然史黛拉完成了一件近乎完美的犯罪，自己卻把事情搞砸了。這就是我們所說的「犯案後行為」（post offense behavior）往往是嫌犯的敗筆。要不是她如此貪婪的話，沒有人會知道她殺了丈夫，她可以堂而皇之地領取他的公務員保險理賠金。可是，因為她的動機是人類史上最原始的動機——貪婪，就像嫉妒一樣，這種動機使她再三犯下謀殺罪。

不幸的是，就如預料一樣，事情並不就此結束。一九九一年二月，《讀者文摘》刊出一篇有關調查局如何偵破史黛拉．尼克案的報導，不久後，住在華盛頓州奧林匹亞市的約瑟夫．梅林（Joseph

Meling）起而效尤，在他太太珍妮佛（Jennifer）的蘇達菲消除鼻塞藥（Sudafed decongestant）裡羼入氰酸鉀，領取她的壽險理賠金。與史黛拉一樣，一名親屬出來指證被告的致命意圖。這是奇斯・梅林（Keith Meling），約瑟夫的叔叔。珍妮佛活了下來，可是，約瑟夫也波及兩條無辜人命：凱薩琳・丹可（Kathleen Danejer）與史坦利・麥霍特（Stanleey McWhorter）。就像史黛拉一樣，梅林因六項相關商品下毒罪名被判有罪。

我們是為了慫恿其他人來嘗試同樣的事情，才公開案情的嗎？不是的，我希望沒有人會愚蠢到以為我們會給他一個犯案計畫。任何人只要仔細閱讀這幾則案例，都會發現這種犯罪並不值得，因為你逃不過法律。一切都不利於罪犯，包括他自己的行為在內。

下毒是女性的專利嗎？並不盡然。大部分下毒者都是男性，就像其他任何犯罪一樣。但因無需正面衝突，所以，如果女性要嘗試殺人的話，下毒可能就是第一選擇。如果嫌犯是一名男性，那麼我們會將他歸在膽怯或懦夫型，個性柔弱者，不願面對衝突。我們在調查任何一件下毒案件時，開始會先懷疑男性白人，如果案情及被害者分析都指向特定而非隨機的被害者，我們就能輕易轉向女性未知嫌犯。

阿拉巴馬州安尼斯頓市（Anniston）的奧黛麗・馬里・希利（Audrey Marie Hilley）牽涉到一樁近乎不可思議的下毒案。她也對先生下毒，動機卻完全不同。這件案子非常匪夷所思，其光怪陸離猶如虛構的懸疑故事。

一九七五年五月十九日，法蘭克・希利（Frank Hilley）去看醫生，主訴症狀為嘔吐感，他的病情日益惡化，五月二十三日送往醫院，兩天後死亡。醫生判定死因為感染性肝炎。希利身後留下太太奧黛麗及十五歲的女兒卡蘿（Carol Mariey）。

兩年後，奧黛麗的母親露西．法瑟（Lucille Frazier）也死於同樣病因，一九七九年八月，十九歲的卡蘿也因為嘔吐感，一陣陣的嘔吐、手腳麻痺住院，這些徵兆與她父親四年前一樣。卡蘿在醫院裡幾乎癱瘓了幾周，性命垂危，然而九死一生的她，開始康復了。她告訴醫生，當她躺在病房裡時，她母親曾多次為她注射不明藥物。

前一年七月，她母親才替她保了五萬美元的人壽保險。

這並不是唯一對奧黛麗不利的證據，實驗室測試發現卡蘿的血液裡含有過量的砷化物。法蘭克的屍體重新解剖化驗，證實為砷化物中毒致死，露西．法瑟屍體裡也驗出砷化物，只是未達致命量。無論如何，奧黛麗在一九七九年十月二十五日被控謀殺女兒遭起訴。

十一月十六日，身高一百五十五公分、綠眼棕髮、四十七歲的奧黛麗，支付了一萬四千美元保釋金，從伯明罕市（Birminfhan）郊區的汽車旅館內棄保逃亡。同時，重病臥床數周後，奧黛麗的婆婆凱莉．希利（Carrie Hilley）也告逝世，她也不是唯一接觸過奧黛麗而身體不適的人。一九七〇年代末期，奧黛麗曾多次向警方申訴，說有流浪漢在她家附近遊蕩以及接到恐嚇電話。兩名前往她家調查的警員喝過她的咖啡以後，都有嘔吐與胃痙攣症狀。她鄰居的小孩也經常生病，連醫生也查不出原因，搬家後卻迅速恢復健康。

我受邀做逃犯評估，我認為也許可以去會讓她感到舒適的地方找她。從她的背景來看，她極有可能出現在她以前經常出沒的地方。

奧黛麗的車在喬治亞州瑪瑞塔市（Marietta）發現，卻沒有她的蹤跡。調查局遍尋全美。同時，一月十一日，阿拉巴馬州卡宏郡（Calhoun）的大陪審團以謀殺法蘭克的罪名起訴她。

她成功地銷聲匿跡直到一九八三年一月，在佛蒙特州布特保羅市（Brattleboro）一家印刷店裡工作時被探員發現，距離新罕布夏州瑪洛市（Marlow）很近，這是她用新身分居住的地方。她自稱琳賽，卻使用蘿碧這個別名。奧黛麗嫁給了三十多歲的沖模工人兼造船工約翰・荷曼（John Homan），婚後她前往德州，自導自演，安排假死。再以蘿碧雙胞胎妹妹泰麗・馬丁的身分回到荷曼身邊。她減輕了九公斤，頭髮也染成金色！

沒錯，你沒聽錯，她真的這麼做了。

「如果今天我出庭作證，我會發誓她們是兩個不同的人。」震驚不已的荷曼對美聯社說：「她是個非常熱情與完美的女性。」他想奧黛麗可能怕他遲早會發現她的真實身分，為了避免困擾，才炮製自己死亡的鬧劇。她告訴他，她前夫死於心臟病，兩個小孩也在德州泰勒市（Tyler）死於車禍。

約翰的弟弟說，奧黛麗是「約翰所遇到過最美好的事物。他真的很愛她」。

我承認，我也非常驚訝，我原先預料她將出現在阿拉巴馬州那個家的附近，時間也應該比現在更早。當我處理這個案子時，我斷定奧黛麗・希利是個典型的精神病患者，通常很少發生在女性身上。她自給自足，一點都不在乎真相，她可以隨意欺騙別人，嗅出他人的弱點。如果她是男人，我就一點也不意外她淪為連續強暴犯，或是性侵略型殺人犯。

雖然她如此迷人，卻隱約讓人不安。認識蘿碧的人及其同事，都因警覺到這對「雙胞胎」之間近乎不可思議的相似，而通知有關單位。本案就連細節都異乎尋常，冒名為泰麗・馬丁的奧黛麗在報上替蘿碧・荷曼太太刊登了一則訃聞。蘿碧在新罕布夏州奇內市（Keene）中央螺絲公司（Central Screw Company）銷售部工作，她的主管羅奈爾・歐加（Ronald Oja）察覺事情有點蹊蹺。他對泰麗在訃聞上用蘿碧・荷曼而非「真名」琳賽・荷曼覺得不解，就去檢查一些細節的真偽，例如，蘿碧的屍體捐贈給德州醫療研究中心，以及她是泰勒市聖心教會教友等等。結果發現全都是假的，歐加就通知了州警關於泰麗・馬丁的事。

好了，你聽得懂嗎？警方正在追緝一名叫作泰麗・克利弗頓（Terri Clifton）的逃犯，因為她也曾用過泰麗・馬丁這個假名，所以警方誤以為這兩人是同一個人。聯邦調查局在收到州警通知後，派遣探員約談泰麗・馬丁。為了證明她不是泰麗・克利弗頓，奧黛麗・希利承認自己不是泰麗・馬丁，並招認了真實身分。

她放棄引渡回安尼斯頓市，關進郡立監獄，這次保釋金提高了不少。她不肯承認謀殺、謀殺未遂，以及另外兩項支票跳票的罪名。

過去認識她的人也都與荷曼一樣震驚。

卡蘿以前就讀的私立學校校長歐嘉・甘迺迪（Olga Kennedy）女士對同一名美聯社記者說，奧黛麗是「傑出、受歡迎、樂於合作的好家長。只要是需要她幫忙的地方，她都會全力以赴」。

本案不可思議到連巡迴審判法庭法官山姆・蒙克（Sam Monk）都批准了地方助理檢察官喬・哈柏（Joe Hubbard）的請求，對奧黛麗做精神分析。審判於一九八一年五月底開庭，希利的女兒卡蘿擔任初審證人。卡蘿告訴大家，甚至在她住院前，她母親就已經開始對她注射神祕藥物。

希利的前任嫂嫂菲達・阿考克（Freda Adcock）接著作證指出，她曾經在奧黛麗家中找到三瓶嬰兒食品及一瓶老鼠藥，毒物學家也證明奧黛麗皮包裡的瓶子含有砷化物。還有希利的兒子，喬治亞州康耶市（Conyers）三十歲的牧師麥克（Mike）告訴陪審團，他的父親在死前就已經皮膚發黃，當時他還懷疑是自己悲痛逾恆才產生的錯覺。助理地方檢察官哈柏還拿出一封由麥克在一九七九年秋天寫給卡宏郡驗屍官羅夫・菲立普（Ralph Phillips）的信，裡面寫道：「我相信我的母親對我父親注射了砷化物，就像她對我妹妹一樣。」

曾與奧黛麗同處一間牢房的普希拉・藍恩（Priscilla Lang）作證時提到奧黛麗曾對她說，她想要殺死先生與女兒，因為卡蘿是女同性戀者，法蘭克則「站在卡蘿那一邊」。根據藍恩的說法，希利的下毒手法是每天在她先生的食物裡放一點點的砷化物。

檢方將奧黛麗對卡蘿的憤怒，當成本案可能的動機之一，另一個可能動機則是法蘭克死後高達三萬一千一百四十美元的保險理賠金，如果女兒也過世，還可以獲得其他額外理賠。

經過為期九天的審判，陪審團花了差不多兩個半小時，判決奧黛麗謀殺及謀殺未遂的罪名成立。面對法官蒙克，奧黛麗說道：「我還是堅持我是清白的，我並沒有對任何人下毒。」

蒙克判她終身監禁，外加二十年徒刑。

可是這個玄異的故事並未就此結束。一九八七年二月十九日，阿拉巴馬州維堂卡市（Wetumpka）茱莉亞杜韋樂女子監獄（Julia Turwler Prison for Women）給予奧黛麗三天假釋，由約翰・荷曼擔任保證人。雖然奧黛麗紀錄不良，但是因為監獄規定任何服刑六個月、表現優良的犯人都可以獲得短期假釋，典獄長黑爾（Warden Hare）說奧黛麗每次放八小時外出假時，都會乖乖的收假回來。

在她假釋出來兩天半後，荷曼與警方聯絡，說她（你猜發生什麼事？）失蹤了，留下一張紙條說她不願再回到監獄。有個名叫華德（Walter）的朋友會幫助她逃往加拿大。她希望他能夠了解與原諒她。

根據線報，聯邦調查局開始在阿拉巴馬州外圍尋找她的蹤影，她再度現身時已經是二月二十六日。她在強勁的暴風雨夜晚，距離她的出生地不到一點六公里的一戶人家後院中被發現，當時她冷得發抖，渾身濕透，滿身污泥又語無倫次。附近居民報警後，她在前往醫院途中死去，死因是長時間失溫以致體溫過低，享年五十三歲。我當初所寫的逃犯分析在八年後證實了絲毫不爽。

喬・哈柏聽到這個消息時說道：「這個既漫長又奇異的故事，終於畫下了休止符。」

奧黛麗・希利的動機到底是什麼？是貪婪？是憤怒？兩者都是？還是其他的動機？現在回想起這個案子，我想除了她不正常的人格以外，其他精神上的疾病也都該算在內。不錯，她是被金錢所迷惑，心中也有憤怒，才會做出這些無法想像的行為。

可是我認為這樣來解釋奧黛麗的案子太過簡略，如果將她的背景及人格拿來比較其人生遭遇，將會發現她因早婚及負擔一個她並不想要的先生和家庭，而產生怨恨。我認為她的犯案動機是渴望解放與自由自在的生活，這是她與法蘭克之間所無法擁有的。這個結論部分是基於她雖然看起來像是深愛約翰・荷曼，不久卻離開他，甚至於演了一場假死的戲，欺騙了他，也欺騙了追蹤她的有關單位，來維持她無拘無束的生活。她需要維持她的控制權，如我所說，這在男性身上很常見，在女性卻不普遍。

在她變老的同時，她的世界離她所嚮往的層次愈來愈遠，她可能對努力維持控制權及處處領先警察與所有人一步感到疲倦。就算她現在能躲過所有還在追蹤她的人，她也已經年逾半百了，不再像以前一樣可以輕易吸引、誘惑及愚弄別人了。但她不會回到監獄，她不願讓法律搶走她的滿足感。她要一直控制到最後，我認為這是她自己所選擇的結局。

一九八八年十月，佛羅里達州中部一個叫作奧圖拉（Alturas）的小鎮裡，四十一歲的服務生佩姬・卡爾（Peggy Carr）因病住院，康復回家，卻再度入院。她胸部疼痛，有嚴重的嘔吐感以及手腳刺痛。她的病情愈來愈嚴重，頭髮一撮撮地掉，感覺像被火烤一樣。接著，她十七歲的兒子杜恩・杜柏利（Duane Dubberly）與十六歲的繼子塔維斯・卡爾（Traris Carr）也都因同樣原因入院。杜恩的體重從七十九跌到四十二公斤，連醫師也查不出病因。佩姬的先生，大家稱為「派」的礦工派爾林（Parearlyn carr），只能眼睜睜看著太太與小孩受苦。幾周後，兩個男孩最後終於康復，佩姬卻昏迷不醒。

醫生做了各種毒物測試，猜想可能是鉛、水銀或是砷化物中毒。但是當醫生想到一撮撮的落髮現象後，他認為鉈化物中毒也很有可能，毒物測試發現佩姬尿液裡鉈化物濃度超出正常標準！兩個男孩也呈陽性反應，派與其他的孩子也一樣。鉈化物以前常用在殺蟲劑與老鼠藥裡面，但在一九七二年就被美國環境保護署宣布禁用了。

全面性的偵查展開後，調查員在卡爾家裡測試超過四百五十件物品，終於找到被下毒的可口可樂汽水瓶。然而是誰幹的？又是為了什麼呢？

以獲利為動機的可能性不大，因為卡爾家沒有任何的人壽保險，佩姬或任何孩子死後都沒有獲利的可能。第一個被懷疑的就是派，就像所有的配偶都會被第一優先列入嫌犯名單一樣。佩姬病發當天，他還出去打獵，不久前他們還曾經口角，佩姬甚至還搬出去住了一陣子。此外，佩姬病發時，他也沒有及時將她送醫，以為病情並沒有那麼嚴重。但從另一方面來說，每個人都認為他是個非常好的人，非常關心孩子。況且，他本人的鉈化物含量指數也過高，該地區附近也沒有任何其他可口可樂被下毒的報告，只有這一家人受到影響。這個案子看來像是一宗毫無動機的犯罪，卻特別的殘忍及冷血，如果不是隨機發生的案子的話，那麼這名未知嫌犯不僅是蓄意針對大人，連年幼孩童也不放過。

還是有個可能有用的線索，佩姬發病前幾個月，他們收到一張打在黃色的自黏Post-it便利貼上的警告標語，上面寫著：「你和你所謂的家人只剩兩周的時間永遠搬離佛羅里達，否則你們就得死。這不是在開玩笑。」

這個恐嚇派・卡爾的人在信封上寫著寄往巴透鎮（Bartow），而非奧圖拉鎮。那卻是正確的郵遞方法，只要收信人家裡有自己的郵箱。卡爾家正好有自己的郵箱。除了了解當地郵政系統的人以外，不會有人知道該寫巴透鎮而非奧圖拉鎮。警方詢問時，派曾經提到與隔壁鄰居，四十二歲的喬治・詹姆斯・崔保（George James Trepal）及其四十一歲的太太黛安娜・卡爾（Diana Carr，此人與派和佩姬毫無關係）所發生的一些爭執。派認為他們之間的爭執並不嚴重，只是些音樂太吵以及一般鄰居之間的衝突。但他又想起在崔保抱怨派的兩隻狗追他的貓後，兩隻狗都突然猝死。而且在佩姬病發前兩天，她還因為她兒子洗車時音樂開得太大聲而與黛安娜爭執。這次衝突嚴重到黛安娜威脅要報警，佩姬最後則命令那個女人離開她的院子。

崔保的家四周都是柳橙樹，他們喜歡隱私。波克郡兇殺科探員爾尼・民希（Ernie Mincey）約談喬治・崔保後，還是無法消除疑慮。崔保個頭不強壯，矮胖蓄鬚，不修邊幅。他對民希說，這個有六百名居民的社區中，有人想趕走卡爾一家人，他的口氣聽起來很像那張從未公開的恐嚇紙條。民希調查過崔保後，發現他講的許多事都是假的，例如他說自己不知道什麼是鉈化物，但實際上，一九七五年，崔保曾以化學家的身分替毒犯製造大量的脫氧麻黃鹼（methamphetamine，譯註：一種特強安非他命）而遭到逮捕，還在康州丹柏里監獄（Danbury Prison）服了兩年半徒刑。而鉈化物是製造脫氧麻黃鹼的原料之一，在監服刑時，崔保還經常向獄方抱怨收音機的音量過大。

事情不止於此，喬治．崔保與黛安娜．卡爾都對他們擁有門沙（Mensa）的會員證感到驕傲，那是個由聰明人士所組成的菁英社團，成為會員的條件是智力測驗成績要在前百分之二以內。喬治與黛安娜通常只與其他門沙團體在波克郡（Polk）分會的會員來往，他們自認其智商與卡爾一家正好成對比。毫無疑問，他們的確非常聰明。除了喬治以前是個化學家，現在自己替人家寫程式以外，黛安娜也是個整型外科醫師，還擁有整型外科與臨床病理學兩個理科碩士學位。他們在喬治亞州奧古斯塔市（Augusta）門沙團體的聚會中相識，當時黛安娜在那裡做實習醫師。從那時候開始，他們就一同參加門沙「周末謀殺案」（murder weekends）活動，計畫以及演出完美的犯罪。有一次喬治還準備了一份傳單，上面寫著：「當死亡恐嚇出現在家門前時，精明的人都會把所有的食物丟掉，並注意他們所吃的東西……大部分出現在門口的東西，都是鄰居在表達：『我不喜歡你。滾開！否則的話……』」

諷刺的是，喬治的父親原本是紐約市的警察，喬治在一九四九年出生後沒多久，父親就改行到北卡開了家電視與收音機維修店。事實上，喬治算是媽媽梅寶（Mabel）一手帶大的，她不讓包括先生在內的任何人照顧喬治。她不准他打架，不論發生任何事，媽媽都會替喬治解決。

雖然這些證據都很誘人，但並不足以證明喬治犯了殺人罪。動機何在？你不會因為鄰居的音樂聲音放得太大就殺人，尤其當你有天才般的智商時。所以，雖然崔保涉嫌，但他並不是最好的嫌犯。警察需要找到一個真正有動機殺害佩姬．卡爾與其家人的嫌犯。

同時，調查局也加入協商本案。佛羅里達州雷克藍市（Lakeland）警局把本案託給特別探員潔娜．蒙洛（Jana Monroe）率領的潭霸分部（Tampa Field Office）。她曾在加州擔任過警察以及兇殺科調查員，也曾於匡提科擔任剖繪員，直到她回聖地牙哥分部擔任小組督察為止。潔娜深入調查本案，審視各種鉈化物中毒的觀點，並與爾尼・民希一同策畫了一個「主動出擊策略」。

她把這個案子轉交給位在匡提科的我們。比爾・哈葛美（Bill Hagmaier，我退休後，他晉升為新成立的「孩童綁票及連續犯罪小組」組長）在小組裡是負責佛州地區的特別探員。所以他做出了一份剖繪，分析像這種下毒殺人者的人格及行為。比爾提到這種人會避免正面衝突，因為他太過於懦弱，所以會以智取勝，而非暴力。

比爾還提到使用這種極具致命性的稀有慢性毒藥者應該非常聰明、靈巧、有組織。犯案者自認事跡敗露時，所有的證物，例如那些可口可樂瓶子，都早已丟棄了。幸運的是，偵查展開時還留有一瓶。未知嫌犯在八罐瓶裝可樂裡下毒，而非卡爾家廚房裡較大的兩公升裝寶特瓶，表示他樂於接受挑戰。除了缺乏動機以外，所有的證據都指向崔保。他是那種自負，而且自以為聰明，可以犯下任何罪行而逍遙法外的人。因此，他公然引用門沙聚會時所說的，對鄰居下毒是跟他們說「滾開」的方式之一。

與他正面衝突是不會有結果的，比爾勸告民希，你得從他不覺得威脅的角度入手。兩人在電話裡和潔娜討論派人臥底。最初他們曾考慮讓潔娜去臥底，後來，他們認為崔保不會笨到相信像她這樣美麗動人的金髮美女會被他這樣邋遢的人所吸引。

差不多在此同時，佩姬已經很明顯地沒救了，卡爾及家人決定關掉她的維生系統。她死於一九八九年三月三日。現在民希手中要辦的是樁謀殺案了，他聯絡警長部門裡一位三十多歲的探員蘇珊・葛瑞克（Susan Goreck）。她臥底經驗豐富，也非常聰明，最適於混入門沙之類的團體。她假扮為逃離不幸的婚姻以及動輒施暴的先生，從休士頓市搬來的雪麗・關，比爾・哈葛美在電話裡指導她在面對崔保時應注意的事項。

她在一九八九年四月與崔保及他太太在門沙團體的周末謀殺案活動中認識，很快就結為好友。因為黛安娜工作時間很長，所以喬治與「雪麗」在一起的時間也愈來愈多。她開始玩弄他對於智慧的優越感及虛榮心，鼓勵他討論自己的豐功偉業。葛瑞克對崔保維持高度戒心，舉例來說，當他們一起在餐廳吃飯時，她如果去洗手間回來後，就絕對不會再動用盤子裡的任何食物。觀察過這對夫妻後，葛瑞克相信喬治計畫並下了毒，黛安娜則無涉本案。因為黛安娜非常霸道，喜歡控制；而喬治則習於退居幕後，他符合哈葛美的剖繪分析。其實，他們後來才知道他有多麼符合剖繪。成長時，他從來就沒有女伴，雖然極度聰明，學業表現卻欠佳。如果黛安娜要傷害某人的話，她不會躲在用毒的計畫後面。

喬治建議雪麗如何報復即將要變成前夫的先生。其中包括敲詐、謊報虐待兒童等罪名，以及冒用他的名字寄匿名威脅信給總統。當他們去參觀奧杜邦自然中心（Audubon Nature Center）時，喬治撿起一些他說是有毒的莓子給她，告訴她三顆就足以致命。但是顯然因為他過於懦弱，無法面對任何正面衝突。有一次，另外一名臥底探員偽裝成對雪麗施暴的先生。他與雪麗當著崔保的面在機場起了嚴重衝突，暴力畫面一觸即發。結果崔保恐懼地躲開，並迅速離去。

十二月時，喬治・崔保與黛安娜・卡爾搬到佛州希柄市（Sebring），因為黛安娜接了一個新工作。他們把舊家租給葛瑞克，當她與其他探員搜查房子時，在車房裡發現了硝酸鉈，雖然花了將近一年的時間才申請到搜索狀，但當警方與調查局終於可以搜查崔保在希柄市的住宅時，他們發現了殘留的鉈化物以及相關毒物書籍，包括一本快被翻爛的書，書名為《一般下毒指南》（*General Poisoning Guide*），這本書是喬治手寫的，還有一本阿嘉莎・克莉絲蒂所寫的小說《白馬酒館》（*The Pale Horse*），描述一位以鉈化物在食物與藥物中下毒殺人的藥劑師。他們在崔保家地下室發現了一間暗室，裡面掛滿手銬及其他綁縛用具。調查員也找到一些書籍，像是《挨鞭的婦女》（*Whipped Women*），以及《施虐受虐狂研究》（*Studies in Sadomasochism*），還有一本叫《進階性奴隸》（*Advanced Bondage*）的雜誌，以及其他有關虐待與謀殺的色情錄影帶。錄影機裡還有一捲當代虐待狂色情錄影帶經典《納粹女魔頭：殘酷瘋淫所》（*Ilsa, She Wolf of the SS*）。

同樣有意思的是蘇珊・葛瑞克所找到的一箱喬治的日記，他用第三者的口吻形容一個充滿了幻想、性格內向的男孩，但時感孤立，被當成外人。還形容他對女性、對施虐受虐狂、對失敗的男女關係及反覆嗑藥的看法。

當警察逮捕喬治・崔保時，他非常的服從與合作。黛安娜卻不然，她堵住大門不讓警察進入。喬治被捕歸案後，因殺害佩姬・卡爾被控一級謀殺，六項一級謀殺未遂，七項企圖謀殺施毒罪，以及一項對消費者產品下毒的罪名。黛安娜未遭起訴。整個審判過程裡，喬治堅持自己是無辜的，最後十五項罪名統統成立。一九九一年三月六日，剛好是佩姬・卡爾死後兩年，巡迴審判法庭法官丹尼斯・馬隆尼（Dennis Maloney）接受陪審團的建議判處死刑，以電椅行刑。判決聽證會上，辯方並沒有傳喚任何證人，因為他們知道檢察官約翰・阿古羅（John Aguero）已經要提示從希柄市住宅地下暗室裡搜來的證物，來證明這個戴著眼鏡、看似溫文儒雅的被告黑暗的一面。

蘇珊・葛瑞克這位在執法單位裡可謂最了解喬治・崔保的人，說他極度藐視智商不及他高的人。她認為謀殺與謀殺未遂並不完全因為對卡爾家族的憤怒與怨恨，而是輕視、自我的傲慢與純粹為了贏取一場遊戲的智慧滿足感。

他的獄友報告說，他曾經不小心放反了崔保的字典，崔保就說像他這樣的人「都該處死」。這樣的動機充分嗎？

最後一個註解是，崔保的朋友說他認為自己在死刑囚牢內感到非常「無聊」，因為「沒有太多有趣的人可以交談」。如果我們的法律系統能夠按時運轉的話，他將不須面對這個負擔太久。

任何人都無法完全避開本章所討論的犯罪行為。傑德．雷（Jud Ray）是一名傑出優秀的調查支援組成員，現在則是匡提科國際訓練與支援小組的組長。一九八一年，他還是亞特蘭大分部裡的菜鳥探員時，執行他的第一個任務，雖然他早有多年執法經驗——在進入聯邦調查局之前，這個越戰退伍戰士當過警察，以及喬治亞州哥倫布市警局的排班指揮官。我是在那兒偵辦收錄在《破案神探：FBI首位犯罪剖繪專家緝兇檔案》一書中的「邪惡力量」謀殺案時認識他的。幾年後，我們短暫地一同偵辦代號為亞特蘭大殺童案（ATKID）的案子，我說「短暫」的原因，是因為他必須放下這個案子，自己差點也離開人世。

他的婚姻出現裂痕，他向太太下達最後通牒，不准她再辱罵他，還要停止酗酒及其他怪異行為。否則，他將帶走兩名幼女。

情況雖然好轉了一陣子。她對他也比較好了，甚至按時準備晚餐，誰知她找了兩個人來殺他。傑德差點死於重傷，住院好幾周。逐漸康復後，便親自偵破了這個案子，把他的太太（她已賺了不少保險理賠金）以及開槍的兇手都關進牢裡。

當他在腦海中重新回想這些事情時，傑德發現這次臥房裡的突襲，是他太太第二次企圖殺他。在她如此堅決要殺害他之前，也曾經在他的食物裡慢慢下毒。

他突然想起，自己曾經向她描述一件在匡提科有個名叫道格拉斯的傢伙，所簡報的奇案當中的有趣細節，他曾上過這個傢伙的課，兩人還一同偵辦過一件案子，那件案子是一宗下毒謀殺案，嫌犯則是當時在逃的奧黛麗・馬里・希利。

Chapter 05 突然抓狂

在我將從聯邦調查局退休的前幾年，匡提科一名助理主任打電話給我，希望我和一名前主管探員聯絡，那時他已經轉調一家工廠，擔任安全部門主管，工廠裡有個內部問題，想要諮詢我們。

我問說：「什麼問題？」

他說：「有人把尿液撒在玻璃清潔液瓶子裡。」

我說：「什麼？」我懷疑自己是否聽錯了。我說：「我沒時間處理這種問題，我這裡待處理案件有一百萬件。我很忙。」助理主任說：「他人很不錯，撥通電話給他吧。」

於是，我撥了一通電話，還裝出認真的樣子。他沒有書面資料，我就叫他把情形講給我聽。

他說：「我們電腦房的機器很敏感。員工都穿白外套，自行負責清潔這些機器。有人卻把尿撒在清潔液裡頭，負責同樣事務的人都很……」

我接著說：「很生氣？我可以理解。這件事發生多久了？」

他說：「大約一個月。都是發生在同一個班。我們一天分三班。尿沒有撒在所有的瓶子裡，通常一天一個。」

我說：「我想，我這裡可以想點辦法。我們從頭開始吧。公司裡面發生了什麼事情嗎？這個單位發生了什麼事情嗎？這個班呢？同一個班發生同樣的事情，其中一定有蹊蹺。你們那裡有多少人？」

「每天無論何時都有四十人左右。」

「他們都可以拿到這些瓶子嗎？」

「是，所有瓶子都放在一個盤子裡。」這表示任何一瓶清潔液都不是某一台機器專用的，所以不論是誰撒尿，他也不知道誰會用到撒了尿的清潔液。

我告訴他，這只是一種象徵性的胡搞。搗蛋的人不是在說：「某某人，我把尿撒在你身上了。」他說的是：「我要把尿撒在你們每一個人身上。」他要在這個小團體裡面製造混亂。

然後我問他一些具體的事情。我問他，撒尿的人如何把尿尿進瓶子裡。他說，實驗室附近有廁所，實驗室外套也可以藏瓶子。

我首先排除所有女性工作人員。要她們瞄準清潔液的瓶口並非完全不可能，但以體型而論，她們總沒有男人方便。假如女人要這樣搗蛋，她一定會找個比較方便的方法，而不是一個狹窄的瓶口。

我說：「這樣就比較好辦了。」這種情形下，我不會花時間推斷傳統的罪犯特徵（如嫌犯是不是白人男性、年齡約三十幾歲、高中就輟學、沒有女朋友、曾和父母發生衝突等），因為這些都不重要了。重要的是動機，以及引發搗蛋和揭發其身分的行為。

我問道：「有沒有人想調班？誰在生別人的氣而變得孤立？他可能已經投訴過或寫過信，但覺得沒人理他。他可能出現了人格變化。他現在獨居，社交生活不順，也許他有婚姻或經濟問題。最重要的一點是，他可能是對清潔液被人撒尿抱怨最多的人，以顯示充分的理由調班。」

我的說明好像點亮了一盞燈泡一樣。他說：「唔，的確有這樣一個人……」

我建議他們和他來一次一對一「例行」晤談，上司要表示同情，理解他受到的壓力，還要跟他說資方一直設法讓他調班，可是其他班一直都沒有缺。

他們找了這個傢伙談。此人三十多歲，一直寫信給資方。原來他確實有婚姻問題，只是同事都不知道。當時，他已經和老婆分居了，搬回家裡和父母同住。他覺得生命中的一切都在崩潰。他在這番表白之後，就承認撒尿搗蛋了。

就像前述案件一樣，這也是件破壞和損害產品案。所幸案情沒那麼嚴重，沒有人有生命危險。這是件很基本的案子。只要集中注意、發掘動機，就迎刃而解。**為什麼**會發生這種事情？**誰**是被害者？動機是不是為了錢？這不是勒索案，這是種妨害性的罪行。有人心中非常憤怒，促使他做一些討人厭的事，卻沒使用暴力。這件事給我們什麼教訓呢？

這是真正的威脅嗎？我覺得不是。這種事情可能演變或惡化，最後變成威脅嗎？也許會。

假如資方不同情他的情緒問題，那會怎樣呢？甚至，資方不覺得這算是什麼問題的話，又會如何呢？你會怎樣處理這個人呢？你會不會獎勵這種負面行為，讓他得償夙願，順利調班呢？

你不會讓他調職，只會要上司監視他。他是不是自己獨自吃午飯呢？他有沒有在位子上看《傭兵》（*Soldiers of Fortune*）雜誌或槍械雜誌之類的刊物呢？有沒有人無意間聽到他說：「總有一天我要修理這些王八蛋！」之類的話呢？

不然就是破案之後馬上開除他。你親自押他上車，一腳踢開他。也許他父母對他在家中終日遊手好閒會感到厭倦。他老婆也不要他，他連看看孩子都有困難。到了這個地步，我們就進入危險地帶了。

但在這種情形下，該如何監視此人呢？公司的老闆不可能派人追蹤他，看他是否酗酒或嗑藥，或看看他的一生毀了沒有。他的動機不變，但到了什麼地步才會覺得已經沒有什麼輸不起的了？也許他會在幾個月後發作，或是幾年後才發作。

當今職場內和周圍的暴力事件已成為社會上可怕的夢魘。我們只能雇用素質好、警覺性高的安全人員，列出可能會滋事的人員名單，讓安全人員注意他們，同時準備應變，以防有潛在危險的前雇員回來生事。

我們將了解：會突然抓狂的人相當危險，可能遠較在清潔液裡撒尿嚴重。假如我們未能預見危險並及時化解，結果可能會鬧出人命。正如我們處理這件簡單案件一樣，我們可以用動機和行為來追根究柢。

一九八七年十二月七日星期一下午四點十六分，從洛杉磯飛往舊金山的太平洋西南航空（Pacific Southwest Airlines）一七七一班機，在加州中部沿岸聖路易斯奧比斯保（San Luis Obispo）附近撞山，機上四十三名乘客和機員全部喪生。死者包括加州最大企業雪佛蘭汽車公司總經理詹姆士・席拉（James Sylla）；德國蒲朗克研究所天文物理學家、彗星研究權威沃夫根・史度迪曼（Wolfgang Studemann）；南加州大學校友活動副主任凱瑟琳・邁卡（Kathleen Mika）。邁卡當時正在籌備加州的玫瑰花車遊行。

飛機撞山時衝力非常大，以致無法辨認二十七具屍體的身分，只有合葬在同一塊墓地的幾個墓穴裡，墓碑刻上了他們的名字。

這宗空難事件比同類事件更令人難過。失事的英國宇航 BAe 型四引擎噴射機從雷達螢光幕上消失後不到幾分鐘（當時飛機應該從約六千七百公尺的高度開始下降，準備按照預定時間，下午四點四十三分在舊金山機場降落），奧克蘭的空中交通管制員聽到駕駛員葛烈格．林達穆（Gregg N. Lindamood）報告客艙有人開槍。失事飛機上嚴重損壞的飛行紀錄儀為全國交通安全委員會調查人員提供了更多資料：有人闖進駕駛艙開槍，然後飛機就急速下墜。

這是誰幹的？為什麼？

飛機的碎片散落在一座山丘和面積約八公頃的鄉村土地上，最重要的線索就在碎片堆裡。那是一個擠成一團，燒焦了的嘔吐袋，嘔吐袋裡有一張字跡潦草的紙條，紙條說：「嗨，雷，這種下場讓我覺得有點諷刺。還記得我請你諒解我的家人嗎？我得不到諒解，你也得不到。」

假如沒有這張紙條，調查人員還得從頭一步一步查起，有了這項證據後，調查局很快就查出紙條上的「雷」是四十八歲的雷蒙．湯姆森（Raymond F. Thomson）。湯姆森是美國航空公司（USAir）駐洛杉磯機場的客戶服務部經理，美國航空則是太平洋西南航空這家通勤航空公司的母公司。寫紙條的人，經筆跡鑑定後，證實是三十五歲的大衛．奧古斯都．布爾克（David Augustus Burke）。布爾克是太平洋西南航空公司乘客服務員，也在洛杉磯機場上班，湯姆森則是他的主管。

飛機碎片裡有一柄彎曲破損了的點四四口徑手槍，駕駛艙殘骸裡發現一枚手指指紋和布爾克的指紋吻合。布爾克在舊金山的朋友兼同事若瑟夫．德拉比克（Joseph Drabik）認出手槍，還證實他把槍跟一盒十二發子彈都借給布爾克。

調查局相信，布爾克在近距離開槍射殺湯姆森之後，就直闖駕駛艙。

調查局在提交地方法院的報告中宣稱：「證據顯示，太平洋西南航空一七七一班機墜毀，大衛．

布爾克涉案。」

調查局洛杉磯辦事處主管探員理查·布列津（Richard Breitzing）派了三十名探員調查此案，他接受《芝加哥論壇報》訪問時更直截了當地說：「假如他還活著，我們將以空中強盜行為和謀殺罪名起訴他。」

然後，開始本案的心理剖繪工作。

布爾克一九五二年在英格蘭出生，父親艾塔蒙（Altamont），母親艾莉絲（Iris），都是來自牙買加的移民，兩人育有布爾克等五名子女。布爾克在童年時期就舉家移民到紐約州羅徹斯特，艾塔蒙在營建業謀生，擔任重型裝備操作員。大衛·布爾克在羅徹斯特長大，資質普通。一九七三年，他進入美國航空公司，在羅徹斯特機場擔任行李搬運員，此後扶搖直上，升職為客戶服務代表，後來更獲擢升為主管。

大部分的報告都顯示，布爾克是人見人愛的機場地勤人員。他照顧乘客不辭勞苦，務必讓他們飛抵目的地。他還常常主動支援其他地勤，處理麻煩的票務和轉機問題。不僅如此，他從不忘記他的出身，因此盡量設法幫助別人（特別是黑人和像他一樣的少數族群）在航空公司和機場覓職。

布爾克體格魁梧，長得又帥。在羅徹斯特日益壯大的牙買加裔社區中，不少人都認識他，他還頗受歡迎。對照失業率頗高的牙買加家人，他的名貴西裝、俗麗飾物和車牌為雷鬼（REGGAE）的香檳色賓士轎車，都叫眾人豔羨。但沒有人討厭他，因為他既慷慨又樂於助人。他住在羅徹斯特市西南方郊區，居民以中上階層白人為主，鄰居說他是個安靜的好人。

但布爾克也有他的另一面。和他同居的女人並未和他結婚，他卻稱她為老婆。此外，他至少和四名女人生了至少七名子女。她不肯嫁給他也是因為他不肯答應就此從一而終。所有報告都顯示，他最大的創傷是親兄弟喬伊（Joey）在一九八〇年死於海洛因過量。布爾克一直都在幫忙喬伊，喬伊死後，他還告訴別人，喬伊不幸早死，他深感自責。布爾克唯一遭起訴而且定罪的事，是他在一九八四年在一家商店偷了一包肉。他認罪，結果判緩刑察看。他每年年收入只有三萬兩千美元，卻過著奢華的生活，招來不少謠言，也有人懷疑他的錢來路不明。一項進行了兩年的調查顯示，有人從牙買加假道邁阿密私運大量古柯鹼和大麻到羅徹斯特，布爾克就是其中要角之一。臥底警員設法以販賣古柯鹼的罪名逮捕他時，卻敗露身分，行動失敗，他若無其事地隨口對臥底警員說：「警官大人，你好嗎？」

此外，還有其他傳言。一說布爾克是專偷賓士轎車慣竊集團裡的一員，而且他還向友人低價出售美國航空公司機票。這些說法都未經證實，但門羅郡（Monroe）檢察署認為，他在羅徹斯特工作了十四年，卻甘願降級減薪也要調到南加州，原因即在此。他調職加州幾個月後，就向加州公平雇用及公平安置部投訴說，雷蒙不次擢升兩名經驗比他差的白人，他卻升遷無門。而且，據說他的脾氣也叫人相當頭痛。布爾克在洛杉磯的女朋友賈桂琳．康瑪瑟（Jazqueline Camacho）是美國航空公司的票務員，她在霍桑市（Hawthorne）與布爾克和女兒同住。布爾克不獲升遷後，兩人關係很快就惡化了。康瑪瑟告訴警方，有一回他們吵架，布爾克把她從床上拉下來，掐她的脖子，她差點氣絕身亡。事後，康瑪瑟取得法院禁令，禁止布爾克再接近她。布爾克十幾歲的女兒薩比娜（Sabrina）在老家闖了禍，他把她接到加州同住。根據鄰人相告，父女倆曾發生激烈衝突，布爾克向她大吼半天，喊她「賤人」和「婊子」。鄰人還說他們相信聽到他毆打女兒傳出的哭聲，但他從房子出來時，卻滿面笑容。

像這樣的犯罪，我們往往要尋找犯人的壓力來源，當作動機。結果調查局人員和航空公司人員晤談時，就發現了內情。十一月十九日，即墜機前十八天，一具監視錄影機錄下布爾克從一架著陸不久的飛機上拿走六十九美元的雞尾酒錢，湯姆森馬上就開除他。美國航空公司的安全人員把他移送洛杉磯警察局的太平洋分局報案，再讓他自行交保離去。十二月一日，檢察官決定撤銷控訴，因為很難根據錄影帶起訴他。但以正直聞名的湯姆森堅持不讓他復職，布爾克再三央求也沒用。布爾克最後一次找他談過後幾小時，兩人就搭上同一班飛機。

一名洛杉磯機場雇員說，布爾克要帶那柄巨型手槍上飛機一點問題都沒有。他只要走到櫃台後面，就可以直接登機。湯姆森在洛杉磯工作，家住提布隆市（Tiburon），和舊金山只隔了一道金門大橋，所以他盡可能回家。布爾克查出他搭乘的飛機班次，就付現買了同一班飛機的單程機票。

同一天，布爾克在康瑪瑟的答錄機上留言，說他愛她。後來，調查局探員又在他加州長堤家中發現一紙最近才改定的遺囑以及新的保單。

布爾克的老友歐文・菲力普斯（Owen Phillips）聽到消息後說：「我不知道這是怎麼一回事，也許他突然情緒失控。」

在許多層面上，這都是一件慘痛的悲劇。布爾克和我一般追捕的性虐待狂和性罪犯不一樣，他並非一個天生邪惡的人。但是，如果把不穩定的人格、巨大的壓力、取得武器的便利性以及接近目標的方便結合起來，負責人又沒有先見之明，在出現危險之前及早化解，就會發生像這樣的慘劇，結果還讓很多無辜的人陪葬。這並不是歸咎被害人，我從不諉過於他們。我輔導一些身處潛在危險狀況的人時會告訴他們：風險愈高，就愈要提高警覺。

這宗悲劇事前可以避免嗎？布爾克最初表現暴力行為時，布爾克再三央求湯姆森讓他復職時，布爾克向朋友借火力強大的手槍和子彈時，機場人員因為認識他而讓他通過安全檢查時，都有可能。也許還有其他機會。

但布爾克復仇心切，讓他自行了斷，同時還連累了機上所有乘客。這一點可以預測嗎？事後回想，我們覺得也許可以。但除非有人明顯地嚇阻，否則很難預料。因此，我們必須有一項**一般性**政策，作為處理突發情況的依據。或許我們不知道，也無法準確地預測誰會突然抓狂。

那麼，這個政策該如何執行呢？我們不能不繼續注意或監視每一個看來沮喪或不快樂的雇員或同事。換言之，我們該如何評估風險，如何看出誰很生氣，如何辨認出誰會憤怒到不計後果呢？

簡單地說，我們要觀察他們的行為。

一般而言，下屬都不喜歡和主管坐下來深談個人生活上的私事，即使主管願意花費時間和精力亦然。所以我們要訓練自己觀察別人的行為。

這個人平常的行為如何？我們看到的是他真實的一面嗎？有沒有改變呢？此人是否過去不上教堂，現在卻沉迷宗教呢？他過去是不是只在社交場合喝酒，但現在卻明顯出現了酗酒的跡象，或批評他人喝酒或不上教堂呢？他是不是換了個方式埋怨別人呢？他是不是顯著的少吃了或多吃了？

這些轉變是否有原因，有跡可循呢？

一九八〇年代初，我在偵辦華府綠河案時突然昏迷不醒，差點死去。之後，我發現自己的生活缺乏平衡。我努力工作，卻忽略了家人、健康、信仰與其他一切。那時候，基本上，我孤軍奮戰，其他同樣在做罪犯剖繪的同事，也是滿手案件，教學工作也很繁重。當時沒有人會把我拉到一邊跟我說：「約翰，你沒事吧？你看來好像有點問題。」我太太和我父母知道我工作很繁重，但他們無法感同身受，我聽他們的勸告時，心情和聽同仁的意見時是不一樣的。

幸好，有人提醒我，要我過得平衡一點。你要找的就是生活已經不平衡的人。然後就要有人負責。假如你是老闆，覺得有問題，或出現異常，就要進行有意義的接觸。除非威脅明顯而急迫，不要報警，但要設法幫忙，設法改善，同時知會他人，提高警覺。這不一定完全奏效，但是總能降低出事的機率。

有一名前主管探員是一條硬漢，備受同事尊重，他曾多次擔任高職、也是最支持剖繪和刑事調查分析計畫的高階官員之一，我個人則覺得他是局裡一項重要的資源。他退休後，擔任一家大型航空公司的主管，兩年多後，我們在祕勤局主管退休的歡送會上遇到他，寒暄起來。

他說：「約翰，最近好嗎？」

我說：「很好，你呢？」

他說：「也很好，你知道啦，從調查局退休後……」

我接著問：「情況如何？」

他說：「待在局裡得要處理這些荒唐的人事問題。但在航空公司，假如有人表現不佳，就把他叫到辦公室來，叫安全人員過來把他帶走，再刮掉他車上的貼紙，然後說：『再見。』」

我聽起來覺得這滿好的。

幾年後，他打電話來，這次語氣就很不一樣了。航空公司要改組，解雇數千名員工，他們過去從來沒做過這種事。他現在要處理各種恐嚇。具體來說，有人一直要破壞電腦的空調系統，他要處理一大堆問題。他說他想來我們單位談談。

我們一同開會，告訴他要從安全和人力資源雙管齊下。我們教他一些辦法，在恐嚇加重時，讓這個未知嫌犯或這些未知嫌犯們現身。然而更主要的是處理即將被裁員的人，讓他們知道公司關心他們，也會想辦法幫助他們。

這位前主管在調查局已有管理經驗，也有其高明之處，處理問題時不會顧此失彼。結果他說服資方採納他的建議，避免了很多嚴重問題。這一點告訴我們，要隨時做好準備，切莫臨渴掘井，同時，我這位前同事要面對數量龐大的疑犯。假如不幸出了差錯，甚或危及人命，就比布爾克案難辦多了。

我稱這種主動的手法為「心理預防維護工作」(Psychological preventive maintenance)。過去，許多公司發生員工行為問題時，都傾向除去問題，不是解雇，就是調職，讓其他部門（如人事部門）處理。而今，我看到一種比較讓人鼓舞的趨向，希望能持續下去。經理人和主管都該接受特別訓練，察覺潛在的行為問題並加以處理。工作場所的暴力事件和一般罪案不一樣，無法事前預測，某個年輕人日後會帶著一把 AK-47 上班，殺光其他員工。

經理人要小心。如果侵犯到員工隱私，他可以告你。如果，你坐視不理，任其惡化，也會有人告你或公司未及早預防。有時看來，這是一個零和局面。一家公司，特別是一家大公司，能夠做而且可以做得好的事就是準備相關資源，提供協助。公司應該明白表示，這些資源是供員工使用的，利用這些資源不會有負面作用。

「不爽的」美國郵務人員涉及可怕的事件，結果鬧出人命及引起嚴重後果，這是我們耳熟能詳的事。事實上，在某些圈子裡，「上郵局」意指有人突然抓狂，亂槍掃射工作場所。最近發生了不少郵務人員上班時鬧出的可怕暴力事件。自一九八六年以來，共有三十名郵務人員在十宗槍擊事件中遭同事殺死（某些兇手事後自殺）。市面上還有一種幾近變態的電動玩具，名為「郵政」（遊戲目的不必說明，讀者自然很容易就猜得到）。這些統計數字讓人不安，但郵政部門並非是唯一要處理這種現代現象的部門。郵政部門只是一個大部門，引人注意，其業務規模之大，有增無減，作業也日益機械化，更能凸顯出背後醞釀的問題。

在我退休前兩年左右，郵政部門有些高層官員來和我們的調查支援組及行為科學組人員晤談。還在講師約翰・亨利・坎爾（John Henry Campbell）的辦公室會面。

這些人真的很沮喪，他們說：「我們有什麼辦法？我們規模這麼大，有那麼多郵件要處理，我說，他們起碼要讓人覺得他們有在做，覺得他們在關心，想要照顧員工。這正是人力資源部門職責所在。此外，我還說，他們也應該成立自己的行為科學組。至少出了錯，也可以大事化小，不必禍及他人。但從更積極的角度言之，處理暴力事件的最佳方法就是防患於未然，不讓事情爆發。換言之，郵政部門要訓練員工學會剖繪和評估。

佛羅里達州南部現在進行一項很有創意的計畫，相當鼓舞人心。當地的郵政部門讓法學院學生擔任勞資之間的調停人。他們往往發現，只要有人願意傾聽申訴和表示關心，問題就能迎刃而解。重點是，雇員求助有門，下情可以上達，無需激烈的公開表態，許多問題就可以及早化解。

我一向盡量關注我的單位。假如有人看來不對勁、孤立自我或行為模式改變，我會找他到我辦公室，坐下來一對一交談。我不會旁敲側擊，只會單刀直入地問：「一切都還好嗎？有什麼事情我可以幫得上忙嗎？」

我知道我的下屬壓力都很大，探員和支援人員皆然。我只能盡可能使他們愉快、舒適和有效地工作。也許這只是意味著在適當時候聽他們一吐苦水，如果他們真的需要休假，就暫時幫忙處理一下，或者讓他們可以有一段時間在家工作。顯然，郵局負責信件分區的人沒辦法這樣做。調查局的人質拯救組也不能這樣。然而，我們還是要盡力。重點是，假如雇員生活環節上出了亂子，至少我們要讓他知道有人會支援他和理解他。也許我無法解決他和老婆或孩子間的問題，甚至無法解決他和同事或工作夥伴之間的問題。但我不能冒險忽視他。我們受到的教訓太明顯了。

一九八〇年代中期，我曾處理一件芝加哥的案件。那是一家大銀行。有人寫紙條恐嚇他們，紙條送到安全部門主管手中，上面寫著：「我們要到那個混帳大廳，炸掉整個地方。」紙條裡還有類似這樣的話：「你們這些王八蛋，看看你們怎麼對待我們。」

這是**誰**幹的？**為什麼？**我問這家銀行的安全主管，到底銀行發生了什麼事？他說銀行正大幅裁員。紙條是用打字機打的，字形和用語顯示寫紙條的人受過教育。我推測此人是名中階主管，從來沒有想過自己也要被裁，感到十分震撼。這是受到裁員影響的人共同的基本特徵，在那個階段要揪出嫌犯，非得進行非常大規模的調查不可。有時，一般性的主動策略反而比較容易奏效。

我問他，銀行怎樣處理裁員問題。他說，銀行沒做什麼，正在進行的事情並不多。

但這些人如何知道自己快要失業了？據說，他們在經手各部門公文往來時發現此事。這可真敏感。我問他：「事後有人跟他們懇談，加以善後嗎？」沒有。總經理和董事長有向他們說明過嗎？沒有。但今天他將對所有員工發表談話。

那名總經理是個不懂得和人相處的人。他站在近千名員工面前，有點畏縮，也不善辭令。他一直避談裁員，直到有人舉手發言。但他全無準備，無法處理。他無法給這些員工一個他們有權知道的答案，差不多可以這麼說，他是被人家喝倒采趕下台的。

事後，該行的安全部門主管又打電話給我，告訴我事情始末。他說：「現在，出事的機會有多大？」

我告訴他，機會很大。他問我該怎麼辦。我說，我們要雙管齊下。一方面你要讓這些人覺得銀行關心他們，你們已經以實際行動幫助他們度過這段過渡期了，幫他們找點別的工作。同時也全面加強安全措施，特別是總行大廳。

結果他們聽我的話，什麼事情也沒發生。本來是很容易出事的，只是他們運氣好。但世事未必往往如此順利，特別是在你已經落後一步，才來亡羊補牢時。

這一點非常重要，某些機構雖然已經開始動手了，卻愈搞愈麻煩，特別是工作場所指的是廣義的工作場所時。也許當前最危險的趨勢是：我們子女的工作場所（即學校）裡的暴力事件。雖然這個極端複雜的問題至今仍未有簡單的對策，只能做到我對郵局、航空公司及前述銀行的建議：我們必須教育經理和主管，在校內即教師、校長和行政人員，使他們能察覺到危險信號。假如某些兒童揚言要開槍射殺某人，千萬不要以為他只是在開玩笑。我們萬萬不能掉以輕心。

我們要記得，兒童比成年人更敏感。萬一，如同我們在第三章所談的，廣泛渲染報導的罪案可以讓其他有犯罪傾向的人學到新點子，那麼我們的兒女看到相關新聞或其他孩子在學校或教室亂槍掃射之後會怎樣？調適不良的兒童，在盛怒之下，可能覺得這是解決問題最合理也最刺激的方法。他不會想到可怕的後果，包括家庭破碎、監禁多年以及一生就毀於一旦等等。事實上，他會不會想到行為以外及以後的事，還要看他的年齡和心理狀況。一九六〇年代和一九七〇年代劫機事件層出不窮，互為因果，學校槍擊案也是如此。發生這種事情，我們只能扼腕嘆息。我們不能完全預測這種事情何時發生，但我們至少要對危險信號有所警覺，就像各行各業一樣。

我們這種畢生研究犯罪和罪犯的人知道，犯罪隨時在演進，就像其他趨向和社會現象一樣。不幸的是，校園暴力事件從學生打架洩憤演變為持械到校大開殺戒。基本上，這些孩子用槍就像玩玩具一樣。一九九八年春天，阿肯色州瓊斯布勞市（Jonesboro）學童槍殺案已經是一年多之內美國第四宗校園瘋狂槍擊案。

密西西比州珍珠市珍珠高中一名十六歲少年用刀刺死母親後，又在學校殺死了兩名同學，還殺傷了七人，副校長制伏了他之後問他：「為什麼？為什麼？為什麼？」

少年說：「全世界都對我不好，我受不了啦！」

我們要記得，這不只是適應不良兒童的導火線，對適應不良的成人也一樣。這些導火線包括觸發事件的各種因素，如個人關係和家庭或工作環境（對學生來說就是學校）的問題。身處權威地位的人如父母、師長、行政人員、心理輔導人員和社工人員要注意類似的紅旗，這些警告紅旗包括沉迷槍械、社交方面孤立、看似無聊的恐嚇以及隨便說說的謀殺話題等。我們不能以為他們還是孩子，就不會犯下成年人的罪行。我們一定要記住，我們所處理的，事實上是成年人的暴力行為，況且兒童的衝突更難控制，他們對世界的看法也過分天真，他們也以為只要年輕，就什麼都不怕。這是一個非常危險的組合，我們最近看得太多了。

事實上，危險的組合很多，即使我們知道動機，也往往無法預測行為，下面談的一起案件就是一個例子。

一九九八年三月六日上午九點左右，康乃狄克州樂透公司位於紐溫頓市（Newington）的總公司裡一名三十五歲會計員馬修・貝克（Matthew E. Beck）槍擊及用刀刺殺他的同事，結果殺死四人。在該州樂透公司任職八年的貝克事後對準自己的腦袋開槍自殺，用的就是他拿來殺害同事的九公釐口徑半自動手槍。

第一名死者是三十三歲的資訊系統部主任羅根（Michael T. Longan），他曾經是貝克的數據處理上司。貝克朝他開了兩槍，還用獵刀在他胸部和腹部共刺七刀。貝克自己也受了傷，一路淌著血去找第二名受害人琳達・布洛格斯羅維斯基・邁娜茲克（Linda A. Blogoslawski Mlynarczyk）。三十八歲的邁娜茲克是樂透公司的財務長。據說，貝克闖進會議室，當時她正在開會。貝克對她說：「說再見吧，琳達。」她身中數槍，手上也有抵擋刀砍的傷痕。貝克因為壓力問題而請假，最近才銷假回來，她原來負責知會貝克他的新工作，貝克發作的前一個晚上，她還跟她丈夫說她很擔心。

另一名死者是主管業務和行政的四十歲副總經理佛特烈・盧貝曼三世（Frederick "Rick" W. Rubel mann III）。他身中四槍，兩槍是背後中彈，因為貝克在大樓內追殺他，最後一槍擊中他頭部。當時盧貝曼指揮其他同事逃生，結果自己成了槍下亡魂。

四十四歲的樂透公司經理奧索・布朗（Otho R. Brown）跑過停車場時臂部中傷。貝克第一槍把他打倒在地後，他在血泊中懇求貝克饒了他，但貝克又朝他開了兩槍。部分樂透公司人員清楚的看到，布朗當時正設法把貝克引離辦公大樓。他救了好幾條人命。

樂透公司人員張皇失措地打了很多通一一〇報警，警方兩分鐘後抵達，與貝克對峙，貝克拿槍對準自己的腦袋，扣下扳機。警方用直升機把他送往哈特福醫院，到了醫院不久，就宣告不治。

槍擊事件發生前一天，貝克言語含糊地留話給《哈特福新聞報》（*Harford Courant*）的記者說，假如可能的話，他將在隔天就「樂透問題」發表談話。

貝克是名單身漢，去年九月間搬回家中和父母同住。朋友說他是名「槍械迷」。他在申請州政府稽核員職位時說，自己曾擔任安全警衛使用過槍械，並接受過戰術反應訓練，也有事故分析經驗。槍擊案發生前，貝克因壓力問題休假四個月，然後銷假上班不到兩周。事實上，他獲准再休假兩個月，他卻自行銷假上班。

過去曾和貝克共事的人說，最近他體重減輕了，也變得比較內向。事發前，一名同事記得在槍擊案發生前不久，貝克曾說，要從網際網路學會製造炸彈是輕而易舉的。其他同事則記得槍擊案發生的早上，貝克上班時好像很煩躁，不想說話，直到他站起來走向行政辦公室，然後就開槍了。他殺主管時，神色木然。而這些主管過去七個月來都一直在處理他對樂透公司的抱怨。

他的投訴包括其他人升遷比較快，他要一張特製的整形外科座椅，他也抱怨工作環境打擊他的事業發展和機會。據說，他寫的信都一本正經，語氣平和。他過去曾向中央康乃狄克州立大學及康乃迪克大學保健中心求職，也曾要求調往州政府的特別收入部或社會服務部。人力資源部主任卡倫・麥希根（Karen Mehigen）曾告訴他，他們在設法處理他的困擾，包括找一張能滿足需要的椅子。

我研究本案的結論是，我可以提出（事實上也已經提出了）一個機構該如何自我保護，以降低風險的建議，這些人都已經做了。

貝克生前至少服用兩種治療焦慮、抑鬱症和難以自制的沉迷行為的處方藥物，而且還接受心理醫師輔導。他曾有精神病的病歷，也曾兩度住院，其中一次是在威脅要自殺和企圖服用過量藥物後自願前往的。

貝克的父親唐納・貝克（Donald Beck）心亂如麻，他接受《哈特福新聞報》訪問時說：「救這個兒子可能真的救錯了。」

唐納和貝克的母親普萊希拉（Pricilla）發表了一項非常感人的聲明，讓社會大眾知道他們的感受：

我們的兒子馬修錯了，而且錯得可怕。不論如何，他的所作所為都是不合理的，也是無可寬恕的。雖然他的同事安慰他，朋友和家人愛護他、幫助他，醫生治療他、輔導他，還給他開藥，他偏偏選擇了一條邪路，其他的路都向他開放，他卻選了這條絕望的路。

不幸而且讓人痛心的是，他還決定帶著別人和他一起走。他的濫殺行為禽獸不如，但他並非怪物，這一點朋友和家人都可以證明。在這個傷心欲絕的時刻，我們誠懇地表示同情，同時也代表馬修道歉。我們不能要求各位原諒馬修，因為我們自己也不能原諒。

他辜負了同事、朋友、家人，特別是他自己。

我們都愛馬修，但他為什麼要這樣做呢？

這樣的悲劇，我們永遠不能明瞭全貌。部分原因將永遠埋藏在馬修成年後一直在對抗的精神病中。但經過分析，對他的動機有了初步的結論。

貝克和槍殺自己迷戀的對象的理查・威特・法爾萊（Richard Wade Farley）不同。理查除了槍殺了羅拉・布拉克外，在她工作的地點胡亂槍殺了七個人，並株連多人。貝克也不像殺害鄧布蘭市學童的湯瑪斯・瓦特・漢彌頓或在初中或高中開槍殺死同學的學生。總之，他不同於那些闖進工作地點後就馬上開槍殺人的人。他的目標都是經過選擇的。他殺害的都是那些一直在設法幫他忙的人。根據他的邏輯，他的目標是那些在工作上為難他的人。他的動機是憤怒，基於猜疑，他覺得有必要報復這些人。不少像貝克這種人會把他們的目標非人化了。但馬修把他的憤懣人格化了，這是他處理個人激憤的方式。

我希望我能在談完本案時給大家一線希望，或列舉我們可以從本案學到的教訓。可惜我辦不到。我常說，我們和犯罪對抗，就像打仗一樣，總不免有無辜平民死傷。本案中的公司似乎每一方面都做到了，但他們要面對的人太憤怒了，其精神疾病太嚴重了，無法接納公司為他做的一切。

為了盡量減少人命損失，我們必須進一步學習，在擲下骰子之前找到改進之處和方法，因為所有人都如此脆弱，而且不只在工作場所才會如此脆弱。

工作場所並非是唯一叫人抓狂的地方。

一九七一年十二月七日，一群警員前往紐澤西州市郊西田市山坡路一座維多利亞式的宅邸查看。西田市是紐華克市西南方約十八公里的一處郊區。房子很大卻年久失修。鄰人說，他們看到這座房子連續幾周從早到晚都燈火通明，於是報警查究。窗口透出恐怖的一幕。大廳地板上躺著幾具屍體，屍體都放在睡袋裡。巡警喬治・謝爾斯尼克從一旁一個打開的窗戶爬了進去，他走近這些屍體時，聽到好像是風琴演奏的哀樂，原來是唱機不停自動播放一張唱片，音樂就從房子的揚聲系統傳出。死者全是李斯特家的人：四十五歲的海倫・李斯特（Helen List）、她的十六歲女兒派翠西亞（Patricia）、十五歲的兒子約翰·菲特烈（John Frederick）和十三歲的兒子菲特烈（Frederick）。不只鄰居關心這一家怎麼晝夜燈火通明，派翠西亞的戲劇老師也對她許久沒有去上課而擔憂，更是促使警方前來調查的主因。

李斯特太太靠著牆壁躺著，三個孩子則排成一行，和李斯特太太的屍體垂直。不僅如此，員警搜查這棟房子其他部分時，還發現李斯特太太八十四歲的婆婆死在三樓的儲藏間內。五人都被開槍打死，而且顯然兇徒都從他們身後開槍。

警方還未離開現場，就知道主嫌犯是誰，就是這家唯一不知去向的人，四十六歲的約翰·艾彌·李斯特（John Emil List）。

證據是李斯特花了很多心思寫成，卻未寄出的一系列信件。這些收信人對李斯特家都很重要，他在信中解釋辯白其所作所為。李斯特做案前取消送報和牛奶，還通知三名子女的學校或課餘打工的雇主說，他們將離家一段時期。警方很快就查出，李斯特還把家裡僅餘的兩千兩百八十九美元存款全部提領出來。

他的車子被發現丟棄在皇后區的甘迺迪機場，證照丟在車裡。警方說，約翰·李斯特無聲無息地失蹤了。

即使沒有李斯特留下的信件，現場已經告訴我們兇案是李斯特家人所為。屍體排列整齊，裝在**睡袋**裡，這一點象徵兇手想要他的家人起死回生，因為他感到不安。例如，我們看到嬰兒被殺，假如屍體丟在垃圾桶或路旁，兇手可能是陌生人。假如嬰屍包裹得好好的，或用其他方式「保護」，棄屍方式也較為莊重，兇手可能就是父母或近親。

該案真的使我們不得不問，何以一個父親、一個丈夫竟然做得出這種事來。負責本案的警方人員發現，李斯特在一封信中說明他如何下手的。這是他寫給路德會教堂牧師尤金・李溫科（Eugene Rehwinkel）的，信中清楚說明了他的動機。

親愛的李溫科牧師：

很對不起，我要在你的工作之外加上另一重擔。從過去師長的教誨，我知道我的所作所為都是錯的，不論我說什麼也不能讓這件事變成對的。我知道，即使你不能原諒我，至少你是唯一可以理解我為什麼有必要這麼做的人。

一、我賺的錢不夠養家。我所有的投資都失敗了。真的，我們可能要宣告破產，然後接受社福救濟。

二、即使已經看出日後我們的生活狀況，加上孩子生活的環境，再加上他們在知道要接受社福救濟後對他們的打擊，都是我和他們所不能也不應承受的。我知道他們願意縮衣節食，但無濟於事。

三、派翠西亞堅決要演戲，我擔心這樣會影響她成為一名基督徒。我確定演戲對她的信仰一定沒有幫助。

四、海倫不上教堂，一定會損害孩子們上教堂的習慣。過去我一直希望她很快就會上教堂。當我和她提起日茲（Jurze）先生將以長老的身分來看她時，她非常憤怒，要求教會把她除名。這也會消極地影響孩子們上教堂的習慣。

這就是這件事的大概了。假如我們面對的只有前述各種狀況中其中一種，也許我們還熬得下去，但問題這麼多，我實在很難撐下去。至少，我可以肯定的是，他們現在都在天堂了。假如事情繼續下去，誰也不敢說他們都能上天堂哩。

媽媽也牽扯在內，因為我對家人做的事一定會讓她震驚不已。我知道她也是基督徒，所以最好不要讓她知道她將要面對的打擊。

我幹了這事後，就拿起聖詩為他們祈禱了。這是我最起碼能夠做的事。

最後的安排：

海倫和孩子生前都同意遺體火化。請您幫忙，把費用弄到最低。

李斯特還在信中指示各種實際事務，包括在什麼地方安葬母親，要聯絡家族中的什麼人以及如何處理剩下的財產等。然後才把話題轉到調查人員最重要的對象（他本人）身上，他在信中說：

至於我本人，請你把我從會友中除名。我將自己交到神正義慈悲的手中。我肯定祂能夠幫助我們，但祂沒有依照我希望的方式回應我的祈禱。這使我覺得這樣做是對孩子靈魂的最佳安排。我知道，許多人會想假如他們仍然在世，他們還能活很多年。但假如他們不再是基督徒的話，那又有什麼好處呢？

我也知道很多人會說：「怎會有人做得出這樣可怕的事來？」我的答案是，不容易，而且是經過深思熟慮後才下手的。

小約翰受到的傷害較大，因為他顯然掙扎得最久。其他人馬上就解脫了。但小約翰當時已經沒有意識，因此不會太痛苦。

請你在禱告中記得我。不論政府是否實行其自許的義務，我都需要你的祈禱。我唯一關心的是如何向神求和。這一點我很有把握，因為耶穌基督甚至可以為我這樣的人死去。

附記：母親在三樓的走廊，她太重了，我搬不動。

約翰

這就是這件案件的始末了，很讓人吃驚吧？也許我們稍事說明，案情就會清楚一點。

李斯特是一名有執照的會計師。對這個怯懦畏縮、心性溫和的人來說，這似乎是再理想不過的職業。他顯然還是一名不錯的會計師，他對數字很有把握；認為凡事都有黑白對錯。但他卻不斷失業。我可以看到像他這樣的人，因為人格特殊，往往升職擔任主管後卻無法勝任。據說，李斯特丟了某家銀行的差事後，寧可在平常上班時等通勤火車的車站看報消磨時間，也不願向家人坦承又失業了。他對自己工作方面的弱點幾乎全無自知之明，認識他的人說，他連正眼看人都不敢，有一次卻跑去拉保險，結果又在生命旅程上又多添一次挫敗。

他是家中獨子，別無兄弟姊妹，母親艾瑪（Alma）信仰虔誠，管教嚴厲。她雖然不至於體罰他，但不讓他弄髒自己或做一些其他男孩子做的事。她一直要求他做個直率但褊狹的人。李斯特出生時，父親已經六十幾歲了，顯然對他的人格沒有多大影響。他十幾歲了，艾瑪還不許他跳舞。艾瑪所屬教會的牧師也說她太過分了，這就是李斯特的成長過程。他最後娶了海倫．摩理斯．泰勒（Helen Morris Taylor）。海倫是個漂亮的女人，她的前夫恰好和李斯特相反，活力充沛卻死於韓戰，留下海倫和一個女兒。海倫也染上梅毒，顯然是前夫感染給她的，但李斯特看來不知情。兩人婚後，海倫的梅毒日益嚴重，腦部也開始萎縮，心智日衰，而且還酗酒。李斯特已經擔心她對子女的不良影響。派翠西亞想當演員，從李斯特井然有序而褊狹的宗教心態看來，這只是一條通往地獄的路，或多條通往地獄之路的其中之一。這個女兒也對巫術日感興趣，而且也可能吸過大麻，令李斯特倍感憂慮。

海倫和艾瑪處得不好，李斯特也對自己的教養不滿，艾瑪仍然和他們同住，因為艾瑪前後拿了約二十萬美元幫忙養家。李斯特把這筆錢花光了，一方面家用左支右絀，同時還要維持這棟有十八個房間的大宅。這個房子對他的自我形象和公共形象都非常重要。

我研究過的兇手中，許多人一方面承認他們的罪責，但也往往也歸咎他人，如母親、妻子、政治陰謀、老闆或社會，反正只要可以插入他的情緒背景就好。李斯特的處境（即他對自己及對世界的看法）是一個信仰神的宗教信徒的處境。所以要歸罪別人時，他只能歸罪神。根據他的遺言，假如神惠然垂注，實現他在禱告中的請求，他就不會闖下滔天大禍。李斯特其實只是想說服我們，他不過是在打命運發給他的牌而已。

我認為，他的真正動機在於情況變得太糟糕、太複雜，讓他不安，所以他就抓狂了。他是那種死板、鑽牛角尖又不能自制的人，他要生活中每個細節都安排得清清楚楚，一絲不苟。他內心的壓力鍋悶了過多的水蒸氣，殺害全家是他打開壓力鍋蓋子的方法。基本上，他承認不想破產，然後過得像個要飯的，卻把這種感覺推諉到兒女身上，他個人的唯一出路就是從頭開始。假如從頭開始一定要先除掉家累，最好就是送他們上天堂。看來他先行淨化了自己，把他自己的行為合理化，然後就去過他的新生活了。

我不希望我的說法讓人覺得輕描淡寫，也不想簡化李斯特的心理和情緒問題，因為很明顯地，假如有人可以殺害全家，然後宣稱這是為了大家好，這人除了心理問題嚴重外，其性格也有精神科醫生都不知道該如何描述的缺陷。對我們這行的人來說，最重要的問題是，這種心智失常是否會驅使一個顯然知道是非對錯的人殺害全家。我想即使是精神病理學也沒有確切的答案。

但值得注意的是，整個過程中李斯特行事還是很有條理，連他的失蹤也是安排得井然有序。精神不穩定或妄想的罪犯不會像他那麼一絲不苟，一定會留下很多線索，讓執法人員循線捕獲。李斯特卻不同。我們發現，李斯特並非同時殺害其家人，他是一個一個殺，時間和方式都不一樣。

李斯特殺害家人，讓他們上天堂，卻不自殺，因為自殺者不能升天（只有老天知道，為什麼他會覺得殺光全家還能升天）。何以他並未馬上向警方自首，面對一切後果呢？為什麼他不找牧師談呢？的確有人宣稱他們送所愛上天堂，自己留下受苦。但沒有證據顯示李斯特謀殺全家之後受苦，或打算在他的新生活中受苦。他只是躲起來不讓警方逮到。

即使像李斯特這種人要自殺，還是可能會先把家人殺個精光後再尋死。這種人刻板固執，自以為假如沒有他在世上照管家人，後果一定不堪設想。

李斯特的抉擇，只證明了他是個自我中心的懦夫，他從家人背後開槍，使他自己覺得好過點。我們不要忘記，他連正眼看人都不敢。

負責偵辦此案的警員執著於追緝李斯特，特別是最先趕到現場的探員詹姆斯・莫倫（James Moran）。此人後來當上西田市警察局長。我提供了一份逃亡行動評估，還不時加入新內容，協助有關當局縮小追查範圍。我指出，李斯特和其他逃犯一樣，很可能先逃到一個他覺得自在的地方，也許是一個他住過或到過，覺得喜歡的地方。以他的性情而論，他不會偏離他一生做過的事情太遠。假如他找到新工作，也許是一份和數字有關或比較卑微的工作，這樣就不必和他人互動。

到了一九八九年，播出才一年多的《全美通緝令》（*America's Most Wanted*）節目注意到本案。節目主持人約翰・華爾希（John Walsh）是律師出身，也是我的朋友。他和太太莉芙（Revé）所生的兒子亞當（Adam），在佛羅里達州慘遭專挑兒童的兇手殺害，當時亞當只有六歲。這個打擊改變了華爾希的一生。此後，把罪犯繩之以法以及為被害人爭取權益就成了他的畢生志業。

節目製作人在討論如何把一個失蹤了十八年的人呈現在觀眾眼前時，最後決定向費城藝術家法蘭克・班達（Frank Bender）求助。班達是雕塑家，在製作立體頭像和面像方面有驚人才華，而且不論你提供的資料有多少，都可以動手工作，哪怕是一顆頭顱、一具已經開始腐爛的屍體或者一幀舊照片都可以。他重建的人物不僅外形酷似，作品還可以呈現人格特質。他確實是個藝術家。他在維吉尼亞州阿靈頓市的全國失蹤及遭剝削兒童中心做了不少志工。過去我在調查局學院聽過他講演和示範。他的貢獻真的很了不起。

警方把謀殺案發生前不久拍的李斯特照片交給了他，還有一些節目製作人能夠使用的特徵資料，其實都只是些最基本的描述而已。不到一個月，他就做出一尊李斯特的胸像雕塑，正是他推想假如李斯特過了那麼多年後還活著的樣子，包括他可能戴的眼鏡及其典型表情。

本集節目在一九八九年五月二十三日播出，由演員演出案情及播出李斯特的雕像。熱線電話馬上接到數百人舉發，調查局花了不少人力過濾線索。

其中一通提供了有用的線索。

打電話的人是科羅拉多州一名婦女，名叫溫妲・法蘭娜里（Wanda Flanery），她覺得這尊胸像很像她的老鄰居鮑勃・克拉克（Bob Clark）。這個克拉克是一名會計兼報稅員。他和他老婆狄洛絲（Delores）搬家到維吉尼亞州里奇蒙市（Richmond）附近的米洛斯安市（Midlothian）時，狄洛絲留下了新地址，以便轉寄郵件。他們搬家是為了克拉克剛接了一份會計差事。他們新家地點讓人生疑。生前李斯特就是在里奇蒙市郊認識遭他殺害的妻子海倫的，假如克拉克就是李斯特，那麼李斯特真的想要回到一個他熟悉而且覺得自在的地方。

一九八九年六月一日，聯邦調查局探員泰利・歐康納（Terry O'Connor）前往克拉克家中，拿出李斯特胸像的照片給狄洛絲看。狄洛絲承認胸像的確和她丈夫克拉克很相似，但她眼中的他是一個仁慈、安靜、溫和的人，怎麼可能犯下李斯特的滔天罪行呢。她和克拉克於一九七七年在科羅拉多丹佛市路德教會教堂的社交活動上認識，到了一九八五年才結婚。

同一天早上，其他探員跑到克拉克的公司找他。他咬緊牙關表示對李斯特的罪行及李斯特其人完全不知情。探員逮捕了他，比對指紋後發現，鮑勃・克拉克和約翰・李斯特是同一個人。

華爾希認為，李斯特案奠定《全美通緝令》節目的地位並讓節目能繼續播出。一個安靜且井然有序的殺人兇手，逍遙法外近二十年後終於落網受審，這是一件難能可貴的事。

警方和調查局把李斯科的做案過程查得水落石出。李斯特先是趁他老婆海倫早上在廚房喝咖啡吃吐司時，就從背後開槍打死她。然後跑到三樓槍殺母親。稍後，他開車接派翠西亞回家，也把她一槍打死。之後他又接了菲特烈回家，再施毒手。小約翰練習足球提早回家，嚇了李斯特一跳，結果他向小約翰開了十槍，確定他必死無疑。

李斯特殺光家人後，還在家吃晚餐，再睡了一個晚上，隔天，他還在家裡吃了早餐才開始逃亡。他很細心，把恆溫器調得很低，避免燃料槽裡的燃油在屍體遭人發現之前就用光，暖氣管線就會結冰破裂，他認為這樣會引起不必要的花費，對他抵押房子的銀行不公平，銀行本身沒有錯，不應該因為他的行動而吃虧。他搭機到丹佛，開始新生活，而且還申辦新的社會保險卡。新名字也是經過深思熟慮。鮑勃·克拉克是一個很普通的名字，但他在密西根大學的同期同學就有人叫這個名字。所以，假如雇主要調查他的背景，他還有學校的紀錄作為後盾。

李斯特行兇前已計畫如何行事，還事先買好武器並試用過。他用的是一把九公釐半自動手槍和一把點二二口徑的手槍。調查人員在一個貼了「槍和彈藥」標籤的抽屜中找到了兇器。在他行兇不到一個月前，他申請了持有槍械的許可執照，卻懶得去領。申請書上面「申請擁有槍械理由」一欄上，他填了「保護家人」。

（在這裡插句與案情無關的話。我的同行特里佛·莫萊〔Trevor Morley〕說，在他老家紐西蘭，申請擁有槍枝的過程，包括有關當局派人聯繫申請人的配偶、鄰居以及和申請人親近的人，以確定有沒有人對申請人擁有槍械不放心、申請是否不尋常以及是否和申請人的素行不符。假如美國也採行同樣明智的審核程序，真不知有多少冤魂，包括李斯特一家，現在應該尚在人間。）

李斯特被捕後的幾個月內，一直保持安靜有禮而且很合作，從不麻煩別人。

辯方律師伊利亞·米勒（Elijah J. Miller Jr.）在九天審判期間，對陪審團辯護說，李斯特下手時「懷著對他母親和妻兒的愛」。辯方精神科醫生宣稱，李斯特誠然知道是非對錯，但他顯然精神崩潰，才會以宗教之名犯案。李斯特告訴檢方的精神科醫生說，他家人死光後過了一段時間，他逐漸忘掉了他們，只在周年時才會想起，之後他又開始享受人生了。李斯特的舅子說，李斯特收藏了一批關於罪案和謀殺的書籍，特別是神祕懸案的書，而且他也喜歡「戰爭遊戲」。

辯方認為，李斯特寫給牧師但未寄出的信不應列為證據。紐澤西州最高法院法官威廉・魏特海瑪（William Wertheimer）裁定：這封信和房子及其中所有的物品都是李斯特放棄的財產，因此不在「教士與懺悔者」特權涵蓋範圍內。

一九九〇年四月十二日，陪審團經過九小時會商後，裁定李斯特五項一級謀殺罪名成立。李斯特表示悔意，並懇求法庭寬恕，還說他之所以犯行，完全是「當時的精神狀態所引起的」，但魏特海瑪法官還是判了他五項無期徒刑，這是當時法律容許的最高刑罰。當年六十四歲的被告李斯特要過七十五年後才能申請假釋。

魏特海瑪法官在宣判時發表了非常動人的判詞，他說：「被告和他在一九七一年十一月間的所作所為，顯示他將成為一個不容易從社會良心磨滅掉的陰魂，這陰魂也不容易從被告的良心磨滅。經過十八年五個月二十二天後，現在該是海倫、艾瑪、派翠西亞、菲特烈和小約翰從墓穴起身發言的時候了。」

不幸的是，像李斯特這樣的家庭殺手不但不容易預測，也很難預防，也許比貝克更難料。李斯特的家人以及和他共事的人（假如他有職業的話），也許會覺得他一天比一天怪，他在設法控制自己的生活和外在環境上也變得愈來愈僵化。不幸的是，要維持控制變得愈來愈累人，這個時候，像李斯特這種人就會突然失控。但問題是，這種人不會在情緒上讓別人太親近他，所以外人只能看到他的表面行為。而且，一般人都不會以為他會做出這種事。我們要研究這種案件，從中得到教訓，這一點非常重要，日後，我們才能在問題惡化為危機前及早察覺。

李斯特化身成為克拉克後，他對別人的人身安全有多大的威脅呢？我們在調查局學院教導學員，唯一可以預測日後暴力行為的依據就是過去的暴力傾向。但李斯特此人一生中只有一次暴力行為。那麼，他會不會再來一次，甚至把他的第二任妻子也殺掉？我們的答案是，要視環境而定。假如一切都過得去，他經濟無虞，不會失去自尊，事情也許就平順無波。假如類似的情況再出現，假如他可能要面對類似的墮落和公開的窘境，他心裡早就有了脫困腳本。就像所有成功的累犯一樣，他知道該如何演出。

既然我們承認犯罪習慣會演變，那麼他會不會在工作場所亂槍殺人而非再次殺害家人呢？我認為不會。李斯特太懦弱了，他不敢和別人衝突，因此他大概不會考慮這種直截了當的方式。本案中，約翰．李斯特設法從處境中脫身，而不是結束這個處境，這一點和貝克與布爾克都不同，他在家裡下手殺害全家後，逃之夭夭。在公眾場所暴力犯罪後，不大可能潛逃。對於另外兩人來說，他們的暴行好像是一種謝幕。李斯特卻沒有謝幕，潛逃對他來說就是一種解脫。

我們將在下一章談到，逃犯自有其計畫和動機。

Chapter 06
亡命天涯

亡命之徒有三種下場：被捕、逍遙法外或是以一場驚天動地的事件告終。他們也許覺得搞得驚天動地的一定很光榮。但對我和同仁來說，這是一種可憐的懦夫行徑。

我們花了二十年時間才讓約翰・李斯特落網。本章講的是另一宗犯罪，表面上動機相同。但是，行為科學提供的證據顯示，本案的兇徒是另一種罪犯。講完了他的案子以後，我們再比較一些另外兩種下場的可怕案例。

我們在聯邦調查局學院教導探員時，要他們看穿案件表面上類似的地方，例如，很多歹徒都是一事無成而且失業的獨行罪犯。我們有一個簡單的公式，就是「**為什麼**」+「**怎麼做的**」=「**誰做的**」。我們要學員了解公式中的重要成分。當然，這些成分以不同的形式出現，犯罪剖繪專家也有不同的評估，卻無現成的公式可以套用。這是一個經驗、直覺和技巧的問題。一個本來在分部已經很有表現，聰明而有經驗的探員，還得花上兩年的時間訓練，才能在我們的總部裡有效地工作。我傳授給各探員各種差別和考量的就是本書的內容。

一九七六年三月二日，一名女性森林巡邏員在北卡羅萊納州泰瑞爾郡（Tyrrell）沼澤區發現五具屍體在一個淺淺的地洞裡焚燒著。當地位於華府以南約三百二十公里處。她最先看到煙，以為發生森林火災，於是跑去滅火。法醫證實，五名死者均遭硬物擊斃，分別是一名三十幾歲的女人、一名老婦和三名年齡約五至十五歲的男童，身上全無身分證明文件，因此無法辨認。

唯一的線索是現場附近一把長柄耙子。北卡羅萊納州鑑識局查出，出售這把長柄耙子的是華府市郊，馬里蘭州有錢人家聚居的蒙哥馬利郡（Montgomery）普托默市（Potomac）內的一家五金行。

過了兩周，到了三月十八日，有人在北卡羅萊納州和田納西州交界的大煙山國家公園（Great Smoky Mountains National Park）發現了一輛棄置的雪佛蘭馬里布型（Malibu）休旅車，行李廂內血跡斑斑，還有染血的毯子。車內還有一把獵槍、一柄斧頭和一盒狗餅乾。手套廂內還有一張南部各州地圖以及一種名叫舒寧（Serax）的處方鎮靜劑。

車主的登記姓名是馬里蘭州比塞大市（Bethesda）的小威廉·布拉福德·畢夏普（William Bradford Bishop Jr.）。此人當時三十九歲，是國務院一名外交官。

畢夏普的鄰居憑著照片認出五名死者分別為畢夏普三十七歲的妻子安娜特（Annette）、十四歲長子威廉（William Bradford III）、十歲次子布蘭頓（Brenton）和五歲的幼子傑佛瑞（Groffrey）以及同住的六十八歲母親羅比拉（Lobelia）。男童身上都穿著睡衣。鄰居起初不覺得情況有異，因為畢夏普一家都喜歡出遊，隨時即興四處遊玩。鄰居以為他們滑雪去了。警方搜索畢夏普的房子時，發現睡房和前廳都有血跡，好像發生過激烈打鬥。

畢夏普本人和家裡名叫李奧的黃金獵犬則不知去向。當局進行大規模搜索，動用了聯邦調查局、國家公園管理局以及北卡羅萊納州和田納西州的州警。警犬在棄置的國家公園遊客中心聞到畢夏普的體味。某些參加搜索的執法人員猜想，他可能徒步入山自殺或力竭而死。但他們也找不到李奧。

事實上，畢夏普是個典型的美國男孩：不但相貌堂堂，還是國務院裡一名很討人喜歡的外交官。畢業於耶魯大學，能說流利的西班牙語、義大利語、法語，與南斯拉夫軍方一起工作時，還學會了流利的塞爾維亞克羅埃西亞語。他曾因反間諜工作敘獎。他的任務包括滲透在義大利受訓的南斯拉夫軍方滑雪隊。離開軍隊後，他取得義大利語碩士學位，然後加入國務院，此後曾在衣索比亞、義大利和波札那等國的美國大使館任職。派駐波札那之前，他得到非洲研究的碩士。他在波札那還接受了飛行員訓練。他非常熱中競爭性的運動，露營經驗豐富，還自己花錢接受急流獨木舟訓練。由於他受過訓，有人猜想他可能划獨木舟離開了國家公園。金髮的畢夏普和他的紅髮妻子好比一對金童玉女，兩人在加州念高中時就已經相戀。畢夏普是高中足球隊的四分衛，安娜特則是啦啦隊隊員。此後他們唯一分開的時候，就是高中畢業後他到東部念耶魯大學，安娜特則上加州大學柏克萊分校。兩人在一九五九年畢業後就結婚。

蒙哥馬利郡警設法重建整件慘案。他們發現，不常早退的畢夏普在三月一日提早下班，說得了感冒。事實上，他和別人爭取一個升遷機會失敗，心裡不舒服。當天稍早，他從銀行提領四百美元，回家途中，在購物中心的百貨公司內買了一個一端呈半球型的大鐵鎚和一個容量十九公升的汽油罐，然後開車到加油站把空罐子加滿汽油。

鄰人當天晚上沒有聽到可疑的聲音，但調查人員推測，畢夏普當天晚上用鐵鎚打死了老婆、母親和三個兒子，把五人屍體搬上車，然後開車前往北卡羅萊納州。

屍體和兇案現場線索顯示，案發情形如下：

畢夏普先在書房殺死太太，母親溜狗散步後不久就回家，讓他大吃一驚。他本想用外套蓋住安娜特的屍體，卻突然發狂把媽媽也殺了。然後，畢夏普上樓到三個兒子正在睡覺的臥房逐一擊斃。他用毯子把五具屍體包起來搬到車上，然後開了一個晚上的車到北卡羅萊納州，伴隨一旁的只有他唯一願意放過一命的「家人」，就是狗兒李奧。雖然他車上載了五具屍體，但還能安然通過五個收費站而不被發現。

他的刷卡紀錄顯示，三月二日他曾在北卡羅萊納州傑克遜維爾（Jacksonville），用美國銀行信用卡買了一雙運動鞋，傑克遜維爾在屍體發現地點以南約一百六十公里。警方找到目擊證人證明買的人的確是畢夏普本人。據說，他刷卡付錢時，有一名皮膚黝黑、疑似來自加勒比海地區的女人幫他牽著狗。店東還記得，畢夏普很有禮貌，講話得體，他還說，畢夏普和那女人看來像是一對夫婦。

此後幾周，有些在阿帕拉契山山徑遠足的人說曾看到過他，也有人說他在東南各州沿岸出現，甚至遠及佛羅里達州的達頓那海灘（Daytona Beach）。

直到今天，畢夏普仍不知所蹤。世界各地都有人說看到過他，卻都無法證實。政府當局不願把他視為已死，因為謀殺案是沒有結案時限的。

案發後兩年，即一九七八年七月，一名認識他的瑞典籍女人說，在瑞典首都斯德哥爾摩街頭看過他。她是在一九六〇年代派駐衣索比亞時認識畢夏普的。她說，她在斯德哥爾摩看到他兩次，但她沒有和他打招呼，也沒有報警，因為她忘了美國警方正以謀殺罪名通緝他。據她說，他留了鬍鬚，穿著講究。瑞典警方沒有他曾經在斯德哥爾摩出現的證據，而且瑞典也不慣於突然進行一波宣傳攻勢緝拿逃犯，某些刊物甚至還拒絕刊登嫌犯的姓名或照片。

一九七九年一月，一名在義大利索倫多（Sorrento）度假的美國國務院官員說在公廁裡看到畢夏普。據說，當時他還留著鬍子，但衣著和外表邋遢。畢夏普曾在義大利待過，從軍時曾去過佛隆納，念研究所時去過佛羅倫斯，擔任外交官時去過米蘭，他對義大利很熟。

我們做了一份他的逃亡評估，而且逐年修訂。他和約翰・李斯特及奧黛麗・希利不同。李斯特和希利是那種最後可以在他經歷的類似情境裡找到的人（李斯特被捕時，他做的工作和逃亡前很相似，希利則在出生地附近被捕）。但畢夏普有外交官背景，應對良好且擅長語言，幾乎可以在世界上任何一個角落行動自如。此外，有關當局在國外無法像在美國那樣積極的追捕，所以外國，特別是歐洲國家，是他覺得最自在的地方。我們研究他的過去，找出他覺得最自在的環境，也就是他最可能逗留的地方。雖然不少人花了很多精力，他也一度晉升聯邦調查局的十大通緝要犯，卻仍然逍遙法外。假如他還活著，他仍有可能落網。但以目前的情況而論，要逮到他，一定得靠運氣。約翰・李斯特沒有能耐逃到不播放《全美通緝令》節目的地方，畢夏普卻很容易。

畢夏普過去也沒有遭到起訴判刑的前科，所以他在法律上還有無罪推定的優勢。現在我們暫且假設他的確有罪。他犯下的兇案和五年前的李斯特案有一些非常類似的地方。他和李斯特都是受過高等教育的專業人士，都是住在郊區的「居家男人」，兩人都和妻子、霸道的母親及三名子女同住。但到了某一階段，他們顯然對現況失望，兩個人都抓狂了，於是他們殺光家人，然後潛逃。

但兩人不同之處也同樣顯著。李斯特怯懦，受到一些不能自制的習慣驅使，而且還呆板固執。他在四十幾歲犯案時，是一個完全沒有社交應對技巧的人，宗教是唯一支持他的力量。畢夏普犯案時只有三十幾歲，擔任職業外交官，交際手腕高明，在社交場合從容自如，具備野外求生能力，必要時還可以混跡國外。李斯特是個可憐蟲，畢夏普卻讓人豔羨。

兩人犯案後的行為也顯著不同。李斯特殺了全家之後還留在家裡，第二天早上吃了早餐才逃之夭夭。這是他犯案時顯著缺乏章法的地方。但就像我們在前一章所說的，他用一種「關心」的方式安排屍體，符合我們設想中兇手殺死近親的做法。

畢夏普則在行兇後馬上逃亡，連證據也一併帶走。車內的地圖顯示他有某些高明之處，也顯示他事前有計畫。不尋常（相對而言，這一切當然都非常不尋常）及讓人困惑的是他殺害家人的方式。他在近距離而且非常殘忍地殺死全家，跟背後開槍相比，手法並不「乾淨」。我們可以說，他是活生生地打死一家人，包括一個酣睡中的五歲孩童。我自己為人父母，也還記得，即使在人生最困難的時期，只要看著兒女睡覺，人生最重要的事就會油然湧上心頭。孩子即使過了糟糕透頂的一天，晚上入夢時，一定會一臉甜美地帶著童真，有一種惹人憐愛、撫平創傷和使人平靜下來的魔力，好像能夠深入父母的靈魂深處，要父母全心全意愛惜他們。所以，我以一個為人父母的心情來看，傷害兒女真是傷天害理，我怎樣也看不透為什麼竟然有人會把睡夢中的兒女活活打死。假如畢夏普真的親手殺死了他的兒女，他一定是蓄意為之，也一定可以預見其後果之慘。令人不寒而慄的是，他處理屍體的方式顯示，他關心如何毀滅證據遠超過讓死者有尊嚴地安息。

畢夏普的行兇方式，一直在我心中揮之不去，他一定有非常深刻、一觸即發的激憤，這卻是李斯特所沒有的。即使是躁鬱症患者（有些跡象顯示畢夏普可能如此）也不會在瞬間覺得失控，馬上就去買一把鐵錘和汽油，然後殺光家人。在到達這地步之前，一定會有一個情緒的醞釀階段。所以在一九七六年三月一日案發之前，畢夏普已經在心裡醞釀，這個人其實早就染上了母親和妻兒的鮮血。

假定畢夏普真的是兇手，那麼我們該如何解釋他的憤怒和絕望呢？原因是不是在他的黃金事業上第一次有人升得比他快，使他非常失望？是不是抑鬱症惹的禍（當時已經有精神科醫生處理他這個問題）？原因是不是他和母親關係緊張？他在外面交了女友？這些都不是可能或合邏輯的動機，更無法解釋他的做案方式。這些解釋也彼此矛盾。李斯特案則不同，假如我們從李斯特的觀點來看，他的動機是符合的。基本上，畢夏普的生活沒有什麼嚴重問題。難道他不能離婚和換個工作嗎？

雖然對畢夏普所知已經不少，他一生仍是個謎。我相信自己正確地破解了李斯特犯案的動機，對畢夏普案就沒那麼有把握了。我們看過一些案例，有些人過分沉湎於自我形象，對於個人成就的看法和別人的想法完全無關，有如患了厭食症的女人對自己是否肥胖的看法和周圍的人完全不同一樣。例如，像畢夏普這種人就很難會承認婚姻出了問題，這樣只會顯得他不完美，升遷落後也一樣。有一種稱為「危險的不惑之年」現象。假如有人活到四十幾歲，回顧時覺得一切都不順心，他們就會發作。

除了發現畢夏普一直在看心理醫師外，調查人員還發現他的經濟有點問題，但對於他這種三十幾歲住在那種社區的人來說，也沒什麼大不了。畢夏普的母親和他們同住，是有點壓力，安娜特似乎不願再跟他到國外赴任。還是找不到我們應該看到的壓力。即使有個女人替畢夏普在體育用品店內牽著狗，也不是婚外情的確證。總之，整個案情怎樣拼也拼不起來。

畢夏普似乎也不可能獨自開溜，像李斯特那樣。行兇後隔天有人看到有一個女人和他一起，車子也丟在國家公園裡面。他到底是怎樣逃亡的？也許搭便車，也許划獨木舟。之後呢？比較可能的是他有計畫地找了人載他。

就像李斯特案，我們不禁要問，像畢夏普這種人會不會再下手殺人？我們的答案和李斯特案的答案一樣：只要一切順利，他就不會是個危險人物。假如他遭遇到在他看來是絆腳石的東西時，同樣的情緒力量就會發揮作用。李斯特和畢夏普（假如真的是他行兇的話）同樣殺光了全家，但畢夏普比李斯特更有暴力傾向。畢夏普比李斯特更有辦法，假如他會被捕，我相信他也不會輕易就範。他寧可自殺也不願束手就擒。

於是，就像一九七一年十一月在波特蘭和西雅圖之間，挾持西北東方航空公司（Northwest Orient）客機，取得二十萬美元贖款逃逸無蹤的古柏（D.B. Cooper）一樣（假如他已經死去的話，屍首也仍未被人發現），畢夏普已經成了一個傳奇人物，成了小說、電視影集和廣播劇的主角。聯邦調查局目前還在找他，馬里蘭州蒙哥馬利郡警方也不放棄繼續找尋他的下落，他們都熱切希望將他繩之以法。

我也希望找到他，而且比別人更想找到他，因為這是一宗我最渴望找出其中**原因**的案子。

惡名昭彰的查里斯．史塔韋特（Charles Starkweather）和卡瑞．安．佛蓋特（Caril Ann Fugate）在一九五七年冬天連續幾周瘋狂做案，整個美國中西部都陷入恐怖氣氛中。同樣地，艾爾頓．柯爾曼（Alton Coleman）和黛柏拉．丹尼絲．布朗（Debra Denise Brown）一九八四年夏天也使整個美國中西部地區陷入恐慌。我很少遇到像柯爾曼這樣惡劣的人，可以完全不計後果地殺害和強暴任何人。

柯爾曼一九五五年在伊利諾州沃基根市（Waukegan）出生，家庭環境惡劣。母親是一名妓女，在他出生前已經有兩名兒女。柯爾曼主要由母親一手養大，他會尿褲子，同輩的人都笑他，叫他「尿尿蟲」（Pissy）。他很早就加入幫派，逐漸建立他的犯罪紀錄。他念到九年級就輟學了。十九歲時因為在沃基根強暴和搶劫一位老太太被捕，最後和檢方達成交易，只起訴搶劫的罪名，但也要在喬利埃特監獄

（Joliet）關上一陣子。我在喬利埃特監獄訪談過很多危險而兇暴的罪犯。柯爾曼也不是什麼模範囚犯：在他獲得假釋前，曾多次勾引其他囚犯和他發生性行為。一九七〇年代末期出獄後，沒多久又搞出一連串的強暴和人身攻擊案，遭到多項罪名起訴，他的律師說服了陪審團，宣稱其中兩項罪名是兩廂情願的，結果這兩項罪名都不成立。其中一名受害人竟是他的外甥女。柯爾曼出身不良和異常的心理構成，他好像全無良知，完全不在乎別人的權利、感覺和痛苦。這種人覺得既然他生來一無所有，別人也不管他的死活，所以他有權動手拿他所要的一切，不必在乎別人怎麼想。

他的強暴罪行日積月累，一九八二年發生的一起十五歲女童姦殺案，他是嫌犯之一。一九八四年，他開始橫掃中西部，正是他保釋外出，等候另一宗強暴案的審判時。他和一名只有十幾歲的女孩結了婚，不久這女孩子就離開了他，還跑到警察局要求保護。之後，二十八歲的柯爾曼搭上了只有二十一歲的布朗。布朗本來家境不錯，但她遇到柯爾曼之後就和未婚夫分手，然後和柯爾曼同居。柯爾曼一生中，除了偶爾打零工外，沒有任何職業。

一九八四年五月二十九日，柯爾曼和布朗用化名誘拐威斯康辛州肯諾沙市（Kenosha）九歲女童維尼妲．懷特（Vernita Wheat），和他們一道前往沃基根。三人自此就沒有再回到肯諾沙。女童的母親很快就從照片中指認出帶走她女兒的人。聯邦大陪審團決定以綁票罪名起訴柯爾曼和布朗，聯邦調查局也加入偵辦此案。

六月十八日，柯爾曼和布朗在開車經過印第安那州蓋瑞市（Gary）途中，看到街上有兩名女童，她們分別是七歲的譚美卡．特爾克斯（Tamika Turks）和一名九歲的親戚。柯爾曼和布朗停車訛稱問路，還說假如她們上車帶路，他們就會給錢。他們把兩名女童載到林子裡，布朗把譚美卡按倒在地上讓柯爾曼強暴，還勒死她。另一名女童也遭到強暴和毆打，最後竟然逃脫了。她從警方的照片中指認出兩人。

第二天，蓋瑞市二十五歲的美容師唐娜．威廉斯（Donna Williams）失蹤。事發前，這位美容師說要去接一對她在髮廊認識，來自波士頓的夫婦，這兩人說想去看看她上的教堂。髮廊裡的目擊者指認出柯爾曼和布朗。同一天，女童懷特的屍體在沃基根一棟棄置的空房子中被發現。

六月二十四日，柯爾曼和布朗到了底特律，在一名婦人家門口用刀挾持她，要她開車送他們到俄亥俄州。她故意開車撞上一輛停在路邊的卡車，趁機跳車逃脫。柯爾曼和布朗則駕車逃逸。四天後，兩人闖進瓊斯市（Jones）一戶住宅，中年屋主夫婦正在吃早餐。柯爾曼和布朗毒打了兩人一頓，搶走小額現款，開了他們的車子就跑。此時，聯邦調查局和中西部所有執法單位都在追捕他們兩人。

七月二日，他們在底特律強闖另一對中年夫婦的住所，打了他們一頓，再把他們的車子開走。他們驅車到俄亥俄州托利多市（Toledo），重施故技，又有一戶人家遭殃。後來，兩人跑到一家小酒館，企圖強行架走一人，結果酒保持槍追趕，兩人仍然逃脫。七月七日，柯爾曼和布朗合力強暴了三十歲的婦人維吉尼亞．譚保（Virginia Temple）和她的十歲女兒羅瑟（Rochelle），還勒斃兩人，棄屍在一個雜草及腰的隱祕地方，然後大肆劫掠。七月十一日，在底特律發現美容師唐娜．威廉斯的屍體，柯爾曼成了聯邦調查局十大通緝要犯之一，當時十大通緝名單已經列了十名要犯，聯邦調查局特別把他列為第十一人。

辛辛那提的十五歲女孩東妮．史多利（Tonnie storey）失蹤。目擊者指證史多利失蹤前和她在一起的兩人正是柯爾曼和布朗。四天後，她的屍體被人發現，不但被刺多刀，而且頭上也挨了一槍。

直至現在，兩人的受害人均為黑人，但兩人對加害對象並沒有明顯的偏好，原因是受害人從青春期前的女童到老婦都有。七月十三日，柯爾曼和布朗跑到辛辛那提市郊諾伍特鎮（Norwood）的哈利（Herry）和瑪琳・華特斯（Marlene Walters）夫婦家中。華特斯夫婦是白人，都是四十幾歲，兩人聲稱要買下華特斯夫婦的露營車，當時這輛車停在華特斯夫婦寓所門外的私用車道上，貼上出售的字樣。結果兩人遭到柯爾曼和布朗用鈍器毒打，哈利哀求他們不要傷害妻子，他們也毫不動容。據警方說，兩人用鐵棍和鉗子把華特斯太太後腦打掉了一部分，結果傷重而死。華特斯夫婦十幾歲的女兒雪莉（SHeri）回家時才發現慘狀。哈利・華特斯在醫院住了三個月，勉強向警方描述攻擊他們的一對黑人男女，他們騎機車來，開走了他的車子。

三天後，柯爾曼和布朗架走了大學教授歐來恩・卡米卓（Oline Carmichal），搶走了他的車子，把他關在行李廂內，再開車到俄亥俄州達頓市（Dayton）棄車。這次他們卻違背了一貫作風，竟然讓行李廂內的卡米卓活著。第二天，卡米卓獲救。據他說，挾持他的是兩男一女，我們將在下文解釋。同一天，達頓市一名年邁的牧師和妻子在家中遭人用硬物襲擊，兩人都沒有因此喪命。據這對牧師夫婦說，他們招待一對年輕男女在家中過了幾天，牧師還開車送他們到辛辛那提參加祈禱會。不料兩人回家後就開始攻擊他們夫婦，還搶走了他們的車子。

隔天，有人發現牧師的車子被丟棄在印第安納波里斯（Indianapolis）一個洗車場附近。洗車場老闆，七十七歲的尤金・斯高特（Eugene Scott）遭到綁架，車子也被偷走。數小時後，斯高特的屍體遭人丟棄在一條臭水溝裡，和女童東妮・史多利一樣，身中多刀，頭部也挨了槍。柯爾曼和布朗對什麼人都下得了手。

這時，達頓市警方拘捕了一名男子，叫湯馬斯・哈里斯（Thomas Harris），他承認是柯爾曼和布朗綁架卡米卓教授的共犯。此人宣稱，他說服了柯爾曼不要殺他，教授才能逃過一死。

上級要求我們製備一份在逃罪犯特徵。雖然柯爾曼和布朗非常狠毒，但我覺得他們不像畢夏普，他們沒有他那麼高明，也不是特別有頭腦。他們犯案也有一點章法，但只夠讓他們重複同樣的罪行，而且他們看來還覺得頗滿意的。但他們到處留下指紋和其他線索，明知已經遭到通緝，也未設法偽裝。我不認為布朗只是一個聽話的受害人，因為她很樂意跟著柯爾曼跑，但顯然柯爾曼還是發號施令的人。雖然布朗迷戀柯爾曼，我猜她怕柯爾曼，柯爾曼則支配了她。

根據我的推斷，這和柯爾曼的動機吻合。柯爾曼雖然作惡多端，他的動機卻頗為單純。我研究他的背景和犯案紀錄，清楚地看到，柯爾曼充滿了宰制他人的性幻想，因為他和別的連續強暴犯一樣，這樣讓他過癮，也是他一生中最大的滿足。他當然無法從個人成就或人際關係得到這種滿足。事實上，他初犯時的被害人都是黑人，透露了他的罪行和性有關，而非對社會的憤怒。當然，他後來的罪行也顯示了這種憤怒。他在底特律一對黑人夫婦家中毆打兩人時，還語無倫次、長篇大論地說明，黑人怎樣迫使他殺害其他黑人，好像在解釋他的行為及辯白一樣。柯爾曼從小熟悉的就是漫無法紀的生活，他可以把性犯罪和討生活的方法結合在一起。換言之，他不僅強暴婦女、毆打甚至殺人，他還趁機打劫和搶車。基本上，這種人把犯罪當成職業。為什麼你要工作？因為這是你應該做的。柯爾曼的想法正是如此。

我們在地圖上追蹤柯爾曼的犯案路線，在他每個出現的地點附上日期。結果我們發現，柯爾曼不會遠離他熟悉或覺得安全的地方。只要他離開沃基根或芝加哥地區，他就覺得不得其所。我覺得這名罪犯的天性就是要回到他的老巢，他覺得自在之處。事實上，他的行蹤不難掌握，我們後來還猜對了他回家時走的公路。我們告訴有關當局，柯爾曼很快就會回到沃基根或芝加哥，他們最好開始找他，並公布他的特徵。

七月二十日，芝加哥和沃基根中間的艾凡斯頓市（Evanston）警方接到匿名舉報，檢舉的人自稱認識柯爾曼，警方在公園裡找到柯爾曼和布朗坐在籃球場的露天看台上。警方拔槍包圍兩人。柯爾曼和布朗面對這泰山壓頂之勢，只有舉手投降。柯爾曼還告訴警方假名字，布朗則老老實實的說出她的身分。柯爾曼身上有兩柄染了血跡的刀子，布朗的手提包內則有一把點三八口徑的手槍和一副太陽眼鏡，是遭他們殺害的華特斯太太的女兒的東西。當天下午，警方在距離公園幾條街的地方找到尤金・斯高特的車子。現場搜證人員在車上找到了布朗的指紋。

柯爾曼和布朗分別在不同的司法轄區受審，兩人多項謀殺罪名成立，被處死刑。從一九八五年五月至一九八七年一月間，柯爾曼在四個州被判四項死刑，布朗則被判兩項。一九九一年一月，一向反對死刑的俄亥俄州州長理查・塞里斯提（Richard Celeste）在卸任前赦免了布朗（和其他六名死囚）在俄亥俄州被判的死刑，改為無期徒刑，根據幕僚提供的一份報告，報告上說布朗有智能障礙。但布朗在印第安那州殺害譚美卡・特爾克斯被判的死刑則維持原判。到本書完稿之際，柯爾曼還在為他的各項死罪上訴。

柯爾曼受審時，最讓人好奇和最怪誕的是他三番四次要代表自己。他在俄亥俄州漢彌頓郡（Hamilton）上訴法院為謀殺瑪琳・華特斯受審以及在威斯康辛州因為殺害九歲的維尼妲・懷特受審時，都要求為自己辯護，自以為比任何法庭指派的律師都行。

布朗也不合作。她為謀殺瑪琳・華特斯受審時，竟然不讓她的律師喚她上台作證，以減輕罪責。

在卡米卓教授綁架案中代表兩人的達頓市律師李伯曼（Dennis Lieberman）接受《芝加哥論壇報》訪問時說：「我可以斬釘截鐵地說，代表他們兩人是我在執法生涯中最糟糕的經驗。」他語重心長的說，布朗「決心不論如何都要與柯爾曼同生共死。我從一開始就對這一點很困惑，好像她被人催眠，進入一種神祕的夢幻狀態。我肯定柯爾曼對布朗有某種影響力」。

布朗的審判到了陪審團退席會商時，不論她再說什麼都無法改變陪審團的判決了，不料，此時柯爾曼竟然要求傳喚布朗出庭作證。

柯爾曼讓她站在證人席上，要她說出攻擊瑪琳・華特斯的正是她。

布朗說：「對，就是我。」

柯爾曼問她說：「你可不可以說得清楚一點。我跟這事有沒有關係？」

布朗回答說：「沒有。」

柯爾曼問：「是你把她帶到地下室的嗎？」

布朗猶豫了一陣子，然後回答說：「是的。」

柯爾曼又問：「你有沒有打她的頭？」

布朗說：「我打她，但我不記得有沒有打她的頭。」

柯爾曼問說：「你在地下室時，我在哪裡？」

布朗說：「你在樓上。」

柯爾曼宣稱，他用一根一點二公尺長的木製燭台打被害人的頭，只為了「制伏」他們，不料布朗一時興起，竟然殺了華特斯太太。

讓人吃驚的是，詰問又進行了一陣子之後，柯爾曼竟然膽敢問布朗：「你有點害怕，是不是？」

布朗回答說：「是。」

柯爾曼說：「我們有難同當吧，你知道咱們的處境很艱難。」

檢察官卡爾．伏爾曼（Carl Vollman）在交叉盤問時，使布朗自相牴觸。她還承認，案發時她已經吸食古柯鹼和大麻上癮，柯爾曼則以伏特加滿足酒癮。伏爾曼問布朗，地下室的血跡多不多時，布朗竟然回答：「不知道，我根本沒有下去地下室過。」

柯爾曼向陪審團總結時說，他很愛布朗，她能夠說出他無涉華特斯太太命案，實在勇氣可嘉。柯爾曼還說他和布朗是有實無名的夫妻，因此有權在獄中行房。尼豪斯（Richard Niehaus）法官駁回要求，事後他對記者說，他覺得柯爾曼在庭上的表現「讓人難以置信」。他說：「我從沒見過這種事，以後再也不要碰這種案子了。」

宣判時，布朗還企圖開脫柯爾曼，不讓他坐電椅。她說：「我殺了那個賤人，我管她去死，殺了她我爽。」柯爾曼被判死刑，布朗則被判無期徒刑。事後有人告訴一名在布朗的審判中退席研商的陪審員布朗在柯爾曼審判中的供詞，這位陪審員大嘆，後悔沒把她也送上電椅。

在伊利諾州懷特謀殺案的審判中，柯爾曼不滿意法庭指派的辯護律師，他要求雷克郡（Lake）巡迴法院法官佛烈特．蓋格（Fred Geiger）讓他替自己辯護。蓋格法官勉為其難地答應了。到了陪審團裁定罪名成立，即將宣判時，他又要求法官讓律師重新代表他。檢察官馬修．錢司（Matthew Chancey）反對，但是，蓋格法官還是同意了，他說：「我想柯爾曼先生現在比較識時務了。」

這也沒什麼用。陪審團只花了四個多小時就判定罪名成立，一致決議柯爾曼死有餘辜。

審判結束後，我到監獄探訪布朗。我認為她並沒有智能障礙（不過我也不是專家），我只覺得她是個被動、容易受人影響的人，不論是德蕾莎修女或柯爾曼都可以把她塑造成另外一個人。這一點證實了我的推論。他們兩人幾乎是主奴關係。我覺得，單獨以她而論，她不太可能拂逆柯爾曼或在事情變得太暴力或太可怕時離他而去。激怒柯爾曼的後果可能更可怕。

他們兩人還在逃亡時，我建議有關方面要求傳播媒體宣傳的是，我們認為她只不過是聽從柯爾曼擺布，而且愈來愈有被他傷害的危險，我們想讓她知道我們認為她的罪行較輕，盡快向警方自首以保護自己。假如他們還沒落網，我們就會積極執行這個策略。

我必須補充的一點是，所謂「屈從的被害人」程度不同，布朗比較是從犯多於被害人，畢竟她可以把一名受驚的女童按倒在地，任其男友強暴。綁架後遭到洗腦，關在衣櫥內繼而被強暴的派翠西亞・赫斯特（Patricia Hearst，譯註：為美國報業大王之女），事後竟然和所謂的「共生解放軍」（Symbionese Liberation Army）一同搶銀行，我則認為她是被害人多於從犯。加拿大性虐待連續殺手保羅・伯納多（Paul Bernardo）的妻子卡拉・洪穆卡（Karla Homulka）不但協助丈夫犯罪（我們前一本書《破案神探二部曲：犯罪是天生邪惡還是後天塑造？FBI探員側寫連續殺人魔》〔*Journey into Darkness*〕交代了這些罪行），還包括強暴自己的妹妹和迫使她吸毒過量致死等，則介乎布朗和赫斯特之間，既是被害人，也是從犯。

這並不表示任何女人遇上柯爾曼或伯納多之流，都會變成「屈從的被害人」，關鍵在於她的人格，而不是柯爾曼或伯納多的人格。而且，我們都得為自己選擇。我在西岸打書時上了電台的叩應節目，有一個很敏感而且憂心忡忡的女人打電話來說，她女兒過去曾和被控連續謀殺的殺手格倫・羅傑斯（Glen Rogers）很熟。一九九五年，羅傑斯在肯塔基州和警方高速競逐後被捕，由於他愛現好吹牛，美國南部和西南部所有懸而未破的性兇殺案一概視為他的「傑作」。

當時，羅傑斯關在牢中，但只要想到自己女兒曾和此人在一起過，就夠讓這位母親不寒而慄了。她問我：「當時她被殺的機會有多大？」

我說：「我猜你女兒沒有被殺，也毫髮未傷，因為她不是一個被動的人。她是這樣的人嗎？」

這位母親說：「你說得對，她並不被動。」

我說：「我覺得她還很有主見，很主動，有自己的主張。」

她說：「完全如此。」語氣有點像我是個靈媒似的。

我問她：「她做哪一行？」

她回答說：「她經營一家酒吧。」

我說：「果然。她懂得如何照顧自己，平常也接觸很多人。要騙她可不容易。所以，即使像羅傑斯這樣的人約她（假如他約得到她的話），他也無法控制她，更不用提殺她了。羅傑斯專挑他可以控制的人，比較脆弱和沒有自尊的人，特別是在分居、離婚或其他痛苦處境中的人。這些掠食者很會找這種女人，很容易察覺她們是什麼樣的人。」

我們教導家長，防範壞人侵犯兒女的最佳武器就是自尊自重。我在叩應節目中告訴聽眾，性掠食者最常向缺乏自尊自重的人下手，他們覺得這些人好上鉤，容易按照他們的目的改變，他們也很容易使她們脫離朋友、家人和固有的價值觀。

柯爾曼就在布朗身上找到他要的東西。

布朗和奧黛麗・希利及史黛拉・尼克不一樣，我覺得假如只有她自己一個人，她不會瘋狂殺人。但這表示她不危險嗎？倒也未必。柯爾曼之流的人一定會找到像布朗的人。我再三強調的是，暴力事件受到環境影響。例如，侵犯兒童罪犯在監獄裡是模範囚犯，並不表示出獄後即使有機會也不會再侵犯兒童。同樣，布朗單獨一人對其他人比較「安全」，事實上，她的犯行讓人不覺得她有良知。我沒有把握如果她再受到像柯爾曼這種人的影響，會不會故態復萌。原因很簡單，柯爾曼的動機中包含憤怒和對性的狂熱等成分，她的動機卻和接受別人給她的方向有關，不在乎這方向在一般人眼中有多乖戾。柯爾曼和布朗各以自己的方式代表了哲學家艾倫特（Hannah Arendt）所謂的「陳腐平凡的邪惡」，各自為自己抉擇。從我對柯爾曼和布朗的分析研究看來，兩人從未深究道德問題，內心也未經掙扎。我想，這就是為什麼我不願意再看到他們有生之年還有抉擇的自由。

作為端正而敏感的正常人，每當我們看到有人連續殺人，都會覺得反感，做案過程並不重要。對於從事犯罪行為分析的我們來說，也同樣反感，但做案過程卻非常重要。聯邦調查局把多重謀殺犯分成連續殺人犯、大屠殺兇手和無差別殺人犯，這三種罪行各有不同動機。

首先，先界定一下這三種罪犯。

連續殺人犯至少殺了三次人。每兩次犯罪之間都有一段所謂的冷卻期，可以是數天、數周、數月甚至數年，有時也可能只有數小時。重要的是，每次犯案情緒都不同而且不相混淆。

大屠殺兇手則是在同一地點、同一事件中殺害四人以上。地點可能是同一幢建築物的不同房間，時間則從幾分鐘到幾個鐘頭不等，殺人過程則是罪犯的同一種情緒經驗。

無差別殺人犯則是在兩個以上不同地點殺害多人，各次行兇之間並無冷卻期。因此，行兇的間隔較短。所以，假如連續殺人犯的冷卻期夠短，殺人速度可能反而比無差別殺人犯還要快。

我畢生大部分志業都在追捕和研究連續殺人犯。坦白說，假如我們要阻止連續殺人犯，更要追捕和研究他們。許多連續殺人犯已經是家喻戶曉的人物，如泰德・邦帝、約翰・威恩・蓋西、「山姆之子」、克里福・奧爾森（Clifford Olson）和邁可・羅斯。連續殺人犯非常可怕，他們人數雖少，可是邪惡程度和人數完全不成比例，永遠在人類的集體心靈裡占了一個黑暗的角落。但了解其餘兩類殺手也同樣重要。本書所談到的兇手中，鄧布蘭殺手湯瑪斯・瓦特・漢彌頓、約翰・李斯特和威廉・畢夏普為大屠殺兇手，柯爾曼和布朗則為無差別殺人犯。我認為，下文談到的也是個瘋狂兇手。

行兇的過程何以重要？因為直接透露了兇手行兇的動機，說明了兇手想要得到什麼以及行兇前在想什麼。

這些都是很籠統的說法。但以動機而論，連續殺人犯自覺可以脫身，大屠殺兇手則不如是想，無差別殺人犯則還沒有想到這一步。除了操縱、主宰和控制別人以外，所有連續殺人犯的重大動機都和性有關，即使像「山姆之子」大衛・伯考維茲所犯的罪行表面看來與性無關，其中有關犯罪的原因還是為了滿足成就感，只要可以就繼續幹下去。他們被稱為連續殺人犯，意即他們可以屢屢得逞，愈成功他們就變得愈有信心。他們往往看不起抓不到他們的警察和調查人員，因而產生了一種優越感，只會愈陷愈深。

本書只談兩種大屠殺兇手。有一種喜歡跑到公共或半公共場所（如公司行號和學校等）開槍殺人。這種人其實在公開喊話，喊話內容對他們來說非常重要，對他們的生命有重大意義，他們就算為此喪命也要大聲喊出。像漢彌頓拿著強力武器闖進校園，他不覺得有人還會活著走出來。這種人可說是受使命驅使，好像在寫一本屬於自己的小說，小說最後一章則以暴力死亡收場。

假如犯罪私下進行或無旁人目擊，那麼罪犯就比較想脫罪。李斯特告訴調查人員說，他沒想到他可以自由自在那麼久。但從他的行為看來，他很明顯地想脫身。畢夏普也是一樣。

無差別殺人犯則動作很快，一波未平，一波又起，過了一陣子之後，他們還以為自己一直在走運。我發現這三類殺手中，無差別殺人犯對將來想的最少，眼前只有兩途，有未來或沒有未來。我想柯爾曼還沒有足夠的深度去思索他和布朗能夠繼續多久。查里斯．史塔韋特心中則可能覺得他終有一天被捕或被殺，但也頂多是一個模糊的概念，不算是認真的考量。

我們往往不知道連續殺人犯的身分，直至落網為止。大屠殺兇手則往往要到事發後，我們在現場再三過濾狀況才能知道。我們往往知道無差別殺人犯是誰，而且還持續追捕。這一點很重要，因為他們也知道大家都在追捕他們，壓力很大，這種心理負擔對我們很有幫助。他們會開始酗酒或嗑藥來應付這種揮之不去的壓力，然後就開始犯錯。

我們有時可以從現場狀況的報告中看出罪犯有無章法。同樣，我們也可以看到有些殺人犯混合了三種類型。最常見的是連續殺人犯逐漸沉淪為無差別殺人犯，泰德．邦帝最後就是這樣。他把自己弄得愈來愈瘋狂之後，冷卻期就逐漸縮短，最後根本全無冷卻期可言。此時，他的壓力益形沉重，犯案更加隨便，判斷力變差了。我們則不斷注意嫌犯進入這個階段時的放縱和活躍的跡象。

當某一件犯罪或一連串的犯罪成了全國傳媒注目的焦點時，記者和電視台或電台節目製作人往往會要我或其他同事發表看法。這是常有的事，像辛普森—高德曼（Simpson-Goldman）案，奧克拉荷馬市爆炸案和大學炸彈客被捕時就是這樣。但在著名設計師凡賽斯（Gianni Versace）一九九七年七月十五日在邁阿密南灘家門外被殺後，我們第一次領略到傳媒的狂熱。當時推測兇手是安德魯・菲力普・庫蘭倫（Andrew Philip Cunanan），此人當時已經涉嫌在全國各地多次行兇殺人。本案引起的關注和恐懼非比尋常，幾乎全國各新聞機構或電視台都打過電話給我。

安德魯這名年輕人與他毫無理性的處決方式，點出了我們對這類罪犯的全盤看法與無助。

安德魯生於一九六九年八月三十一日，是一家四個兒女中的老么。他在加州聖地牙哥市郊一個環境頗佳的中產家庭社區長大。他父親名叫莫德斯圖（Modesto），別名彼得，是來自菲律賓的移民。彼得曾任美國海軍軍官，一九七二年退役後轉業股票經紀。安德魯小時候聰明而好奇，很早就有閱讀的習慣。根據各項報告以及母親瑪麗安（MaryAnn）的說法，他從不闖禍。瑪麗安是一個虔誠的天主教徒，總是盡力向她的子女灌輸天主教的價值觀。安德魯十二歲時是一個黑髮高個子的漂亮小孩。他在聖地牙哥的私立主教中學以聰明、討人喜歡知名。他父母送他上這所學校花了不少錢。

我們在尋找塑造安德魯人格的各種影響時，發現了一些可能因素。據他本人說，他父親管他管得很嚴，有時會把他揍得滿身瘀傷。自然會引起聰明敏感的安德魯憤怒和不滿，但他覺得是自己逼父親這樣嚴厲地對待他，他也有點內疚。安德魯覺得，他的自我毀滅行為起源自這種體罰與反應。但是，後來我們追問另外兩名兄弟姊妹時，他們都不記得有過如此嚴厲的體罰。事實上，安德魯是家裡最得寵的孩子。他的父親接受菲律賓電視台訪問時說：「安德魯在家裡從未見過暴力，成長時期也從來沒有這種經驗。」

瑪麗安則頗為專橫。親人注意到她和安德魯特別親，她好像還會過濾他所有的朋友，以確定他們適不適合他。

安德魯十幾歲時，大家就知道他是名同性戀了，至少外表如此。他第一次發生性關係時只有十三歲，他不但不加隱瞞，還到處吹噓。他這方面的行為和他一生中所有的行事一樣，外人看了都會有完全相反的兩種不同觀點。一則是他對自己的性傾向頗為健康地自豪而且覺得有安全感。其二則是他既自私又自我中心，想成為眾人注目的焦點，他也操縱別人，以獲取想要的東西，傷害到別人時，不是全無知覺就是毫不在意。我們在研究有暴力反社會傾向的人時發現，這是此類人的主要性格發展特徵之一。

同期畢業的同學都投他一票，稱他是「最有可能成為大家都記得的人」。

安德魯不但長相漂亮，樣貌也比較早熟，十五歲時看來已經像個十八歲的人了，那時他經常光顧聖地牙哥市峰頂區（Hillcrest）的酒吧。他覺得「庫蘭倫」這個姓的菲律賓味道太重，於是自己改名，取了一些聽起來比較浪漫的拉丁名字，如「安德魯・狄斯瓦」和「安德魯・莫亞雷斯」等，還裝出拉丁人的性格和身世。那時，他已經搭上一名年齡比他大的已婚男子。此人買昂貴的禮物送他，在峰頂區為他布置了一所公寓，讓他一嘗終身都豔羨不已的奢華生活。據說，後來此人發現了安德魯另一名情人的衣服，兩人的關係宣告結束。安德魯只好搬回家，但是很不習慣。住在家裡很難隱瞞他的性生活，他母親此時顯然還未懷疑他是同性戀者，他父親卻早已如此猜想了。他十八歲生日時，父母給他買了一台紅色的中古日產 300 ZX 汽車，希望把他留在家裡。據安德魯的一位朋友說，他看穿了雙親的用意，還說他們「想用錢把我的愛買回來，實在太可憐了」。

十八歲時，他已經常常和比他年紀大很多的男人約會了，這些人帶他進入聖地牙哥市有錢人的社交圈。多年來，他靠著小聰明混飯吃，左右逢源，其誘惑和操縱手段屬於一般性掠食者早期發展的性格特徵。

一九八八年十月，安德魯進入聖地牙哥加州大學就讀，父親莫德斯圖卻被解雇了。根據瑪麗安提出的告訴顯示，他侵吞了客戶十萬多美元。莫德斯圖把房子賣了，所得留給老婆，自己則跑回菲律賓老家找工作。賣房子的錢和莫德斯圖的海軍退休俸根本不夠瑪麗安和安德魯過活。於是，兩人之間的關係日趨緊張。至少有一說如此，他和母親為了他的同性戀行為大吵一架，不但翻臉，安德魯還把她撞到牆上。從發展心理學的觀點而言，我們沒看到連續殺人犯和性掠食者的成長三部曲：尿床、縱火和對動物施暴。但他的衝動火爆脾氣更符合無差別殺人犯的情緒結構。

安德魯和母親鬧翻了以後，索性連大學也不上了，自己跑到馬尼拉附近一個小鎮去找他父親。找到他父親之後卻震驚不已。他父親住在一間沒有自來水供應的陋室裡，每天在街上擺地攤販賣廉價的商品，還希望他兒子幫他忙。像安德魯那麼注重自我形象的年輕人來說，這是致命的一擊。他自己賺錢（有時男扮女裝充當妓女）買機票飛回美國，恩客多是外交界人員。

一九八九年春天他返回美國後，住在舊金山卡斯楚區一間單身公寓裡，靠一份低微的工作生活。這段期間磨練了他扮演各種人物的技巧，包括私立祖特（Choate）高中和耶魯大學畢業的海軍軍官、雄心萬丈的演員、營建業包商，其中一個身分還有前妻和一個小孩。每個人物都穿著不同的服飾，有著不同的人格和性情。就像以往，他的目標是有錢、有見識、年紀比他大的男人，這些人才能維持他渴望的生活方式。他擁有精緻的服飾，喝最好的香檳，抽最上等的雪茄，恩客送給他昂貴的禮物還有寬裕的零用錢。到了秋天，他開始兼賣大麻，同時侍候年紀較大而有錢的男性恩客。只要他願意，他也可能打扮得很端正，讓有地位卻希望隱瞞性傾向的男人在公共場合和他在一起時不會不自在。雖然他很討人喜歡，見過世面，而且也善於逢迎，然而一直沒有做過所謂正當職業，完全靠包養維持生活和社會地位。

一九八九年萬聖節當天，安德魯遇上另一個年紀比他大的男演員，兩人很快就同居，演員還告訴別人安德魯是他的祕書，安德魯也背著他偷偷和年輕男人約會，男演員卻仍在經濟上支持他，在戲院和歌劇院或有錢、漂亮的人才有機會出席的宴會上出雙入對。有跡象顯示，他可能在隨後的十月間在一家餐廳宴會上遇到凡賽斯。據說，安德魯的演員男伴還讓他見識到皮鞭和鐵鍊的性虐待遊戲。

到了一九九二年，安德魯的身價又提升了。這一回，他找到了另一個凱子給他一張信用卡。安德魯卻拿這張信用卡招待他的年輕情人和朋友。這段關係結束後，安德魯返回聖地牙哥，未幾，又有一名新的情人上鉤，到了夏天，床頭金盡，他只好搬回家和母親同住，分攤房租，兩個人都同樣難受。

作家文士萊・克拉克森（Wensley Clarkson）在他的書中《每次停留的死亡事件》（*Death at Every Stop*）說，一九九四年，安德魯為了幫朋友的忙，同時也為了一千美元的代價，和一名西班牙女子結婚，讓她取得綠卡。婚禮過後，兩人馬上分手，數月後竟然不期而遇，還來電了。安德魯承認自己真的喜歡這個女人，也困惑於自己的雙性戀傾向。她懷了他的孩子，兩人甚至考慮結婚。但這等於說，他必須找一份真正的工作，不能再向多金的老淫蟲伸手，這可不符合安德魯的生活方式。據克拉克森說，孩子出生時，安德魯一生中唯一比較認真的兩性關係就宣告結束。

他像某些連續殺人犯、強暴犯和兒童性侵犯一樣，心裡也盤算好他希望碰到的人的特徵。他的對象就是有錢、但沒有家庭羈絆的男同性戀者。

第二年，他搭上六十幾歲，當時在半退休狀態中的諾曼・布拉契福（Norman Blachford），他不但每個月給他生活費，還送他一輛新的 Infiniti，使他的日子更舒服。他整個皮夾裡都是信用卡，還常去歐洲玩。但歷史不斷重演，據說，布拉契福開始厭倦拿錢去貼安德魯的小白臉，於是兩人關係又宣告結束。安德魯不久又搭上了一名五十幾歲、有錢的室內設計師，帶著他混進只有少數人可以參加的派對。

安德魯有個粗獷英俊的海軍官校畢業生小白臉，名叫傑佛瑞・崔爾（Jeffrey Trail），被分發到聖地牙哥海軍基地服役。崔爾一直隱瞞自己的性向，只希望和安德魯之間維持柏拉圖的關係，但安德魯對他一往情深。一九九六年，崔爾退役，和新歡連袂離開加州，安德魯深受打擊。但他所受到的另一道創傷卻更沉重，代表了安德魯一生的另一個謎。

一九九七年一月，安德魯病倒了，雖然病症不算嚴重，卻怎樣也無法治癒。他開始擔心是不是感染了愛滋病，於是他接受測試和輔導。但他從不明白地告訴輔導人員他是否感染了愛滋病。我們也無法確知他到底有沒有感染。

這時，崔爾在明尼蘇達州擔任布魯明頓市（Bloomington）當地一家瓦斯公司的經理。安德魯聽說他落單之後，就跑去看他，逗留了七周。和崔爾的朋友大衛・馬德森（David Madson）成了好友。馬德森三十三歲，金髮英俊，是一名很有才華的建築師。安德魯曾在舊金山的同性戀圈子和他碰過面。這一次，三人行居然處得很好。他顯然看上了馬德森，因為後來他稱馬德森為他一生的最愛。但馬德森很快就和兩人疏遠，因為他覺得安德魯好像隱瞞了很多事，他對安德魯也知之甚少，讓他覺得不安（據說安德魯連地址和電話號碼都不告訴他）。假如他沒猜錯，安德魯真的在吸食和販賣毒品的話，他會是一名很危險的人物。

回到南加州之後，安德魯繼續和名流廝混，但讓他痛苦的是，他不再是其中一員了。他在一個派對上遇到瑪丹娜（Madonna），但是瑪丹娜不把他看作一回事。事實上，他也的確不是什麼人物。他不過是個自我中心的自戀狂，假如天王巨星不跟他平起平坐的話，他還是會很生氣的。安德魯活在幻想裡面。在另一個派對上，有人介紹他認識伊莉莎白・赫莉（Elizabeth Hurley），但赫莉同樣不甩他。這讓他感到特別不高興，因為他曾經去試鏡，希望在赫莉男友休葛蘭（Hugh Grant）的新片《九月懷胎》（*Nine Months*）中擔任臨時演員。

這時候，他已經沒辦法再釣上有錢的凱子了。沒有凱子的他無法生活；他的情緒問題也不斷惡化，擔心失去俊俏的外表和魅力。在他的圈子裡，過了二十幾歲，快到三十歲時未必就衰敗腐朽，但肯定是走下坡了。他體重開始增加，卻不再做運動。一九九七年春天，他約有一周的時間在洛杉磯街頭變裝賣淫。

安德魯回到聖地牙哥峰頂區後把車子賣掉，找人合租了一間公寓。他把臥室改裝成影星湯姆・克魯斯（Tom Cruise）的神殿，牆上貼滿了克魯斯的海報。他告訴室友，他要把克魯斯綁起來，讓他「懇求他不斷滿足他」。他還承認自己希望殺掉克魯斯的太太妮可・基嫚（Nicole Kidman），好獨占克魯斯。這是典型的盯梢殺人犯行徑。不僅是一種迷戀，也算是一廂情願，以為只要改變一項事實，就可以和「愛慕對象」長相廝守。本案中意義重大而且使人好奇的是，出現了我們常常看到殺人犯在行刺（包括政治人物和演藝人員）前的盯梢行為。我在下一章再細談這一點，但很明顯，安德魯到了這個階段，已經養成刺客型的人格了。

一九九七年四月，有人私下談起安德魯外表日益糟糕，他看起來肥腫，髮型和衣著也不如以往講究。當時也有傳言說，他可能感染了愛滋病，甚或已經病發。大概在這個時候，他打電話和崔爾大吵一架，因為他懷疑崔爾瞞著他和馬德森有染。結果他們言歸於好。但據說安德魯揚言要殺死崔爾，所以崔爾很擔心。

安德魯搭機去了明尼亞波里斯市。馬德森雖然不情願，還是在四月二十六日去了機場接機，還帶他回到自己住的頂樓公寓。值得注意的是，安德魯刷爆了信用卡買了一張單程機票前往明尼亞波里斯。他和馬德森及其友人外出用餐。第二天晚上，安德魯邀崔爾到馬德森的頂樓公寓碰面。當時，崔爾已經和別人同居了。

崔爾一見到安德魯就吵了起來。但據鄰居說，他們聽到有人大吼大叫。調查人員相信，安德魯走進廚房，從抽屜裡拿出一把拔釘錘，回到客廳就開始攻擊崔爾，把他打到倒地不起才停手。牆上和地上全是崔爾的血跡。事發多天後，警方檢查崔爾的屍體時，發現他的手錶停在晚上九點五十五分。我們不必累積許多謀殺案的經驗，就可以從現場推斷行兇的動機。安德魯猛擊崔爾三十幾下，下手過了火，這種情形往往出現在兇手熟識死者的案件中。

安德魯和馬德森從臥房拿了一塊東方風格的地毯，把崔爾的屍體裹起來，再把屍體藏在公寓裡。後來有人臆測，馬德森是被迫脅從的。但是沒有確切的證據支持。案發時，還有人看到安德魯和馬德森一起去溜狗。馬德森的同事看到他曠職多日，也沒有打電話到公司，就開始擔心了。他們聯絡公寓管理員。管理員會同鄰居進入馬德森的寓所看到了血跡，找到了屍體。此時，安德魯和馬德森可能仍然躲在公寓裡。管理員報警，警方人員抵達現場時，發現了安德魯的健身房背包、崔爾的空槍袋及一個空彈匣。警方人員當時還不知道，馬德森犯了他一生中最大的錯誤。

我常說，假如你不幸成為兇案的被害人，歹徒命令你上車，你千萬不能就範，假如你聽從他的吩咐跟著他到處跑，你的生存機會就會大減。

安德魯和馬德森開了後者的紅色吉普車逃走。五月二日，兩人還出現在明尼蘇達州史塔克市（Stark）的「滿月」餐廳，就在明尼亞波里斯市以北的三十五號州際公路旁邊。據看到他們的人說，兩人之間看不出任何關係緊繃的跡象。事實上，他們還不時在桌上伸出手來牽著對方的手。

吃完午飯後，兩人繼續朝北出發，直至安德魯把車子駛離公路，開進一條通往一座已經廢棄的農莊的小徑。從現場的情形看來，安德魯可能命令馬德森下車，然後朝他背部和腦袋開了幾槍，其中一槍從馬德森眼睛進去。安德魯的行兇方式提供了一項重要的線索：即使從來沒有人看到過安德魯和馬德森在一起，由被害者在近距離遭人朝臉上開槍即顯示，這是由私人恩怨引起的。事發後數小時，有些釣客發現了馬德森的屍體。明尼蘇達州芝加哥郡警長舒韋曼（Rardall Schwegman）檢查屍體時，發現死者手上有自衛傷痕，顯示他死前知道自己即將被殺。

馬德森的家人非常傷心，也感到震驚。他們堅稱，馬德森不可能和崔爾被殺有關。馬德森的雙親相信，馬德森可能回家時剛好碰到事發，然後就遭挾持。馬德森揚言要逃跑而且告發他時，安德魯就殺了他。我們也有一些頗有力的證據證明馬德森在案發後才回到現場。他有一個習慣，就是在晚上十點鐘左右帶他的大麥町到外面跑步。雖然地上滿是血跡和腳印，鄰居卻沒有聽到狗吠聲，現場也沒有染上血跡的狗爪腳印。假如事發時狗不在公寓裡，很可能馬德森也不在。但當警方人員到達馬德森的公寓時，他的大麥町卻在現場。

馬德森被殺有幾個相關因素。最重要的一點是，安德魯要開始算帳了。假如安德魯殺死崔爾是因為崔爾跟別人在一起，下一個就該輪到馬德森。假如安德魯一再得逞，在他可悲的一生中所有不屑和他為伍的人都得死。

舒韋曼警長跑到加州聖地牙哥和當地的警方人員搜查安德魯的住所，看看能否找到任何線索。舒韋曼看到這個湯姆．克魯斯的神殿，於是提醒警方加強保護這位演員。此外，他還發現了很多和性虐待狂有關的色情物品，包括人獸交的錄影帶。

現在安德魯成了家喻戶曉的人物，也被警方通緝。警方監視他的住所，通令全國注意其行蹤，社會大眾也開始警覺另一名連續殺人犯已經出現了。

安德魯的下一站是芝加哥。他經常跑到當地一些同性戀酒吧鬼混，晚上則睡在馬德森的吉普車內，因為他的錢已經差不多花完了。一天晚上，他開車到芝加哥著名的黃金海岸區，最後把車停在一戶人家門前。這戶人家本來是兩幢褐色外牆的房子，後來打通成為一戶，戶主是一名著名的房地產開發商李．米格林（Lee Miglin）以及他結婚三十八年，事業有成，經營一家價值數百萬美元的化妝品公司的妻子瑪麗蓮（Marilyn）。當晚瑪麗蓮在多倫多出差，安德魯竟然闖了進去。當天稍早時，米格林在車庫工作，門戶洞開，很有可能因此開門揖盜了。安德魯可能認為，這家人非常有錢，家中一定有很多現款，打算行搶。但他闖進米格林家中後，就開始發瘋了。他在車庫中用橘色電線把米格林綁起來，再用膠帶把他整個頭包起來，只留一個小孔讓他呼吸。之後，他就用螺絲起子和花剪反覆地刺他，最後用一把線鋸鋸開米格林的喉嚨，看著他鮮血噴湧。安德魯還開著米格林一九九四年份的綠色凌志汽車（Lexus），在車庫裡反覆輾過米格林，再把他的屍體藏在另一輛汽車下。然後，他從冰箱拿了點東西吃，在米格林的床上睡了一夜。隔天，他拿了數千美元、一件皮外套以及一只昂貴的腕錶，便開走了米格林的車。

米格林與他素未謀面，更沒有私人恩怨，何以他下手如此殘忍呢？至今仍然無解。但假如米格林激怒了他，就大有可能了。我猜米格林可能跟這個年輕的廢物說，他不會給他錢，也不會給他車，他最好自己去找個事做。米格林是個強悍的生意人，雖然已經一把年紀，卻不是被嚇大的。但他的反抗只會點出安德魯一生的問題。一個察覺到安德魯的問題的成功商人用這些問題折磨他，他肯定會報復這個人。所以殺害米格林不僅有策略上的必要，也有情緒上的理由。對他來說，米格林已經成為一個嚴父的象徵。

這種雷霆之怒和幾近瘋狂的行徑使我相信，即使安德魯最初只是一名連續殺人犯，在殺了米格林之後，已經變成一個無差別殺人犯了。現場留下的蛛絲馬跡並不一致。某些案件中，我們看到安德魯殺人是為了刺激、操縱、掌控和主宰他人，這是他一生中最欠缺的。有時，他也會在盛怒之下殺人，或在他有所需要時殺人。他並不企圖掩飾罪行，這一點和純粹的連續殺人犯不一樣。

我覺得，安德魯有別於大部分的無差別殺人犯，他還是一個性掠食者，我們可以從他私生活許多方面看得出來。他在殺崔爾之前從未向其他人出手，因為當時他的生活大致還未失控。我曾三番兩次指出，暴力事件會受到當時情境左右。我覺得他和崔爾會面前並未想到要殺他。他使用的兇器只是在現場碰巧找到的東西。但他經過第一次殺人經驗的洗禮後，就好像提高了賭注一樣，殺人的欲望也隨之升高。也許此時他還沒有意識到要進行他的終結策略，但也沒有長遠的打算。成功的連續殺人犯會想盡辦法隱藏線索，他卻沒有這樣做。他已經不是一個身分不詳的人，而是一個已知的在逃嫌犯。他過一天算一天，案子則做一件賺一件。假如他考慮過未來的話，我相信他一定不打算活著走這條瘋狂的路。

在許多層面上，安德魯和無差別殺人犯的特徵相符：他是個殺害白人的白人，是個到處流浪的人，聰明卻一事無成。他不像連續殺人犯，因為連續殺人犯事前都會想像行事的過程，但是沒有證據顯示安德魯在殺害崔爾和馬德森之後有過這樣的情形。無差別殺人犯的憤怒是未經計畫的，也無法預測。所以，不論在米格林案或日後的瘋狂殺人行徑中，他比較會留下線索，也比較會使用真實姓名。對付無差別殺人犯的要點不是找出他的**身分**，而是找出他的**下落和行蹤**。我要補充的一點是，無差別殺人犯比較難直接研究（我反而直接研究過連續殺人犯），因為他們很少鋃鐺入獄。他們往往攤平在法醫放置屍體的石床上。

五月四日周日，瑪麗蓮回到芝加哥後，馬上報警。警方在車庫裡發現了體無完膚的米格林屍體。由於沒有證據顯示強行闖入，警方剛開始還推斷本案係熟人所為。這種案子往往會誤導調查。可以想見，假如安德魯沒有把馬德森的吉普車開到現場，假如他沒有偷走及典當了米格林收藏的金幣（這是很容易追查物主的東西），假如他手法高明一點而不到處留下線索和身分，調查人員根本無法追緝他，更不能推斷這是他瘋狂殺人行徑的一部分。調查人員可能會根據沒有強行闖入跡象和凌虐過度這兩點，判定本案係私人恩怨引起的兇殺案，花上很多時間鑽死胡同。

安德魯殺死米格林之後，就開車東行前往費城，途中還使用米格林的行動電話打給聖地牙哥的一名朋友。但他從收音機聽到警方正循著行動電話發出的信號追捕他，就把行動電話丟到一座橋下。五月九日周五，他出現在芬恩角墳場（Finn's Point Cemetery）管理員的宿舍。芬恩角墳場是紐澤西州潘斯維爾（Pennsville）市郊一個墳場，埋葬的是南北戰爭時代戰死的人。墳場的管理員是四十五歲的威廉・李斯（William Reese）。李斯是電工出身，卻是研究南北戰爭的業餘學者，也曾參加南北戰爭戰況重演的活動。李斯的妻子蕾貝卡是一家小學的圖書館員，兩人育有一個十二歲的兒子，

安德魯很可能用問路等藉口接近李斯。然後他拔出崔爾的手槍，強迫李斯交出他那輛紅色小型貨車的鑰匙，然後近距離朝他頭上開了一槍，有如處決犯人一樣。他留下米格林的車，車內滿是線索，包括彈匣、刺殺米格林的螺絲起子和一本護照，然後他開走李斯的小型貨車。當天稍晚，蕾貝卡來找她先生，沒看到李斯的車子，卻有另一輛車子停在那裡，就馬上打電話報警。警方發現，李斯伏屍在桌上。

這顯示安德魯現在已經走上絕境，也顯示他做案手法每下愈況。同時，這也是他犯下的兇殺案中第一宗完全沒有發洩情緒的殺人案：前三案都是在近距離親自動手連番折磨和攻擊被害人，顯示「憤怒」是重要的動機。但在李斯案中，安德魯並未折磨被害人。我們也可以從被害人研究的角度補充說明：雖然李斯參加過南北戰爭戰役重演，但實際上他是個好人，一生中並未樹敵。他只是在不適當的時候在不適當的地點出現。

此時，安德魯的瘋狂殺人行徑到達了頂點。他變得愈來愈失控，壓力也愈來愈大，這是瘋狂殺人犯的常見現象。在李斯案後，安德魯成了聯邦調查局十大通緝要犯之一，《全美通緝令》節目也多次報導相關資料。現在社會大眾已經開始注意了。這個連續殺人犯不僅報復同性戀者，也已經開始濫殺無辜了。

五月十日，他用過去的化名安德魯・狄斯瓦住進邁阿密海灘附近的諾曼第廣場旅館。這家粉紅色

外牆、房租低廉的旅館和他過去習慣的高級場所不啻有天淵之別。過了一周，他搬進一個比較高級的房間，也是每周交房租，隔周他又搬進再高級一點的客房，按月付租。他在這家旅館逗留初期，有人在旅館附近的一家餐廳從電視台播出的照片中認出了他，於是馬上打一一〇報警，但警方抵達時，他已經跑掉了。夜間，安德魯出入多家酒吧，並經常前往南灘的同性戀者俱樂部。白天則多半留在旅館房間裡看電視，或閱讀性虐待狂的色情刊物，主要吃潛水艇三明治和披薩。

七月七日，安德魯跑到旅館附近一家名叫「現款」的當鋪，質押一個偷自米格林的金幣。他使用護照證明身分，地址則是諾曼第廣場旅館，也蓋了大拇指指印。但當鋪老闆不認得他，只按照法律規定，把交易紀錄交給邁阿密海灘分局。由於這是例行事務，紀錄只送到一名辦事員的桌上。此外，也有人看到安德魯，看到他的人是職業網球選手托甸尼（David Todini），他看到他路過邁阿密海灘的主要道路柯林斯大道，就立刻打電話報警，警方到場時，他已經不知去向了。有人把他冒險公開露臉和他留下的線索解讀為他對警方的嘲笑。事實上，他其實是粗心大意，顯示他已經逐漸崩潰，而且，雖然他已經成了一名眾人皆知的罪犯，卻談不上任何高明之處。

南灘最著名的居民之一是著名的設計家凡賽斯。他在海洋大道買了兩幢破舊的房子，再花上幾百萬美元改建成像王宮一樣的宅第。五十歲的凡賽斯喜歡在南灘消磨時間，這次他和隨行人員在七月十二日抵達當地。安德魯馬上就注意到了。根據警方事後的案情重建，安德魯在凡賽斯抵達後馬上在他的豪宅門外盯梢。凡賽斯的豪宅距離安德魯收藏他那輛小型貨車的車庫只有兩條街。

七月十五日周二早上八點三十分，凡賽斯離家步行前往幾條街外的「新聞咖啡廳」買咖啡和一些雜誌。幾分鐘後，他回到自家門前，掏出鑰匙要打開鐵門。據一名目擊者說，當時有個身穿白襯衫、灰長褲、頭戴黑色鴨舌帽，揹著一個黑色背包的年輕男子趨前朝凡賽斯背後開槍。凡賽斯中槍後倒在台階上，大概就回天乏術了。但是這名刺客還彎下身來朝他頭部補上一槍才逃走。凡賽斯的朋友達米科（Antonio D'Amico）在屋內聽到槍聲後馬上跑出來，兇手轉過身來，對他舉槍，然後朝著附近一個停車的車庫逃逸，很快就不見蹤影了。

警方搜查車庫時，發現了李斯的紅色小型貨車，掛著偷來的車牌。警方在車內找到了染有血污的衣物，達米科馬上就認出是刺客身上穿的，車內還有安德魯的美國護照和更多剪報，一張安德魯的美國銀行支票以及他計畫攻擊的知名人物名單，名單上的瑪丹娜和胡立歐（Julio Iglesias）的家都在凡賽斯的豪宅附近，警方馬上向兩人預警。

槍擊案現場找到的彈殼和馬德森屍體身旁的彈殼吻合。閉路電視拍攝到他曾在一家名叫「扭扭舞」的俱樂部，而「扭扭舞」則是凡賽斯經常光顧的地方。目擊者和鄰近場所人員也認出安德魯過去數周曾經到過，這顯示安德魯一直在跟蹤和盯梢凡賽斯。

像凡賽斯這樣生活多姿多采的知名人物竟然在自家門口遭到槍殺，全美都為之轟動。安德魯一連串的殺人事件及其過去多種裝扮和化身的行徑被聯想在一起，他馬上就成了傳播媒體口中善於偽裝的超級殺手。有人說，他是一隻隨時可以和周圍環境混合在一起的變色龍，連警察都不認得他。他是自從漢尼拔・萊克特以來最天才的罪犯。有人認為安德魯故意留下線索，是要和警方玩躲貓貓，表示他有多聰明。事實上，他曾打電話給一位朋友留言說：「嗨，是我，聯邦調查局永遠都找不到我，我太聰明了。」但這一點卻告訴我，他已經走上窮途末路，開始相信他自己的迷思。不論你做什麼，以為自己天下無敵都是相當危險的。

事實上，安德魯並非大家誤以為的犯罪高手。他遠不如李斯特和畢夏普，甚至連奧黛麗·希利都不如。他是一個走投無路的失敗者，而且來日不多了。他的電話留言只是一廂情願而已。他必定明白，他讓憤怒主宰了他，殺了崔爾後，他再也不可能重新回到往昔的生活方式了。他並不聰明，只是國家的警網太龐大、太沉重了，一時無法及時反應，以致錯失逮捕良機。不但警方錯失了當鋪的線索，他們搜查安德魯的旅館時，也找錯了房間。此外，警方在調查過程中，也犯了一般情形下不會犯的錯誤。調查工作本身並不準確，警方每次接到舉報去抓他時，他剛好都很走運，在警方抵達前幾分鐘開溜了。

我在前文提到，他留下的線索和所謂的躲貓貓無關，只能當作這是一個來日無多的罪犯不小心留下的罪證。我和馬克·歐爾薛克七月二十三日星期三在《華爾街日報》言論版發表的一篇文章中指出，最大的問題是，全國警察單位之多，他們在協調行動之前，連續殺人犯就可能乘隙做案並逃之夭夭了。話雖如此，我們仍預測安德魯即將就捕。因為，到了這個時候，他的行事已經缺乏效率，時間愈久，他就愈不小心，愈走投無路。由於他傾向操縱別人，他不會向警方自首再入獄。他很可能會自殺或設局讓警方因自衛而殺死他。後一種可能比較大，因為當時謠傳，他瘋狂殺人的原因是他發現自己感染了愛滋病，即使他不死於非命，也要面對愛滋病慢慢折磨他而死的命運。目前，驗屍報告仍未公諸於世，只能讓外界多方臆測。

我們的文章見報的下午，七十一歲的費南度·卡雷拉（Fernando Carreira）發現有人闖進他看管的兩層船屋。這船屋停靠在邁阿密海灘印第安溪區一個遊艇碼頭。他還聽到一記槍響。於是他打電話報警。警方把整個地區封鎖起來，突擊小組則包圍了整間船屋。當時電視台也同步轉播。不少專家以及一些舊同事都上脫口秀節目，暢談船屋中人是否為安德魯以及他會不會出來投降等問題。不少人認為安德魯並不在船屋裡，因為特徵並不符合，他們以為他太聰明了，不會把自己困在這種險境中。而且，他們猜想，安德魯已經離開邁阿密地區了，因為全國各地，包括聯邦調查局的老家——華府，都有人說看到過他。我在收看這些節目時，心想這些人可能不久就要收回他們的說法了。

到了下午九點，經過幾小時的監視和等待後，突擊人員向船屋發射催淚瓦斯，再全副武裝衝進去。他們發現安德魯臉孔朝天躺在床上，身上只穿了一條短褲。他四次行兇使用的點四〇口徑手槍，也是他結束自己生命的工具。他往嘴裡開槍，一槍把自己打得面目全非，但他俊俏的臉龐再也沒有什麼用了。證據顯示，他在船屋裡住了大概有一周。就像我預料的，他並未留下遺書。

心理學上，我們很容易將凡賽斯等同為那種年紀大而多金的同性戀者，即過去「包養」安德魯的那種人，殺死凡賽斯，即象徵性地報復所有利用過他的人。但從我對這種犯罪的研究看來，凡賽斯案中最重要的因素是：他代表安德魯無法達成的目標，無法像他那樣有名，也無法靠自己的能力過上凡賽斯那樣的生活。凡賽斯有創意也有成就，完全靠自己的努力和天分，而且他想要過這種生活多久就可以過多久。安德魯只是一個口齒伶俐、樣貌俊俏的空殼子，而且也已經差不多了，距離他所渴求的生活一天比一天遠。靠自己能力只過得起的貧賤生活，讓他想起來都怕。我想，假如凡賽斯滯留在外地久一點的話，走投無路的安德魯可能在住滿名人的南灘找到另一個名人作為人生最後一幕的目標，另一名摩登人物就可能在光天化日之下**成為**代罪羔羊。

我也覺得，米格林是為了凡賽斯之死鋪路，因為米格林也是個苦幹成功的人，他所擁有的一切都是安德魯無法獨力得到的。我們不妨想想一個有老婆和孩子的四十幾歲殺手，苦幹一輩子卻一事無成，於是在沮喪之餘大開殺戒。安德魯則是一個年近三十的殺手，人生還未起步就自知混不下去了。每一行都有個臨界點，到了這點你就會知道自己還有什麼搞頭。對安德魯這類人來說，他們的臨界點就在接近三十歲的時候。

安德魯是個同性戀者，恰巧凡賽斯也是，所以安德魯可以認同凡賽斯，把他視為一個楷模。除此之外，同性戀在本案只是一個偶然因素而已。安德魯反而表現出異性戀罪犯的暴怒和行為。不論其性傾向如何，他最後也淪為一個跟蹤他人、伺機行事的刺客。

就像其他盯梢行兇的罪犯一樣，他們殺害的往往是自己最崇拜的偶像，以求一鳴驚人。這種盯梢型的非政治性刺客執迷於偶像與他們所代表的一切。在一些案件中，就像約翰・藍儂遇刺案中的兇手查普曼（Mark David Chapman），兇手徹頭徹尾的就是想成為他們行刺的那個人。他們做不到的時候，就覺得任何人都不該辦得到。我想，在某種程度上，這就是安德魯和凡賽斯之間唯一的關聯。事實上，凡賽斯根本不認識安德魯，假如安德魯可以的話，他會公開大幹一場以耀武揚威。正如迷戀約翰・藍儂的查普曼，迷戀影星茱蒂・佛斯特的約翰・辛克萊（John Hinckley），安德魯希望自己能永遠和凡賽斯結合在一起，而今他如願以償了。

深入本案時，研究動機和行動成了分析過程中的一環。和其他罪行一樣，本案第一次犯行最為重要。安德魯最初的幾次行兇並未發生在他覺得自在的地方。假設他最自在的圈子是在聖地牙哥市峰頂區，被害者則是在他這個情緒自在的圈子內接近他的人。他們容易接近，容易成為他發作的目標。但他的第一次和第二次行兇卻涉及情感。經過這兩次經驗之後，他曉得自己幹得了這種事，於是他把暴力圈擴大，終於變成一名瘋狂殺人犯。在這裡，我們看到安德魯給我們留下線索的重要性。假如我們以為李斯特案是他第一次行兇，調查工作就會完全走樣。所以說，我們看到一系列狀似無關的案件時，必須查究所謂的第一案是否是犯案歹徒的第一件。

我另外要補充的一點是，安德魯是一個很不小心、在盛怒之下做案的兇手，而非精明的狡猾犯人。我也強烈質疑那些宣稱安德魯在潛意識中想被捕的專家說法。我認為，他的行為、特徵和最後的行動都不能支持此說。假如他還有機會的話，絕對還會出手，他不會停下來的。

對付罪犯要針對其手法及其弱點，對罪犯所知愈詳，能夠採取的行動也愈多。例如，本案中，我覺得執法當局，包括聯邦調查局，可以再主動一點。因為，不論他跑到哪裡，他一定離不開同性戀者的夜生活。證據顯示他待在邁阿密海灘，同性戀者也擔心此人混跡其間。應該要多花些時間在餐廳和夜總會之類的場所散發他的照片和特徵，並設立某種機制，一經舉報，立即反應；按正常程序反應是緩不濟急的。

我們很難阻止大部分連續殺手第一次犯案。假如我們能從本案學到什麼教訓，就是我在《華爾街日報》發表的文章中所提到的一點：我們必須建構一個有組織的全國性執法系統，立即知會各地的執法人員。這系統無法阻止連續殺人犯和無差別殺人犯第一次發作，但起碼可以制止他們進一步的行動，這正是我們責無旁貸之處。

Chapter 07
槍手陰影

一九六六年八月一日上午十一點二十五分左右，天空一片晴朗，熱得讓人透不過氣來的典型德州中部天氣。一名身高一百八十三公分，體重九十公斤，陸戰隊退役的建築工程系學生開著一輛黑色雪佛蘭羚羊型汽車在路上疾馳。他腳上穿了一雙運動鞋，身上穿的是連身有袖藍色尼龍工作服，裡面還穿了一條牛仔褲和一件紅色有褶襯衫。車子開到奧斯汀德州大學旁邊的鐘樓附近。鐘樓高約九十四公尺，表面由石灰岩砌成。他把車子停好，從後座拿出一個茶褐色的軍用木箱，乘運貨電梯到了二十七樓，然後爬樓梯走到圓形的觀景台，觀景台上方就是鐘樓的四個大鐘。當時沒有任何他會自行走下鐘樓的跡象。事實上，他把那天視為他生命中最後的一天。

這名退役陸戰隊隊員名叫查里斯·若瑟·惠特曼（Charles Joseph Whitman），佛羅里達州人。直到當天早上，他還是沒沒無名，除了家人和朋友外，沒什麼人認識他。但是，一個半小時後，十三個懵然不知情的人將死於他的槍下。一個小時後，他就成了舉世聞名的「鐘樓狙擊手」。惠特曼的名字成了起於一時衝動的恐怖事件的同義詞。

事發後前幾個小時裡，死亡人數再增兩人。警方發現他妻子凱瑟琳（Kathleen）和母親瑪嘉麗特（Margaret）的屍體，兩人胸部都連中多刀，分別陳屍家中。不僅如此，他還朝母親後腦開了一槍。惠特曼留在兩具屍體旁邊的字條說自己深愛母親和妻子。他還留了一張用母親身分寫的字條說，今天會很晚起床，請大廈管理員不要打擾她。然後又打電話給他老婆任職的公司說她生病了，不能去上班。

那只軍用木箱裡的軍火數量驚人，還有一份求生訓練口糧。他的武器包括一柄鋸短了的十二公釐口徑獵槍、一柄裝了四倍放大瞄準器的雷明頓手動／自動上膛步槍、一柄手動上膛的雷明頓點三五口徑步槍、一把點三〇口徑的卡賓槍、一把九公釐口徑的魯格爾手槍、一把點三五七口徑的重型手槍、七百多發子彈、三把獵刀、一把彎刀和一把斧頭。他的口糧袋裡有罐裝的義大利肉餃、香腸、肉、水果、水、火柴、汽油、高倍數望遠鏡、咖啡和右旋苯丙胺及愛克斯丁兩種藥物，以及一台收音機供他收聽電台報導。

除了妻子和母親外，惠特曼的被害人都是隨便挑的。他在鐘樓上準備時，就已經動手殺了三人。首先，他碰到鐘樓的接待員愛特納・唐士萊（Edna Townsley）。她招呼惠特曼到觀景台時，惠特曼突然用獵槍的槍柄敲打她的頭部，力量之大，連顱骨也敲裂了，然後他再對準她開槍。惠特曼在掩藏唐士萊的屍體時，一對年輕男女剛好從觀景台下來，看到這名相貌英俊、手持兩把步槍的年輕金髮男子。他們覺得有點奇怪，惠特曼和他們打招呼，他們便走下樓梯去乘電梯。第二天，當地的傳播媒體稱兩人是「奧斯汀最幸運的一對」。

之後碰到惠特曼的人就沒那麼幸運了。十六歲高中生馬丁・蓋博爾（Martin Gabour）和他的十八歲哥哥米克（Mike）當時隨著父母姑媽、姑丈同遊鐘樓。他們在二十七樓出了電梯後，正要登上通往觀景台的樓梯。當時惠特曼已經把唐士萊的桌子搬到樓梯最高一級，想到觀景台的人皆不得其門而入。米克和馬丁推開桌子，然後從窄縫中擠進去。惠特曼注意到他們後，馬上轉過身來朝他們開槍，兩人均中彈，跌跌撞撞地走下樓梯。惠特曼則繼續朝他們一家開火，馬丁和姑媽瑪格麗特（Marguerite）當場死亡，米克和他的母親則身受重傷。這一家是最後一群干擾惠特曼在觀景台布陣的人。觀景台四周高達一點二公尺的胸牆是絕佳的射擊掩體，長方形的排水口則是絕佳的射擊窗口。

之後，他就開始向下面開火，火力範圍涵蓋四條街。地上的人突然看到身邊有人倒臥在血泊中，無助地抬頭看，根本不曉得發生了什麼事。驚惶失措，慌忙躲在任何掩體後面，哪怕是一輛汽車、一根燈柱、一個郵筒，甚至是垃圾桶都好。傷者躺在曬得有如熱鍋的地上，一動也不敢動地裝死，希望槍手不會再注意到他們。奧斯汀警方聞訊趕到已成「殺戮戰場」的德州大學現場，一時也束手無策。惠特曼深諳碉堡和高地的重要，爭取了不少時間繼續屠殺。

警方認定，最好從空中反擊。於是他們徵用了一架小型飛機，駕駛員為飛行教練員兼威廉森郡（Williamson）副警長吉姆．布德威（Jim Boutwell），隨機的狙擊手是奧斯汀分局副隊長馬里昂．李伊（Marion Lee），希望從空中擊倒這名槍手。飛機逼近鐘樓時，強烈的亂流使李伊無法瞄準惠特曼。假如他沒有把握擊中槍手，就不會貿然開槍，避免傷及無辜。惠特曼朝飛機開了兩槍，子彈穿透機身。

李伊無法瞄準惠特曼，卻轉移了惠特曼的注意力，地上的人不但可以趁機逃脫，奧斯汀分局兩名警官得以伺機率領一支突擊隊攻進觀景台上。兩名警官為二十九歲的拉馬洛．馬丁尼茲（Ramiro Martinez），和二十六歲的休士頓．麥蓋伊（Houston McCoy）。兩人一看到惠特曼，手持手槍的馬丁尼茲馬上開火。惠特曼以卡賓槍還擊，但石牆遭槍彈擊中濺開的碎片和灰塵使他視線模糊，無法瞄準。這時尾隨馬丁尼茲而至的麥蓋伊瞄準了惠特曼頭上的白色髮帶，然後扣扳機，正中雙眼和鼻子中間。惠特曼中槍後摔倒在地。馬丁尼茲為萬全計，用麥蓋伊的槍朝惠特曼還在扭動的軀體再開了一槍。

那時已經是下午一點二十四分，從鐘樓第一槍響起已經過了一個半小時。

在一九六六年的美國，惠特曼所犯的罪行仍未夠得上日後人稱的「接踵而至的公憤」，但也夠震驚社會大眾了。不到一個月前，理查・史派克闖進芝加哥一間公寓行竊，竟然殺死了八名護校學生。當時美國好像突然進入了一個隨時隨地會發生恐怖事件的年代，美國已經失去了童真。大家都想知道為什麼，調查是免不了的，答案看似很多，但都不足以解釋這一切。

惠特曼是一個大屠殺兇手，史派克也是，史派克同時也是許多人印象中的第一個。在設法了解惠特曼的罪行與動機時，我們要從所謂「刺客人格」的角度來了解他，更重要的是引發殺機的過程。我在聯邦調查局任職期間發現，這種人格有些頗為一貫的特徵和觸媒。刺客人格型的人往往是自尊有問題，獨來獨往的男性白人。這並不意外，大部分暴力「掠食者」都有同樣的特徵。更具體地說，這些人往往都是功能性的偏執狂，但是不能和精神分裂的偏執狂混為一談；後者有嚴重的精神分裂，往往稱之為人格破裂。我們研究的對象可能會妄想，但無幻覺。他們偏執之處也許可以視為一種有高度組織或有規律的自欺系統。假如你接受讓這個系統看來言之成理的前提；換言之，假如你相信每個人都在找特定對象下手，也能隨時傷害此特定對象（這是一個自欺欺人的前提），就可以導引出一個頗有說服力的結論：就是我們必須先下手為強，制止這個要對付人的敵人，讓他無法動彈。

有時，這個自欺系統是有幾分事實根據，但是，這系統所界定的問題與其解決方案是全無關聯的。例如，我曾和萊內・「尖叫」・佛洛姆（Lynette "Squeaky" Fromme）談過。佛洛姆是曼森家族一員，曾經企圖行刺福特（Gerald Ford）總統。我和她在西維吉尼亞州艾德森市（Alderson）的聯邦監獄交談。佛洛姆告訴我，查爾斯・曼森指出了許多和環境污染與惡化有關的問題，但我覺得她的話很空洞。這些問題和行刺總統有什麼關係呢？當然，她可以說行刺總統是為了「引人注意」，但事實上要引人注意，有很多更有效的辦法。不論想像力有多豐富，都想不通何以行刺總統能夠改善她自稱關注的環境問題。其次，這種行動反映出底層的情緒問題，政治成分只是一種企圖開脫暴力行徑的藉口罷了。

很明顯地，佛洛姆在刺客型人格中是頗不尋常的，因為她是個女人。但在其他方面，她很吻合刺客型人格的特徵。其一是她願意臣服在一個較大的團體之下，追隨一名威權領袖。刺客往往不是領袖，他們受到強悍而富有領袖魅力的人所吸引，以彌補他們本身的情緒缺陷。就像連續殺人犯一樣，刺客多半有一個坎坷的童年。

他們也往往用別的辦法補償。其中就是對槍械的狂熱。最先讓他們見識到槍械和狩獵的往往是他們的父親。長大後，他們對槍枝的狂熱日甚一日，進而開始收集武器和彈藥。槍枝能夠彌補人格的不完整，讓他們在必要時實現操縱、主宰和控制這三重目標。

另外一個顯著的特徵是刺客的表達方式。他們大都會寫日記，記下的並不是每天發生的事情或自己的感覺；他們記下自己遭到白眼或輕視的所有事件，也記下憑空想像出來的陰謀以及解決問題的詳細計畫。由於這些人往往沒有密友或心腹死黨，只有透過這些祕密方式自我溝通。不少案例中，這些人利用日記來驅策自己犯罪。

一九七二年，馬里蘭州羅雷爾市（Laurel），企圖行刺阿拉巴馬州州長兼總統候選人喬治・華萊士（George Wallace）的亞瑟・布雷莫（Arthur Bremer）就有一本很詳盡的日記。一九六八年在洛杉磯行刺參議員羅伯・甘迺迪（Robert Kennedy）的施爾漢・施爾漢（Sirhan Sirhan）也有。布雷莫和華萊士之間全無個人恩怨。事實上，他最初想暗殺的是尼克森總統，想因此獲取光榮，並獲得傳播媒體更廣泛的報導。但總統的安全措施太嚴密，使他無法接近。在他企圖行刺華萊士失敗後，聯邦調查局發現了他的日記，日記上顯示他是一個深刻地覺得自己有缺陷的人，他既無約會，也沒有密友。他在日記中幻想自己搶了威斯康辛州密爾瓦基市一家銀行，逃到一條大橋上與警方對峙，他從橋上一躍而下，還沒墜落水裡，就舉槍自盡——如此驚人之「壯舉」。

惠特曼屬於刺客型人格嗎？讓我們來看看。

表面上，他是個典型的美國男孩，相貌英俊，討人喜歡。他的妻子是個漂亮的金髮女性，有一份教職等著她，可謂前途光明。惠特曼從陸戰隊退伍，馬上就要開啟他在工程方面的專業了。但讓人不安的是他的內心世界。

惠特曼生於一九四一年六月二十四日，家中連他共有三個兒子，他是長子。在他六歲之前，起碼搬過八次家，最後在佛羅里達州華斯湖（Lake Worth）定居。惠特曼高中時就讀西棕櫚灘一家天主教學校，因為母親瑪嘉麗特是一名虔誠的天主教徒，認識她的人都說她高雅大方。惠特曼小時候還一度成為全世界最年輕的鷹級童子軍。他從小鋼琴就彈得很好，對槍卻非常狂熱。父親查理斯（Charles Adolphus Whitman）小時候大部分時間都在喬治亞州一家孤兒院度過，但他發憤向上，以毅力和努力彌補正式教育之不足。但他常常打老婆，有時嚴厲地體罰三個兒子。多年後，查理斯承認自己的脾氣很壞，但他回想自己管教兒子的方式時覺得並無不妥。大屠殺案發後，他接受了《新聞周刊》（*Newsweek*）訪問，表示：「我三個兒子都聽我的話。依我看，打他們屁股根本不需要慚愧，我還覺得打得不夠哩。我應該再多打他們一點。」長大後，惠特曼放棄了上喬治亞州理工學院的計畫，改而投軍，加入陸戰隊，他要讓父親知道，他也很強悍，可以應付任何局面。

從某一角度看來，惠特曼加入陸戰隊有一點得自父親的優勢。查理斯自稱是一個槍械狂，也是一個「很了不起的獵人」。他把經驗傳授給兒子，結果他很快就成為陸戰隊的神槍手兼本領高強的狙擊手。我們可以透過佛洛姆加入曼森家族的行為解釋惠特曼加入陸戰隊的動機，兩人都希望從一個較大、較團結一致的組織得到人生的意義和指引。但惠特曼和陸戰隊的關係也就像其與父親的關係一般艱難。

他在陸戰隊表現優異，贏得了陸戰隊和海軍的獎學金，得以接受大學教育，並晉升軍官。一九六一年九月十五日，他進入德州大學，主修工程。此時一切還算正常，未幾，他就顯露出一些讓人警覺的性格特徵。他常打牌，卻輸錢不還，也經常非法打獵。有一次，一名沙烏地阿拉伯籍學生坐錯了他的位置，他竟然海扁他一頓，而且還曾用槍恐嚇其他駕駛。有一次，他對一名友人說，假如從德州大學鐘樓向下開火，只要守住鐘樓，就可以抵擋一支大軍。連續性掠食者的罪行起於幻想，惠特曼的屠殺行為亦同。

一九六二年八月，大學一年級的暑假，他和愛人凱瑟琳結婚，婚後他的性情一度有所改變，在外人眼中，他們是對金童玉女。

但他卻不斷走下坡，成績退步，陸戰隊取消了獎學金，改派他到北卡勒尊營（Camp Lejeune）服役，凱瑟琳則留在德州完成學業。一九六三年十一月，惠特曼因為多項罪名受到軍法審判，包括恐嚇袍澤及非法藏有武器等。結果他被判九十天勞役，關禁閉三十天，並降級為大頭兵。在這段期間，惠特曼開始寫日記，記下他對陸戰隊的痛恨（陸戰隊是不是已經成了另一個嚴父了呢？），以及只有他對凱瑟琳的愛才不會使他爆炸等。他稱日記為「惠特曼的每日紀錄」。

一九六四年十二月，他從陸戰隊退役，一九六五年重返德州大學。新學期沒有改變他的沉湎和兇狠，他在生活中許多方面亦然，他還服用一種安非他命右旋苯兩胺，可以好幾天不眠不休。

之後，又產生了他生命中另一項觸發犯罪的壓力。一九六六年春天，他的父母親分居，瑪嘉麗特終於受夠了。惠特曼怕父親會殺死母親，於是親自從佛羅里達州開車接她到德州奧斯汀。查理斯馬上打電話來求她回家，還答應以後碰都不敢碰她。但惠特曼不信，好像母親的決定終於讓他解脫了，他可以面對那些可怕的感覺了。他還告訴一位教授，他想做掉父親。德州大學一位診療過他的精神科醫生說，惠特曼渾身散發出敵意。

這並不奇怪，因為在這個混亂的時期，他的成績每下愈況，他很擔心再度遭到退學。更麻煩的是，他已經開始仿效父親的行徑。他和凱瑟琳吵架，至少動手打過她兩次。據說，她有一次對房東說，她不敢把惠特曼的槍拿給別人保管，他很可能會再打她。她偷偷告訴父母，她很害怕他會一時失控把她殺掉。這一點倒反映了惠特曼擔心父親會殺死母親的感覺。

惠特曼在計畫他遺臭萬年的行動時，也寫了一封信。信上說：「我不明白為什麼我要用打字機打這封信。也許我想留下一些模糊的理由說明我的所作所為。」他花了不少篇幅說明他受到的壓力。第二段的開頭則是這樣的：

經過再三考量後，我決定今晚接了凱瑟琳回家後就殺死她。我愛她，她是任何男人都喜歡的好太太。我無法理性地說明我的理由。我不知道這算不算自私，或是我不想讓她尷尬。此時，最主要的理由是我真的不覺得這個世界值得留戀，我打算一死了之，我不希望她獨活受苦。我打算讓她盡量沒有痛楚地死去。

胸部遭刺多刀，我想有很多比較不痛的死法。惠特曼唯一比較體貼的地方是趁她在睡夢中殺她。值得注意的是，他在近距離而且以很個人的方式殺死自己認識的被害人。對於陌生人，他則在遠距離外，用比較超然的態度射殺。但惠特曼其實只是用所謂「最佳的解決辦法」，開脫他的自私和自我中心行徑，有點約翰・李斯特的味道。但兩人最大的分別在於惠特曼知道殺死了母親和妻子之後該如何做。第三段他說明了弒母的理由，和殺妻大同小異。

惠特曼把信留在凱瑟琳的屍體旁邊讓警方發現。

惠特曼不同於一般政治刺客，沒有特定的洩怒目標，這就是為何那麼多人送命的原因。我想他的動機就是要為他自己向他多年來無法趕得上的人做某種公開的宣示。

幾年前在甘迺迪總統遇刺時也險些成為槍下亡魂的德州州長康納利，馬上委派特別委員會深入調查。最後，這個由知名精神病學家和科學家組成的特別委員會的結論是：「本會缺乏對惠特曼精神病理的最新評估，無法作成正式的精神病學診斷。」

有人指出了另一項可能觸發惠特曼大開殺戒的原因。大屠殺隔天，病理學家狄陳納（Coleman de Chenar）在驗屍報告中指出，惠特曼大腦灰白質中心視丘下方有一顆腫瘤。過去三十年來，這顆腦瘤成了眾說紛紜的題目，還扯上反社會暴力行為起源的辯證。相信暴力行為源自生理因素的人據以解釋惠特曼突然抓狂的原因。我覺得這顆腫瘤只是一項偶然的發現，惠特曼殺人事件真正的答案還是在人格類型之中。

本案的各項事實交代了不少案情。惠特曼很仔細地規畫了一生中的最後一天，全無衝動或突發的成分。他一周前就偵查過做案地點，還準備了大批武器，足夠數天至數周使用的食物、水和補給品。他把假冒母親字跡的字條貼在公寓大門上，爭取時間安排一切，還打電話給他太太的老闆請病假。但他和李斯特及畢夏普不同，他無意脫身。他只想完成計畫。

假如因為身體狀況而衝動行兇，那麼惠特曼也該向進入射程內的汽車開槍；可是，他只對人有興趣，當天他還開槍射中了一名距離約四百六十公尺外在過馬路的男子。就像我們處理過的其他暴力犯罪一樣，惠特曼明知後果如何與道德有愧，仍然執意行兇。

一九七九年四月二十七日午後一點左右，約三十萬名觀眾聚集在德州聖安東尼奧市（San Antonio）街頭兩旁，觀看花車遊行。花車遊行是從一八九一年哈里森（Benjamin Harrison）總統訪問聖安東尼奧市開始的傳統。當時聖安東尼奧市民模仿法國人，合力表演一場花戰歡迎哈里森總統，彼此以鮮花互擲。這一次雖因雨掃興，花戰仍然是聖安東尼奧市的年度盛事，同時也向為德州而死的德州人致敬。一九七九年，讓觀眾掃興的事遠比下雨要嚴重。

突然間，聚集在格雷森街和百老匯街交叉口的五千多人紛紛趴下找掩體。原來有一名據說攜帶了大批軍火的槍手從露營車上向人群開火。這輛綠、白兩色的沃倫貝格（Winnebago）露營車原來停在遊行路線起點附近。兩名婦女中槍喪生，約五十人受傷，其中至少有三十人受到槍傷。被害人當中，最先成為槍手目標的是六名在兩條街口站崗的警員，然後就是在場看熱鬧的人。這名槍手和慎選目標的惠特曼不同。一名目擊者說，只要會動的東西都不放過。

這名槍手從露營車向六名警員開火時，還不停喊著：「叛徒！叛徒！叛徒！」一名婦人、她的女兒及其男友當時跑過露營車旁邊，女兒男友肩上還坐著婦人的兒子。槍手一把拉住小孩，想要強拖進露營車裡，但小孩的親人又合力把他拉回來。

槍響大概持續半小時。下午一點四十五分，即原訂遊行開始時間之後的十五分鐘，市警局突擊隊從附近一所房屋屋頂向露營車發射子彈和催淚瓦斯。他們衝進露營車內才發現六十四歲槍手伊拉・艾特伯利（Ira Attebury）死在裡面。艾特伯利用他的點三八口徑手槍從右耳朝腦門開了一槍。突擊隊員還找到了十五件武器，包括一柄雙管獵槍、一把半自動手槍、九把步槍以及四把點三八口徑手槍。

一名警員對記者說：「他的彈藥足夠發動一場戰爭了。」兩名死者分別是二十六歲的艾達・朗格（Ida Long）和四十八歲的愛瑪麗亞・卡斯特洛（Amalia Castillo）。卡斯特洛女士用身體保護六歲大的孫女，結果中彈身亡。她自己兩名八歲和十一歲的兒女也受了傷，後來才康復。

這也是一宗全無意義卻使人震驚的兇殺案。就像惠特曼一樣，艾特伯利是典型的猜疑型刺客人格。根據他的弟弟萊伊（Roy）說，艾特伯利退休前是獨行的卡車司機，這個行業裡的人都不免孤零零一人；他已經多年沒有正常的工作了。萊伊比艾特伯利小十四歲，據他說，艾特伯利生前體重超重，而且有心臟病，可以領取殘障津貼。二次大戰期間，艾特伯利曾在海岸防衛隊服役。萊伊說，艾特伯利也打獵，除此以外並未接受過射擊訓練，家人聽說他藏有那麼多武器時，都吃驚不已。此外，他從未結婚，打了一輩子的光棍。

艾特伯利的兄弟認為他脾氣大而固執，經常吵架，高中輟學後就充當流浪四方的卡車司機。案發前一年，艾特伯利被迫離開一處卡車停車場，原因就是他疑心太重。他自稱警方不斷監視他，鄰居還偷他的東西。他懷疑一名鄰居偷了他的電瓶，也懷疑警方在他的飲用水中下毒。據萊伊說，最近幾年來，他的疑心病一天比一天重。

據艾特伯利的房東說，他是一個安靜、獨來獨往的人，常用現款支付房租，因為他不信任銀行。他還把所有窗口都遮起來，擋住他的房間。他對房東說，遊行結束之後，就會離開一段時間。

正如惠特曼一案，本案也有事前計畫的跡象。遊行前一周，他要求一家輪胎公司讓他把露營車停在接近遊行起點的地方。遊行前一天，他還洗了車子。遊行隊伍開始集合時，注意到那輛車子的人都覺得很奇怪：為什麼一個顯然花了很大工夫才能占到那麼好的觀賞位置的車子，竟然把所有窗簾都放了下來。

艾特伯利在密蘇里州靠近阿肯色州州界的農莊長大。家中共有七男二女。案發十五年前，他在俄亥俄州涉及一宗死亡車禍，兩名闖紅燈女子喪生，他的卡車撞個正著，本人也受困在駕駛座裡，一直都在擔心車子會起火燃燒。後來在一家退伍軍人醫院住院幾個月，健康一直都很差。這宗意外實際上為他的卡車司機生涯畫下句點，但經濟上他仍能自給自足。他有儲蓄、退休俸、殘障津貼以及出租農場的租金等。假如他覺得自己的人生還有意義與方向的話，也許就不會出事。但是到了他無法工作時，疑心病就一天比一天重，心裡除了懷疑就別無其他思慮。一九七五年他給自己買了一個墓碑。

他另一名兄弟霍華德（Howard）說：「自從那次車禍後，一切都變了，他幻想許多不真實的事。」

本案件中有沒有和惠特曼一案裡類似的腫瘤作祟？艾特伯利那次車禍有沒有造成生理方面的轉變？這不過是一種推斷。艾特伯利並非是一個外向而隨和、然後人格驟變的人。即便如此，即使他疑心有人在對付他，我們也沒有證據顯示他不明白是非曲直及其行動後果。

本案又是一名疑心重、獨來獨往的人的典型案例：犯人沒有配偶或朋友，離群索居，卻擁有多枝槍械。他還住在露營車裡，隨時可以看到他的財產。據說：有人敲門，他也不會開門，他只會從窗簾後面查問敲門的人有什麼事。

為什麼艾特伯利會選擇一群與他素昧平生的人洩憤，而非一個特別有名的人下手，進而一舉成名呢？原因可能是他還不夠高明，想不出掩飾自己行徑的「訴求」。也許他充分了解自己的感覺和動機，才覺得無此必要。

這種人即使在獄中，也難以交談。他們不願意正眼看人。他們很不信任別人，特別是像我這種代表聯邦調查局的人，而聯邦調查局很可能就是他們猜疑心理的一環。他很難相處，要他加入同謀，幾乎不可能，因為他不相信任何人。反過來說，也沒有人會信任他，因為他怪怪的。我訪談布雷莫時，一無所獲，因為他懷疑我，老是以為我別有用心。他和所有刺客型殺手一樣，不用正眼看我，我正視他時，他就很不自在。諷刺的是，因為華萊士主張種族分離，因此在布雷莫行刺失敗數年間，竟然成了不少黑人獄友眼中的大英雄。所以儘管他要在監獄中度過餘年，有一段時間他還達到他殷切渴望的地位。

從執法的角度看，問題是我們該如何監視這類型的人物。獨行俠，並不表示一定有刺客型人格。但假如沒有人在一旁觀察，你又怎知他是否會變成危險人物呢？像艾特伯利這類人已經成了現代生活中一項不可逆料的危險。

假如這種人結婚成家或活在一個結構性夠強的社會，我們比較有機會知道，但我們往往也都錯失了這種機會。

詹姆斯・胡伯迪（James Huberry）抱怨共產黨的威脅、蘇聯特務，也埋怨中情局跟蹤他，還有軍方使他找不到工作。他抱怨卡特總統，後來是雷根總統。鄰居想到他的脾氣以及動輒衝突的作風，對他收藏大批槍械然後在家中開槍的行為更為緊張。他家的窗簾永遠不掀起來，門外則有「小心惡犬」及「不得擅闖」的標語。

一九八四年七月十八日周三，四十一歲的胡伯迪身著迷彩野戰長褲，跑到加州聖地牙哥郡最南方的聖伊斯多洛市（San Ysidro）離家約一條街的麥當勞。胡伯迪走進去後，就端起溫徹斯特（Winchester）十二口徑手動上膛獵槍開火。他沒有打中任何人，於是他又拿出一柄九公釐烏茲衝鋒槍掃射，近距離擊中二十二歲女店長納娃・肯恩（Neva Caine）。肯恩中彈後幾分鐘氣絕身亡。除此之外，胡伯迪還拿了一把白朗寧九公釐半自動手槍。這場屠殺進行了約一個鐘頭又十五分鐘，結果殺死了二十一人，另有九人受傷，之後他在警察包圍下開槍自盡，死前警方突擊隊也曾一槍擊中他的胸膛。

調查發現了一些可怕、但耳熟能詳的事實。就像許多刺客，胡伯迪一生坎坷。他於一九四二年十月在俄亥俄州康頓市（Canton）出生，父親艾爾（Earl）是一家軸承鋼珠工廠的驗貨員，但一心務農。胡伯迪七歲時，艾爾實現了他的夢想，在離市區約三十二公里的地方買下了一座農莊，卻繼續在工廠上班。妻子艾素（Icle）拒絕過問任何農莊的事情。她覺得自己前途在傳教，於是離家到西部的印第安人保留區擔任傳教士，把胡伯迪和姊姊露絲（Ruth）留給艾爾。胡伯迪患了小兒麻痺症，兩條腿都要裝鋼架，成為同學取笑的對象。小小的他不明白，到底是哪一門子上帝讓他如此受苦，還奪走了他的媽媽。

胡伯迪長大後孤獨退縮，小兒痲痺症使他走路姿勢奇特，大家一眼就會看到他。但他發現了槍械的威力，第一次覺得自己擁有力量。他對槍械日益入迷，入迷到可以自行製造彈藥。

胡伯迪在俄亥俄州蘋果溪市（Apple Creek）韋恩岱爾（Waynesdale）高中畢業後上了康頓市的美隆大學（Malone College），不久就輟學，改上賓州的一家葬儀學校，希望畢業後回家開設葬儀社。後來，他和在美隆大學認識的愛特納·馬肯蘭（Erna Markland）結婚，而且還任職於康頓市一家葬儀社。但不到兩年就被開除了。他做事做得不差，只是全無應對技巧，搞得喪家和弔唁的人都很不自在。他下一份差事則擔任焊工，躲在防護罩後面工作，不必面對外在世界。

胡伯迪焊工做得不錯，結果在一家公共事業公司上班。他素來沉迷，常常超時工作。他很少談話，但不談則已，一開口即滔滔不絕地談他的陰謀論。他和愛特納在離城十六公里的地方買房子。少數有機會登堂入室的人說，屋內到處都是上膛實彈的槍。

胡伯迪和愛特納生了兩個女兒，一個叫謝麗亞（Zelia），另一個叫卡珊卓（Cassandra）（小名波比）。有時胡伯特會打老婆和女兒出氣。愛特納小心翼翼地過日子，盡量避免讓胡伯迪受到壓力。胡伯迪並不寫日記，卻記下一些詳細的紀錄，稱之為「債」，裡面巨細靡遺地記錄了他認為別人對他或家人的輕視。他常常打電話到警局抱怨鄰居，假如沒有滿意的答覆，他就直接去恐嚇鄰人。

一九八二年，雇用胡伯迪的公共事業公司關門，他在這家公司上班十三年後失業。對於胡伯迪這種人來說，一旦沒了安定的生活（另一例子是愛特納離他而去），就會失去正常的心理防禦。事實上，他還告訴另一名同遭解雇的工人，假如他無法再養家活口，就會自殺，而且還要帶很多人走。第二年八月，胡伯迪發生追撞車禍。此後，他的健康日益惡化，雙手也會抖動，胡伯迪擔心日後不能再以焊工為生了，他考慮過自殺，但愛特納說服了他。他們賣掉房子，偏偏所得很少，讓他們大失所望。這一點只加強了別人陰謀對付他的印象。

他決定搬到墨西哥，只為生活費用較低。同時，他以為只要他搬到一個遙遠的異國，就會賺到很多錢，屆時就可以回來秀給對不起他的人看。於是一家人就搬到提哇納（Tijuana），謝麗亞和卡珊卓在聖伊斯多洛市上美國學校，愛特納則每天開車跨國接送。三個月後，胡伯迪又覺得行不通。他不會講西班牙語，也沒有賺到多少錢。

於是一家又搬回美國，住在聖伊斯多洛市棉花路一幢只有兩個房間的公寓。社區內，只有他們一家人不是西班牙裔。胡伯迪晚上常在露台開槍，不但驚醒了鄰居，也嚇壞了他們。他向一家保全公司求職，但在面試後，這家保全公司經理認為他人格不穩定，履歷表也不真不實，即不予雇用。最後，他終於擔任一幢公寓大廈的夜間警衛。此後就更沉迷於槍械了，而且還透過雜誌社訂購了他生命中最後一天所穿的迷彩野戰長褲。未幾，他的上司也覺得他太不穩定了，於是便開除了他。胡伯迪認為，他多次遭人解雇，都是國防部在搞鬼。

七月十八日周三早上，胡伯迪因為交通違規要上法庭，但法官只有警告他了事。事後他和愛特納在市內的麥當勞餐廳吃午餐，之後去動物園散步。愛特納還記得，胡伯迪在動物園對她說：「社會已經有過機會了。」

兩人回家後，愛特納為兩個女兒弄午飯。胡伯迪則換上他的迷彩野戰長褲和一件茶色短袖襯衫，然後對愛特納說：「我要和妳吻別。」

他和十二歲的謝麗亞講的話就更不祥了，他親了她，然後說：「再見，我不回來了。」當時他手上用藍白兩色毛毯裹著一些狹長物件。警方發現，胡伯迪至少在麥當勞裡面開了兩百五十槍，受害人年紀最小的只有八個月大，最老的則高達七十四歲。

恐怖事件結束後，胡伯迪的父親艾爾認為，他從小以來的健康問題是他突然抓狂的原因。愛特納則控告麥當勞，她丈夫大開殺戒是因為吃了太多麥當勞漢堡和炸雞塊，這些食物含高量的單鈉麩胺酸，這些單鈉麩胺酸和他擔任焊工時體內累積的鉛和鎘發生作用。我個人從未聽說任何焊工突然發神經濫殺無辜的案例。前舊金山警員丹・懷特（Dan White）於一九七八年殺死了市長穆斯康（George Moscone）和長官哈維・米爾克（Harvey Milk），卻無罪開釋，他辯稱吃了太多含大量糖分的垃圾食物，損及個人功能，這是有名的「吃糖論」。諷刺的是，他在一九八五年十月自殺，改正了這項司法上的錯誤，當時是他從獄中獲釋後一年半。

每個人都會有某些理由，但我們往往很難在一幅圖上不偏不倚地找到罪惡據點。這不禁讓我想要再問一次過去反覆提起的問題：**是不是現代人都不必再負責任了？**

假如我們看看本案的被害人，雖說他們都不幸在不適當的時間出現在不適當的場合，但他們卻是很具象徵性的。我們可以理解，代表美國的美國總統在任何時代都是一個很受刺客歡迎的目標，麥當勞、可口可樂、迪士尼樂園、國會山莊（最近一場可怕的兇殺案即發生在國會山莊）也是。更有甚者，麥當勞已經成為美國的象徵和重要地標了。胡伯迪跑進麥當勞，看到家家歡聚用餐，享用美好時光，這正是他既不滿也不信任的。他生活在比以往艱難的環境中，周圍都是他不信任的「他人」，他覺得深受迫害。從某方面來說，他有點像鄧布蘭殺手漢彌頓。胡伯迪得不到他認為他自己應得的東西，就在一個特別為兒童而設的地方，如這家麥當勞裡殺害無辜的兒童。他選了這家麥當勞，因為最靠近他家，是他最徹底偵查過的、也是他覺得最自在的一家。

後來，這家麥當勞結束營業，捐出一百萬美元給兇殺案中倖存的生還者，然後拆掉餐廳，把整塊土地捐給市政府興建公園。

以殺手來說，胡伯迪的年齡可說大了一點。大部分刺客最活躍的時間是他們二十幾歲到三十歲以前，自覺生活沒有前途，要大幹一場以博取知名度與生命的意義。但年紀較大的刺客，如艾特伯利和胡伯迪，他們突然抓狂的原因往往是生活中某些成分突然瓦解。

祕勤人員熟知山姆・若瑟・畢克（Samuel Joseph Byck）此人，他們比較在意畢克會不會行刺美國總統。一九七二年，畢克寫信給尼克森總統，除了投訴一大堆事情以外，還揚言說，假如他的要求沒有回應，他將採取行動。後來他因為未獲當局許可在白宮門口示威，結果兩次遭到公園警察逮捕，事後交由精神科醫生進行評估。一九七三年聖誕前夕，他打扮成聖誕老人回到白宮大門，對著記者說：「我倒要看看他們敢不敢逮捕聖誕老人。」

雖然他也有偏執狂及偏差行為，但只要他的生活仍有一定的結構（有老婆、家庭生活與工作），他就還算正常。但到了一九七四年二月，他的世界開始解體了。失婚、失業之外，還接受抑鬱症治療。四十三歲的他似乎步入了谷底。

畢克和胡伯迪及艾特伯利不同的地方，在於他對槍械並不熟悉，卻還是買了一把點二二口徑手槍，然後在二月二十二日早上開車到巴爾的摩華盛頓機場。他自以為已經會用槍了；還做了一枚土製炸彈，內藏七點五公升的汽油與引爆裝置，放在手提箱內。他到了安全檢查站，把槍對準警衛喬治・

藍斯伯格（George Ramsburg）開了一槍，藍斯伯格應聲身亡。之後，畢克揮舞手槍衝進達美（Delta）航空公司的DC-9型五二三班機，機內已經有八名乘客。他下令空服員開門，然後跑到駕駛艙，命令機長駛離飛機。羅夫頓（Douglas Reese Lofton）解釋說，飛機輪胎還被固定著，一定要地勤人員移開固定物，才能起飛。畢克不甚滿意，於是跑回客艙，拉了一名女子當人質，迫使駕駛員聽話。機長再度解釋無法開動飛機。畢克就朝他開槍，打傷了他和副駕駛瓊斯（Fred Jones），然後又跑回客艙，抓了另一名女性人質。他重複他的命令，羅夫頓和瓊斯解釋說飛機真的開不了，除非有人移開飛機輪子的固定物。畢克再開槍，結果射死瓊斯，羅夫頓則身受重傷。此時，警員特伊亞（Charles Troyer）跑到停機坪，瞄準了駕駛艙裡的畢克，打中他胸膛和腹部。畢克身中兩槍，馬上朝自己的太陽穴開了一槍，立刻死去。

本案有一些滿特別的地方。這不是一宗兇徒在陷入絕望後臨時起意的案子，畢克至少花了半年時間策畫。據收到其生前錄音的專欄作家傑克．安德森（Jack Anderson）說，畢克計畫開飛機到華盛頓，就撞進白宮。事成的話，將會驚天動地。

但是，比較一下他在飛機內的行為，他在駕駛艙和客艙之間來來回回，挾持一名人質後又換過一人，也缺乏明顯的理由。更重要的是，他開槍打傷飛機上唯一會開飛機的人，這樣還能有什麼指望呢？這個人基本上是在眾人眼前崩潰了。

我們可以從另一卷錄音帶深入探討他的心態。這是他當天早上在機場停車場停車時錄下的，他稱之為「潘朵拉的盒子」（譯註：「潘朵拉的盒子」源自希臘神話，意指一切煩惱的根源）。錄音內容顯示，他策畫了整個過程，但最初他只打算在必要時槍殺副駕駛，以脅迫機長聽話。他要等到飛機撞向白宮時才槍殺機長。

這卷錄音帶不但讓我們充分了解案情，也使我們對他個人及其動機有更深入的了解。他覺得自己像是沙灘上億兆顆沙粒中的一顆。他行兇前把車子停在收費昂貴的停車場，而不停在收費較低的長期停車場，也令他懊惱不已。他自知荒謬，因為他明知自己不會付停車費，而且根本不會回去取車，但他對於車子停在那裡仍感到不安。他也說明自己沒帶身分證明文件。

我想這件看來荒唐的事其實是很重要的，事實上他是在說：「這不是一個屬於我的地方，這是有錢人停車的地方。他們把車子停在這裡後就搭機不知飛向何處。我只是沙灘上的一顆沙粒。我是一個無名小卒，我要變成重要人物，只有做件驚天動地的事，讓那些重要的人物都受到影響。」正如麥當勞店一樣，噴射機也是現代生活象徵之一。像畢克這種人會覺得搭飛機是成功人士的旅遊方式。假如他能掌握一架飛機，那他也算得上是成功了。他沒有帶身分證明文件，其實是他下意識地告訴自己，他沒沒無名，是一個沒有身分的人。

最後，他還企圖宣告一項訴求，宣稱這是「我覺得應該替天行道的事」。據他自己的解釋，他有此動機，原因是他覺得別人偷走了他的尊嚴，而且他幾乎目睹了他的國家遭到強暴蹂躪，「我不能置之不理，容忍這種事情發生」。他把自己視為現實生活中的獨行俠。他在信裡說，自己的墓碑想要如下的碑文：「他不滿他所看到的一切，決定採取行動加以改善。」他卻也擔心別人對他「另眼相看」，自稱：「我只希望別人不要把我視為狂人或瘋子。」

這種人格會演變成刺客人格或大屠殺兇手嗎？他會不會動手對付美國總統或著名的搖滾歌手？端賴其情緒發展及其技能和興趣而定。惠特曼有過人的狙擊技能，比較可能根據這方面的能耐營造幻想。艾特伯利沒有惠特曼的槍法，他的計畫一定要完全投入才能大肆作孽。像畢克這種人，假如他能夠想出如何接近美國總統加以行刺，就不會弄個複雜的劫機計畫。

但我要強調的一點是，不論具體細節如何，不論罪犯所謂的訴求為何，暴力行為是刺客內心深處自覺有嚴重缺失而引起的後果。這種案子背後有所謂崇高博愛理想的例子根本太少了。

也許由殺手自覺的不健全而引起的行刺（或謀刺）事件中，最典型的例子是馬克・查普曼行刺約翰・藍儂和約翰・辛克萊行刺雷根總統。

查普曼把約翰・藍儂奉為偶像，想盡辦法要模仿這位前披頭四歌手，約翰・藍儂娶了小野洋子，於是查普曼也找了個亞裔女友。娶了個比他大四歲的日裔女子。查普曼希望成為約翰・藍儂，最後他終於明白這是不可能的事，他自覺的不當性格（譯按：inadequacy，見張春興《張氏心理學辭典》，本書他處為求通順，譯作不足或不健全者）已經無法承受了。在夏威夷工作時，他已經自殺過一次，還被送到醫院救治。他告訴太太葛羅莉亞（Gloria）說打算刺殺約翰・藍儂，但她並未當真。一九八〇年十二月八日，查普曼在紐約曼哈頓達科塔大廈約翰・藍儂住家外槍殺藍儂，當時他已經失去了楷模，大可舉槍自盡。祕勤組探員肯恩・貝克（Ken Baker）在獄中和他訪談時，他說，藍儂一死，他的問題就解決了。他扣下扳機，藍儂倒下後，他不再藉藉無名，他的名字將與他的偶像永不分離了。

有趣的是，假如查普曼去紐約刺殺藍儂未果，他還有一套備用計畫：去自由女神前面自殺。他在獄中說：「從來沒有人在那裡自殺過。我要去那裡做一件轟動的事。」在這個案子裡，我們有一位具高度象徵意義的偶像，也聽到「轟動」一詞，而轟動就是這些慘案最後一幕的核心所在。

葛羅莉亞也提供了一項有趣的觀察，她發現查普曼在赴紐約前出奇的安靜。這點和其他刺客的情緒特徵相符，他們一旦決定如何採取行動後，壓力和衝突會暫時消失。

但事實上查普曼並非如此，他在達科塔大廈門外等了幾小時，終於碰到藍儂。藍儂很親切大方，還在唱片上簽名留念。當時查普曼覺得也許這樣已經足夠了。他有了藍儂的親筆簽名，也許他該回家了。但是此行的任務還是很重要。於是，他又等了幾小時，等藍儂錄音後回家下車時，他趨前對著藍儂連開五槍。他事後回憶說，當時他心裡只想到，手槍運作正常，非常滿意。

查普曼和意圖行刺雷根總統的辛克萊都是病態的白人，生活上都是失意人，同樣都只有二十幾歲，但是他們同樣沉迷於沙林傑的小說《麥田捕手》（*The Catcher in the Rye*），小說的主人翁同樣幻想破滅。事實上，辛克萊是在知道查普曼這個人之後才去看《麥田捕手》的。對辛克萊而言，查普曼已經成為一個模範，好像《麥田捕手》的主角霍爾頓・考爾菲德把他們的行為合理化了，並且賦予人格一樣，使其生活有具體的內容和意義。一九八一年三月三十日，雷根總統發表演說後從希爾頓飯店出來準備上車時，辛克萊就動手行刺，即使在當時，他的罪行也沒有任何政治成分。我們都知道，他只是想讓他的偶像影星茱蒂・佛斯特對他另眼相看。當時茱蒂是個富有又美麗的著名演員，與辛克萊這種一事無成的無名之輩毫無關係。事後回想，她在耶魯大學接聽辛克萊的電話可能是個錯誤。她為了表示親切，無意中竟鼓勵了他的幻想，她對他說，假如他按部就班、循序漸進，她也不是可望而不可即的。他想，假如他幹下一樁轟轟烈烈的大事，茱蒂就會是他的人了。

事實顯然並非如此。茱蒂繼續從影還擔綱導演，事業如日中天，還兩度贏得奧斯卡金像獎。電影《沉默的羔羊》拍攝過程中，我有幸充當顧問，向她說明我們的作業流程。辛克萊則得在華府聖伊麗莎白精神病院苦候二十年來冷卻他的情緒，原因是法庭以精神失常為由裁定他謀殺雷根總統、雷根的新聞祕書布萊迪（Jim Brady）和其他人的罪名不成立。但在另一層面，他的計畫成功了；雖然他永遠無法得到心儀的女孩，卻不再是無名小卒了。就像查普曼一樣，他的名字此後就和他的偶像分不開了。

這些殺人犯並非個個一事無成。假如約瑟夫・保羅・富蘭克林真喜歡搶銀行的話，他大可繼續行搶多年，且生活得很愜意，但就像其他殺手一樣，他另有所圖。

富蘭克林在美國各地都曾以刺客手法行兇殺人，主要的地點是在美國南部和中西部，但他的足跡西至猶他州，東北則遠及賓州。他的行兇對象多半是黑人，他坦承自己近乎病態地痛恨黑人。一九七七年八月，他在威斯康辛州麥迪遜市（Madison）殺害了一對異族通婚的夫婦；兩個月後，又在密蘇里州里奇蒙山殺了一名剛要離開教堂的猶太男子，死者的兩名女兒目擊整個經過，嚇得目瞪口呆。一九七八年七月，一對異族通婚的夫婦離開田納西州查頓奴格市一家必勝客餐廳時慘遭毒手。一九七九年八月，他殺了維吉尼亞州瀑布教堂市（Chattanooga）一家漢堡王餐廳的黑人經理。一九八〇年一月，他又在印第安納波里斯市（Falls Church）一家肯德基炸雞餐廳裡面槍殺一名排隊購物的黑人。兩天後，同一個城市某個市場內，又有一名黑人枉死，四月，他又槍傷了一對異族通婚夫婦。五月，他在威斯康辛州讓一名女子搭便車，然後在州立公園裡宰了她。六月，他在俄亥俄州辛辛那提市殺了兩名路過黑人青年。八月，他在猶他州鹽湖城殺了兩名陪伴一名白人女人慢跑的黑人。同年某月，他在西維吉尼亞的路易士堡市（Lewisburg）殺了兩名想搭便車的白人女人。這些只是他認罪或被判罪名成立中的犖犖大者，他本人也不確定自己到底殺了多少人。他和一般近距離行兇的連續殺人犯不同，他和被害人之間完全沒有感情糾葛。

但富蘭克林最臭名遠傳的兩宗罪案卻是殺人未遂，被害人倖存的案子。其一發生在一九七八年三月六日，當時他在喬治亞州勞倫斯維爾（Lawrenceville）槍擊色情雜誌《好色客》（*Hustler*）發行人賴利・費林（Larry Flynt），害得費林下半身癱瘓，且日後經常感到痛楚。但在一九九七年他接受《畫廊》（*Gallery*）雜誌（另一本色情雜誌）訪問時，卻表示後悔槍擊費林。一九八○年五月二十九日，他在印第安那州韋恩堡市（Fort Wayne）槍傷民權領袖兼城市聯盟主席維隆・喬丹（Vernon Jordan）。在這幾宗案件中，他都花了近一年的時間跟蹤被害人。他在槍傷喬丹之前，本來要對付前喬治亞州議員兼民權運動活躍分子胡立安・龐德（Julian Bond），但是龐德一家人很久都沒有回家，害他撲了空。在這裡打個岔，富蘭克林在辛辛那提殺害兩名黑人青年的動機是：他不滿傳播媒體不認為他槍傷喬丹是基於種族主義的動機。

本書完稿時，富蘭克林收押於密蘇里州礦物角（Mineral Point）普托斯管訓中心（Potosi Correctional Center）的死囚牢中。他忿懟不平的是，他在死囚牢中竟然不如其他連續殺手和刺客知名，他還覺得他們的成就遠不如他哩。

富蘭克林一九五○年生於阿拉巴馬州莫比爾市（Mobile），本名小詹姆士・克萊頓・沃漢（James Clayton Vaughan Jr.），自稱兒時受到酒鬼父親虐待，也痛恨管教他過於嚴厲的母親。他在校成績很差，大家都認為他是搗蛋鬼，結果高中未畢業就輟學。當時他只有十幾歲，為了擺脫父母的掌握，遂改名約瑟夫・保羅・富蘭克林。「約瑟夫・保羅」是為了紀念納粹德國宣傳部長保羅・約瑟夫・戈培爾（Paul Joseph Goebbels），「富蘭克林」則是為了紀念班傑明・富蘭克林。這個人是不是有點糊塗或內心有些衝突呢？我覺得這可能性很大。

他在衣服上配戴納粹黨徽並加入了一些白人優越主義組織，如白人國社黨和三K黨。但即使在組織裡，他也是獨來獨往，他覺得其他同志都不是玩真的。他隨時可以為組織行動，他們卻只會空談。他也擔心聯邦調查局已經滲透了這兩個組織。

此後，他開始用炸彈攻擊猶太會堂和猶太人。但他真正的拿手好戲是放冷槍。這一點很重要，因為他一度受傷，結果一隻眼睛失明。他槍法神準，其實就是要補償這道傷害。事實上，假如我們細看他的背景（他練就好槍法、化名以及參加仇恨組織），都會發現他要彌補自身的缺陷。自覺不足的人要讓自己覺得有分量，就得欺負更卑微的人。假如個人優點不足以服人，這種人就會憑種族和信仰去貶低別人，黑人和猶太人就經常成為這種人的目標。這一點符合我的分析。富蘭克林看到《好色客》雜誌裡有一幅各種族裔的人混在一起拍的巨幅照片，就動了修理發行人費林之念，以保持他的種族尊榮。

他的想法是，假如他黑人殺得夠多的話，其他白人就會跟進加入戰局。據他自己說，這正是曼森「亂七八糟」論。富蘭克林結過兩次婚，兩次都只維持了一年左右。據說，他也凌虐這兩任妻子。

富蘭克林在行兇殺人時，全靠搶銀行和便利商店為生。搶劫雖然要動腦筋計畫，但他願意投注精力。

十月二十八日，他在佛羅里達州雷克藍市一個血庫出現，他要賣血漿換錢。血庫的護士認出了他。富蘭克林曾恐嚇卡特總統，而卡特總統馬上就要到雷克藍布訪問，因此調查人員曾在該地到處張貼他的照片。護士打電話密報聯邦調查局，探員循線逮捕，偵訊時問他要不要一點吃的或喝的，他說想吃漢堡，但是只吃不是「黑鬼」做的，也沒有「黑鬼」碰過的漢堡。他什麼都不承認，隔天卻在法警辦公室吹牛，幾乎全盤托出各項罪行。

十一月初，聯邦調查局將他移送鹽湖城起訴。我們想，假如用私人飛機把他送回鹽湖城，那麼將很有機會在途中偵訊他。我們也知道他不喜歡搭飛機，因此，飛行途中的壓力就會相對提高，會向旅伴尋求安慰。我們派了一名資深而且很有權威架式的探員偵訊他，但是先按兵不動，還身穿聯邦調查局的全套制服（漿得發硬的白襯衫、黑西裝，總之全副行頭），讓他滔滔不絕的講話。我想，假如我們能夠觸動他的自我，讓他建立「歷史地位」，策略就會奏效。探員勞勃．達維亞（Robert H. Dwyer）穿得非常體面，一身全套三件式西裝，膝上還堆了一大堆富蘭克林各案與相關的資料。富蘭克林開始找話講，還拜託達維亞讓他看看這些資料，達維亞答應了。然後，富蘭克林還想再講下去，達維亞就說，他要打開錄音機了，而且他還把他的權利念給他聽。富蘭克林全答應了。

在飛機飛行時，富蘭克林長篇大論地告訴達維亞他的各種技能和化裝，甚至還告訴他罪案發生時他身在何處。達維亞覺得很驚奇的是，佛蘭克林對黑人的深惡痛絕幾乎無法自拔。佛蘭克林跟他說，他痛恨密西西比州，因為那是一個「厚愛黑人」的州，他不開凱迪拉克或林肯這兩型汽車，因為那是「黑鬼開的」。接著他又大談猶太人企圖控制美蘇兩國政治的陰謀。他唯一沒有反應的是槍擊喬丹案。我們猜想，避談的原因是他沒有「成功」，只傷了喬丹，有損歷史地位。

我們覺得假如在偵訊中向他施加足夠的壓力，我們在他著陸後二十四小時內將收穫更大。所以，當飛機飛越在空中很容易辨認的猶他州監獄時，達維亞告訴他這是蓋瑞．基爾摩遭槍決的地點。他還告訴富蘭克林，行刑後剖驗基爾摩屍體，發現四顆子彈把他的心臟打碎了。他還說，假如富蘭克林被控各項罪名成立判處死刑的話，這裡就是行刑的地方。結果不到二十四小時，富蘭克林就向鹽湖城監獄一些獄囚和盤托出他的犯罪經過。他絕不是一個聰明或心思深沉的人，一心希望得到讚賞，要人嘆服。他全無悔意，一切只是照實講。

他經常開車到處跑，找目標，像打獵一樣。他也告訴我們，一旦他決定了目標，就會花盡心思計畫，甚至連穿什麼衣服都會事先考慮，才能混跡在人群中。他會在做案前晚把傢伙收起來，上面的序號他也會預先磨掉。他知道下手之後，武器必須盡快拋棄。每樣東西都會戴上手套擦拭乾淨。有時他會偷一輛自行車從案發現場騎到停車的地方，目擊證人就不能指證出他的汽車。同時，他也會監聽警方的通訊頻道。

我想唯一可以觸動他情緒的話題只有他女兒。我們提起她的名字時，他對他前妻限制女兒和他聯絡一事，不禁有點淒然。我們帶了一台照相機去看他，他要求我們給他拍照，再寄給他女兒。我們同意了。他馬上擺出幾個威武的功夫架式讓我們拍，而且還一臉認真。

富蘭克林和布雷莫一樣，從不認為自己會在行兇時被捕。但他仍四處找目標滿足自己，發洩他的憤怒，及為自己揚名立萬。但他無法揚名，於是頓覺沮喪。

這種人也不是沒有前例。美國歷史上第一個刺客約翰・韋克斯・布斯（John Wilkes Booth）在行刺林肯總統之後不斷寫日記。他在日記中說，自己沒有因此成為眾人心目中的大英雄，讓他深感震驚。我猜想，最讓富蘭克林開心的事是眾人的掌聲，即使要上電椅才辦得到，他也甘心。另外一件讓我不斷猜想的事是，不管布斯在政治上對林肯的看法如何，假如他像他當演員的哥哥艾德文（Edwin）那麼有成就，他還會計畫並行刺林肯嗎？

在我們對刺客做了那麼多觀察之後，我們能否就另一件行刺案說些有意義的話呢？這件行刺案從發生的一剎那一直到現在，都還在美國人的腦海中徘徊不去。那就是一九六三年十一月二十二日下午美國總統約翰・甘迺迪在德州達拉斯遇刺喪生事件。我知道，假如我告訴讀者，雖然本案的調查過程有嚴重的缺失，但我的分析認為，在行為科學和法醫學兩方面都顯示奧斯華（Lee Harvey Oswald）是唯一的兇手，一定會有很多人感到不滿和失望。證據告訴我們，奧斯華的確符合我們推斷出來的刺客特徵，他屬於典型的刺客型人格，他心中充滿猜疑，無論想加入什麼團體，都格格不入。

至於所謂**政府**陰謀論，則更貽笑大方。因為即使奧斯華盲從，也絕不會有人讓他參加陰謀，因為沒有人會信任他。假如你擔任特務，也絕對不會培養此人。他太不可靠、太無法預測，行徑也太怪誕了。他不但個人問題多，也不夠聰明。雖然他曾在陸戰隊受訓，槍法還可以。但是在許多方面，奧斯華的確走邪運，其中之一是甘迺迪總統下令敞篷車上不套透明的保護罩。另外一點是甘迺迪總統背痛，穿了一件緊身背心，假如沒有這件緊身背心支撐的話，第一發子彈就會把他打得向前傾，而偏離火線。

有些事件是很多偶然釀成的。一九一四年六月二十八日，在塞爾維亞首都塞拉耶佛刺殺奧國斐迪南大公（Francis Ferdinand）及太子妃蘇菲（Sophie）的刺客格維洛・浦林斯普（Gavrilo Princip），只是個十九歲的塞爾維亞青年，卻因此害歐洲陷入第一次世界大戰的戰火中。在浦林斯普之前，當天曾有其他六名刺客為種種原因謀刺斐迪南未果。後來斐迪南改變參訪路線，浦林斯普覺得無法接近斐迪南，打算放棄行刺，就跑到當地一家酒吧喝酒，赫然發現斐迪南的馬車朝他而來，原來大公突然決定要去參觀一家醫院。浦林斯普便爬進馬車，就此改寫了歷史。

雖然我無意在短短的討論中說服任何人，我仍相信奧斯華只是個不斷換工作、不斷加入和退出各種團體以及不斷尋找訴求的多疑殺手，他只希望找到可資寄託信仰和人生意義的東西。不幸的是，他跑到德州教科書倉庫六樓的窗台，將來福槍對準拐了一個彎到了達利廣場（Dealey Plaza）他前面下方的車隊時，恰巧趕上歷史了。過了幾天，另一個多疑的失敗者傑克・魯比（Jack Ruby，譯註：即刺殺奧斯華之人）也想，只要搞一次大膽的行動，就可以留名千古了。

Chapter 08

炸彈犯罪

要理解一位藝術家，就要先研究他的作品。

在我的職涯中，這句話我反覆說過很多次。直到現在，我都是用這個隱喻解釋這份工作的事前準備，意思是我們得分析罪犯犯案前、犯案期間以及犯案後的行為來理解案情。現在我們要走進炸彈客的世界了，這句話比隱喻更直截了當。

一個人殺死全家人的方式能讓我們窺探他的心理構造，同樣，炸彈的製作方式（是不是精心設計的、是否花了很多時間、是不是粗心大意，連指紋也留在上面），以及安置方式，對研判炸彈客的身分，都有關鍵作用。

我們現在要談的是下述這起案件：

一九八九年，我的單位應邀參與調查美國南方各州一系列的郵件炸彈案，共有兩人遭炸死，一人重傷。儘管在此之前，已有兩枚炸彈被人發現並於爆炸前拆除，但仍造成傷亡。我們的任務就是剖繪身分不詳的炸彈客。

第一宗炸彈案發生在一九八九年十二月十六日周六下午兩點左右。當時美國巡迴上訴法院五十八歲的法官勞勃・范斯（Robert S. Vance）在阿拉巴馬州伯明罕市附近家中的廚房拆郵件。當時范斯的太太海倫（Helen）（兩人結婚已經二十七年了）就在旁邊，她包聖誕禮物包累了，停下來休息一會。他們當天收到一份包裹，上面的寄件人是范斯認識的另一名法官。范斯動手拆包裹時還跟海倫說，裡面很可能是一些關於馬匹的雜誌。他和寄包裹的法官同樣都對馬很有興趣。

但這包裹裡面裝的並非雜誌。當時海倫距離范斯約一點二公尺，但包裹的爆炸威力驚人，把她也震倒在地，身受重傷。炸彈內還藏有釘子，穿透了海倫的肝臟和肺部。海倫在醫院住了兩個月才康復。但范斯在救援人員趕到現場前，就已經氣絕身亡了。不出幾小時，所有美國法警都接到通知，要他們警告所有相關司法系統人員嚴防可疑包裹，並須於收到可疑包裹之際馬上報案。范斯從未遭人恐嚇，行事也不具爭議性，不太可能成為這種惡毒攻擊的目標。所以，即便本案只是一次個別的偶發事件，我們仍然假定還會有更多爆炸案相繼出現。

到了周一，亞特蘭大第十一巡迴上訴法院（即范斯任職的法院）的一名安全人員用X光檢查郵件時，赫然發現另一枚炸彈。有關當局馬上採取了一項很有勇氣的行動，把所有人員撤至安全地點，將可疑包裹移離市中心，再加以拆除，結果完全沒有人受傷。我說他們很有勇氣，因為他們不在亞特蘭大警方的炸彈試爆場引爆這枚炸彈。聯邦調查局、警察局和菸酒槍炮與爆裂物管理局（ATF）的技術人員花了很大工夫，冒著生命危險拆開這枚炸彈，以保留物證。炸彈碎片固然可以提供很多資料，但假如「藝術品」完好無損，得到的資料會更多。

當天下午接近傍晚時，綽號勞比的沙凡納市（Savannah）黑人律師兼市議員勞勃・羅賓森（Robert Robinson）在辦公室拆閱郵件。其中一個包裹以褐色包裝紙包裝，地址很整齊地打在一張紅白兩色的貼紙上，郵票則是美國國旗飄揚在加州優勝美地國家公園的照片，這個包裹外表看起來和他收到的另外兩個包裹沒有多大分別，只是，這個包裹內藏一具足以使人致命的裝置。

爆炸發生後，四十一歲的羅賓森跪倒在炸毀了的櫻桃木桌子前。周圍牆上嵌滿炸彈射向四方的釘子與他的血肉。

診所就在附近的眼科醫師艾默森．布朗（Emerson Brown）聽到爆炸聲後馬上趕來幫忙。布朗醫生是後備軍官，曾接受戰地傷患護理訓練，但他也應付不了這種場面。羅賓森右前臂被炸斷，血如泉湧，左掌幾乎與手臂分離。右胸炸破了一個洞，大腿內側也好像被炸彈碎片穿透一樣。牆上還有些碎片是羅賓森的骨頭和頭髮。最終他在爆炸發生後約三個半小時，即晚上八點半左右，宣告不治。

同一天，有人卻因為一些經常發生的瑣事煩心，沒有拆閱郵件，反而幸免於難。全美有色人種權益促進會（National Association for the Advancement of Colored People，簡稱ＮＡＡＣＰ）傑克遜維爾市分會收到一個包裹。假如不是她命不該絕，六十四歲的分會長薇拉．丹尼斯（Willye Dennis）就會打開包裹了。當天一場記者會後，她的汽車拋錨，又找不到拖吊車，無法回到分會。第二天，有一位密友（同時也是促進會會員）打電話警告她。她也在電視新聞上看到爆炸案的消息。於是丹尼斯打電話報警。

警方的技術人員約翰．薛丹（John Sheddan）馬上聯絡亞特蘭大的反恐怖行動小組，請他們描述一下前兩枚炸彈的形狀。他判斷丹尼斯收到的是一個真的炸彈。於是他小心翼翼地拆除了這枚炸彈。這枚炸彈不只和另外幾枚炸彈的外形相符，炸彈裡的裝置也留下了製作人的「簽名特徵」（獨特手法）痕跡。這些炸彈都是管狀炸彈，但卻和一般管狀炸彈略有不同。其一是這名嫌犯花了很大工夫用橡皮筋把釘子綁在炸藥管上，確保炸彈碎片能發揮最大的殺傷力。這名嫌犯還花了很多心思把爆炸威力調得恰到好處。傳統的管狀炸彈基本上就是在一根或幾根管子裡塞滿炸藥，管子兩端用在市面上買得到的有螺旋紋的蓋子封好，再焊接金屬片加固。此外，金屬片上還會打洞，穿過金屬棍加以固定。這些設計強化了炸彈的結構，把爆炸的時間拖慢了千分之幾秒，增加爆炸威力，殺傷力更大。但這種設計也使製造炸彈的人風險更大。稍有不慎，就會在製造時引爆，自己也可能會被炸死。

所謂「簽名特徵」是指一些對於完成犯罪案件並非必要、卻可以讓嫌犯情緒滿足的手法。本案中的「簽名特徵」就是嫌犯小心翼翼地捆好釘子、金屬棒上纏線以及管子兩端焊接的金屬片等。未經這些獨特手法加工的炸彈本來的殺傷力就已經很可觀了，但製造炸彈的人還要再提高其威力。這一點告訴我們，他心裡的憤怒、不滿和仇恨究竟到了什麼程度。他不僅要傷人還要殺人，或者至少把人炸得很痛苦，終生殘廢。

我提到的這些炸彈是**大部分**聯邦調查局、菸酒槍炮與爆裂物管理局和其他相關部門的調查人員都沒看過的。其製作方式非常獨特而不尋常，勾起當地的調查人員多年前的印象。菸酒槍炮與爆裂物管理局一名炸彈專家不假思索就畫出一張草圖來，和現在這些炸彈竟然那麼相似，其他調查人員還以為這是最近爆炸的多枚炸彈其中之一。

一九七二年，海柔．穆迪（Hazel Moody）在家中拆開包裹時竟慘遭炸傷。包裹上的地址是一名替她和她丈夫改裝MG跑車的汽車商。車款已經差不多付清了。海柔以為包裹內是她先生在製作的飛機模型的零件，其實裡面是一具炸彈，爆炸時，使海柔的頭髮燒了起來，臉部、頸部和左臂分別遭到一級或二級灼傷，左眼嚴重受損，右掌被炸至稀爛。醫生花了很多時間和工夫才把她眼睛裡的火藥清除乾淨。海柔的丈夫小華爾特．雷萊伊．穆迪（Walter Leroy Moody Jr.）最後被判罪名成立，判處五年徒刑。本案宣判後過了十幾年，小名萊伊的穆迪仍在上訴。他最後一次打官司是一九八九年六月，法院的裁決仍然對他不利，這法院就是第十一巡迴上訴法院。

一九八九年，喬治亞州很多都相信這名到處寄炸彈郵包的「未知嫌犯」一定是穆迪，或在獄中向他學習製作炸彈技術的人。但後者的可能性不高，製作這種炸彈需要高度技巧、很高明的工藝以及懂得設計炸彈的化學和工程原理，這不是任何泛泛之輩所能掌握的。

大約同一時間，全美從賓州費城、明尼蘇達州聖保羅市，到阿肯色州小岩城乃至於亞特蘭大的電視台都收到一封怪信。這封信還有個題目，稱為「宣戰書」（這封信寄出的時間會不會是一個巧合？），像是在跟第十一巡迴上訴法院挑戰，至於美國社會大眾，則被發信人視為替罪羔羊。這封信譴責司法不公，說「法院因等級偏見並誤以為苦主無法報復而未能做出公正裁決」。發信人顯然已經準備就緒，隨時可以動手報復，揚言要在人口集中的地方發動毒氣攻擊，「讓廣泛的恐懼迫使法院把對所有人一律公平看待視為第一優先要務」。

幸而當時並未發生毒氣攻擊事件。華盛頓特區各調查部門的領導階層看過被害人的身分後，決定把調查重點放在三K黨等白人優越主義的仇恨組織上。前後共有兩個NAACP的分會受到影響，其他被害人包括一名曾裁決一些民權案的法官（雖然這些民權案的爭議性不高），以及一名曾為NAACP出力的黑人律師。有些人覺得，我們追查的是一名或多名和黑人有過節的歹徒。

調查轟動社會的案件時，特別是涉及不同執法部門管轄權時，部門間的計畫往往相互牴觸，使得事情變得日益複雜，本案的調查工作也不例外。炸彈客還發表了一些文告，自稱是一個名叫「爭取廉能聯邦司法系統美國人」的團體的一員，這個團體反對現行的美國法院制度及黑人民權領袖。此人警告黑人民權領袖說：「假如要活命就要採取措施防止黑人強暴白人女人。」寄給一名女主播的信還隱隱然有點種族歧視的味道，提到一宗引起爭議的強暴案，被害人是一名白人女人，遭到一群黑人輪暴。信中要求這位主播播出信件中前述團體的抱怨，否則她有可能「遇刺」。

許多調查人員不覺得這些情節足以證明嫌犯是仇恨團體，原因有幾點。首先，強暴案中的黑人嫌犯在NAACP爆炸案發生後才被指認和逮捕。同時，就像大部分的勒索案，警告信函中自稱「我們」的地方時，應該視之為「我」。一般而言，這些罪犯的小學老師多半不會在他們的成績單上寫下他們「很能和別人相處」等評語，他們多半獨來獨往。假如一群心中充滿仇恨、喋喋不休的失意人聚在一起，往往只會發發牢騷，而不會付諸實行。鑽研三K黨等團體的專家都認為，這些團體談不上高度組織，也缺乏如此高明的技術。再者，假如他們真有能力犯下這種罪行，他們絕不會保持安靜。本案中，沒有人表示自己知道內情，吹噓自己如何如何了不起。所以，嫌犯反而比較可能是一名懷恨法院系統的孤獨客，只是以種族歧視作為煙幕，一方面躲避追查，另一方面則企圖合理化他的犯案，甚至爭取一些人的支持。

我們根據案情提出了一項剖繪。我們相信，嫌犯為白人男人，年約四十五至五十歲之間，很可能獨自一人工作和生活，也許有一個他可以透露心事的人。此人整潔乾淨，懂得自律，從他製造炸彈的方法來看，他還很留意細節。從他的措辭和我們對一般炸彈客的了解（這種人往往不是拿刀拿槍去正面衝突的人），此人外表頗軟弱，甚至有點「娘娘腔」。未知嫌犯可能受過一點大學教育，教育程度或許更高，自覺大材小用、落落寡合，因此，未必會屬於像三K黨這樣的組織。但他很可能有自己的想法，也渴望別人加以了解，所以才發表了那些書信。最後，他可能開著一輛小型貨車或四門轎車，顏色比較深。

調查工作進行了兩周後，我們在第一次跨部門會議上正式提出剖繪。許多出席者都覺得很多地方和穆迪不謀而合，為之嘖嘖稱奇。穆迪當年五十幾歲，獨來獨往，當時已經娶了比他年輕許多的第二任妻子蘇珊（Susan）。穆迪上過大學，曾經想當神經外科醫師，但是成績不夠好。後來又跑去念法律。但他在一九七二年犯過嚴重刑事罪行，因此不能執業。他沒有固定的工作，靠女人養他。他也做一些搞錢的噱頭生意，包括一項多次遭到郵政署調查的郵購生意。這個人很有主見，曾多次興訟，控告過自己的兄弟姊妹、前妻乃至於一家往來銀行。據說，穆迪也是一個危險人物。一九八三年，他被控企圖謀殺雇員。之前，他為他們買「企業主要雇員」保險。後因陪審團無法達成一致裁決，得以撤銷控訴。一九八九年調查人員開始訪談多年來認識他的人時，其中不少人要求住處以及他們曾和政府當局談過這件事要保密，才願意說話，因為他們怕穆迪會透過法律或攻擊報復他們。

我們提供的推斷更進一步支持了當地執法人員的猜測。最後，穆迪終於被捕。這件事就此告一段落了嗎？還早哩。經過多年的調查，收集了大批間接證據，例如有目擊者看到穆迪在某些商店購買製造炸彈的材料。至於動機方面，他多次坦承對法院感到憤怒，特別是最近才駁回他上訴的第十一巡迴法院。但全案還是湊不起來。後來，他的年輕妻子蘇珊終於覺得她夠安全了——她得到足夠的保護免遭他傷害，然後就和盤托出，知無不言。

她說，穆迪家中有一個房間從不准她進去，他有時在裡面工作數小時都不出來；他還打發她去買材料，這些材料和炸彈裡發現的東西一樣；他還教她在購買材料時如何偽裝自己，要她戴手套和用化名，而且還要她開車到很遠的地方買。她還說，她幫他寄了很多郵件，卻看不到郵件內容。有一次她還聽到房間裡傳出轟然一響，但他還是不准她進去看。她告訴法庭，穆迪如何在一九八九年十二月重新裝潢房間，更換新地毯，連地毯下面的地板也重鋪，還重新油漆房間。蘇珊的證詞提供了不少資料。

穆迪的審判非常複雜，而且峰迴路轉，他有時設法「幫助」他的辯護，有時卻破壞有加。他拒絕考慮以精神失常作為辯護。我的同事派克．迪葉茲和他談了好幾次，發現他有偏執型人格問題，卻還不到自欺欺人的程度。一名曾經分析過他的精神科醫師說：「穆迪不是那種會說法官有兩個頭的人，他卻會說法官要對付他。」

一九九七年二月，法庭裁決他謀殺范斯法官罪名成立，判處他坐電椅死刑。死刑宣判前，他已經被判七項不得假釋的無期徒刑，並且開始服刑了。

穆迪案顯示，藝術作品可以顯露藝術家的為人。我們從炸彈的設計、放置方式、書信、宣傳攻勢和他選擇的被害人判斷此人非常聰明，內心充滿仇恨。我們對穆迪所知愈多，就愈能證實我們的評估。

穆迪的智商大約為一百三十。律師和法官發現他有些法律方面的文件寫得頗有說服力。他顯然有能力製造殺傷力強大的爆炸裝置。他可能以為自己是個很高明的操縱者、主宰者和控制者，事實上他不是。最後，他毀了自己，因為他失去控制了，失去了對辯護策略及妻子的控制，對他設計的裝置也失去了控制。他設計的炸彈暴露了他的身分。

一九九五年四月十九日上午九點零二分，一枚炸彈毀了奧克拉荷馬市的阿佛瑞德穆拉聯邦政府大樓（Alfred P. Murrah Federal Building），共有一百六十八人喪生，五百多人受傷，死傷者包括二十一名五歲以下的兒童。就像以往重創社會的事件一樣，這是個分水嶺。過了這個分水嶺之後，一切都改變了，連我們自己也改變了。

但在塵埃落定之後，在生還者獲救，死者安葬和哀悼之後，經過彼此諉過和反省之後，這宗慘痛悲劇的具體詳情到底是怎麼一回事呢？

這宗慘劇是美國歷史上物力損失以及死傷人數都最為慘重的一樁。兇手是個瘦小憤怒的鄉下小子，做案時駕駛的卡車很容易追蹤，上面卻載了超過一點八公噸的燃油和牛糞製成的肥料。邪惡有時真的很平庸。

和縱火犯和某些殺手一樣，炸彈客都是懦夫。他們避開正面衝突，就可以引起嚴重的破壞。被害人和案犯之間可能完全沒有過任何接觸。許多案例中，做案歹徒完全沒有風險。只有在製造不穩定的裝置時必然要冒些風險。這些人全是懦夫，但是惡徒之間也有重要的差別。

二十七歲的提摩西．麥克維（Timothy J. McVeigh）被控炸毀穆拉聯邦政府大樓，並因此判處死刑，他就是最基本、最簡單的那型懦夫。

他做案的動機強烈，心裡充滿了仇恨和不滿，不惜放置一枚明知可以殺死很多人、讓很多人殘廢的炸彈。他技巧拙劣，只有最起碼的犯罪能耐。案發後一個半小時，他在距離事發現場約一百二十公里外的奧克拉荷馬州比靈斯市（Billings）被捕。當時一名州警攔下他駕駛的一九七七年水星型汽車，因為這輛車沒有掛車牌。州警看見車內有一把槍，就拘捕了他，然後押送到奧克拉荷馬州培里市（Perry）的監獄。這就像幫銀行搶匪把風開車的嘍囉在街角並排停車被捕的情形差不多。

我們要記得，此時，執法部門大都推斷兇手是中東恐怖分子組織，只有最富有智慧與經驗的觀察家，如恐怖活動專家小路易．米祖爾（Louis R. Mizell Jr.）等人馬上看出爆炸日期的重要性。當天是愛國日（紀念美國獨立戰爭中「協和市之役」的日子，也是美國民兵活動分子視為非常重要的日子），也是德州瓦可市（Waco）大衛教派遭聯邦調查局圍攻後引火自焚的周年紀念日。麥克維被捕之際，聯邦調查局從現場的殘垣敗瓦中找到運載炸彈的卡車識別序號，並循線由聯邦調查局的畫家繪製了租車人的畫像，在整個地區派發。交會點市（Junction City）夢鄉汽車旅館老闆認出畫像中的人，就把麥克維的名字告訴了聯邦調查局探員，結果發現他正被扣押在培里市，罪名和炸彈案無關，而且即將獲釋。事後警方人員勘驗麥克維的衣服，發現了他的襯衫上有引爆裝置的殘餘痕跡。

麥克維到底是個怎樣的人，他到底有什麼動機？肯定有數以千計的生還者、痛苦不堪的受害人家屬和朋友都想知道答案。還是要回到我們的老問題：什麼人會做出這種事來？

麥克維的出身帶點奧斯華、富蘭克林和惠特曼等刺客型人格的味道，這一點應該可以讓我們稍稍理解他的一生行事動機。麥克維生於一九六八年四月二十三日，家中有一姊一妹。他在紐約州潘杜頓市（Pendleton）長大，位於水牛城和尼加拉大瀑布這個地區裡。麥克維的父親比爾（Bill）在一家工廠工作，專為通用汽車公司生產暖氣系統。比爾喜歡園藝和打保齡球。據《達拉斯晨報》報導，一位常和他一起打保齡球的同事說，他直到麥克維被捕才知道比爾原來有一個兒子。據說，比爾是一個很好的人，卻從不談他的兒女。

同一篇報導說，聯邦調查局人員到了潘杜頓市比爾家中搜查時，他卻很平靜地安坐客廳看保齡球雜誌。

一九七八年，麥克維只有十歲，他媽媽摩德莉（Mildred）帶著他、十二歲的姊姊派翠西亞（Patricia）和年僅四歲的妹妹珍妮佛（Jennifer）離家出走，顯然是厭倦了和比爾在一起的平淡生活。兩年後，摩德莉帶著珍妮佛前往德州。麥克維就由派翠西亞照顧。麥克維從那時開始就憎恨媽媽，他在軍中的一名友人回憶說，多年前他在軍中提到母親時都會說：「那個混蛋婊子。」

麥克維個子瘦小，學業還過得去，但很少講話。幾乎沒有人想得起他高中時跟誰約會過。此時，他已經有了猜忌多疑的特徵：疏遠社會大眾、沒有兩性關係、來自破碎的家庭、課業平平、強烈的自卑，再加上一種要報復忽視他的人以及終有一天要證明他能力高強的心理。

一九八六年，他從紐約州洛克港（Lockport）星點中央高中畢業，同時，他父母正式離婚。麥克維仍和他父親同住，上了尼加拉社區學院，只念了幾周——這是他一連串失敗事業的第一項。之後，他到當地一家漢堡王餐廳上班。一年後，他取得槍械執照，獲得一家水牛城的保全公司雇他為裝甲車警衛。他對槍械日益狂熱，只要有錢就會買槍增加收藏。

一九八八年，麥克維去從軍。這也是他的第一個家。他喜歡紀律和秩序，喜歡戰術課，當然也喜歡槍。他的夢想是加入特種部隊。在喬治亞州賓寧堡（Fort Benning）接受基本訓練期間，他認識了兩個人，這兩人後來對他的一生和罪行都起了關鍵作用。此兩人是泰利・尼高斯（Terry Nichols）和邁可・佛提爾（Michael Fortier），後來都和他一起策畫炸彈案。尼高斯也是獨來獨往，也來自一個使他有情緒問題的背景。他和麥克維廝混，彼此的自卑感卻有增無減。

經過基本訓練後，同一梯次受訓的新兵奉派加入陸軍第一步兵師，駐紮在堪薩斯州萊利堡（Fort Riley）。麥克維擔任布萊德雷型裝甲車的機槍手。那時也沒有人看麥克維和異性在一起。很少人記得他笑，甚至連微笑也沒有，他是典型猜忌多疑的人。

在這段期間，麥克維很喜歡一本書。出版於一九七八年，名叫《特納日記》（*The Turner Diaries*），作者是威廉・皮爾斯（William L. Pierce）。這本書表面上是一本小說，但其實是一本反猶太人和反政府的宣傳作品。內容描寫一支地下軍隊的一名戰士利用肥料和燃油製成一枚炸彈，炸毀了華府一幢政府大樓的經過。不消說被炸的正是聯邦調查局總部。這一炸炸死了七百人。書中的主人翁艾爾・特納明知非作戰人員也會遭殃，但他不管，他認為這是戰爭的必然結果。他還希望鼓勵其他人起而攻擊禁止私人擁有槍械的政府。《特納日記》幾乎成了麥克維的聖經，逢人就推薦。那時還有人舉報他奉希特勒為偶像。

一九九一年一月，第一步兵師開往波斯灣參加「沙漠風暴」行動。麥克維在戰場上表現出色，獲頒銅星獎章。只要他繼續留在這樣一個有結構的組織內，而且受到賞識，就還算得上性情穩定。這種現象，我們很熟悉，就像把犯人安置在管理妥善的監獄中讓他們「康復」一樣。

同年三月，他隨部隊撤離波斯灣，奉調北卡羅萊納州布雷格堡（Fort Bragg），再度申請加入特種部隊，卻在幾天艱苦的行軍和演習後，自動放棄，自稱在體能方面還未準備好。麥克維未能成為一名「綠扁帽」（即特種部隊），他可能覺得已經放棄了這個系統內的前途了。於是他人格上孤獨與猜疑的一面就開始放縱了。假如他不能做某個團體的英雄，就要成為另一團體的英雄。

波斯灣戰爭後，一九九一年秋天，他接受軍方的條件，提早退伍。當時尼高斯早已以家累為由退伍。尼高斯的老婆和他離婚，把七歲大的兒子若書（Josh）留給他照顧，就如麥克維童年的遭遇一樣。麥克維搬回家與父親同住，還找了一份保全人員的工作。他在尼加拉瀑布會議中心的上司派他看後門，因為他不善於應對。

之後，他就開始寫信給當地報社洩憤，他抱怨的事包括種族關係、稅負、槍枝管制、犯罪和政府腐敗。一九九三年一月，他把所有的個人財產塞進車子，開車在美國各地遊蕩。那個時候，麥克維看看鏡子，自己快三十歲了，可是短期內難望有什麼成就。這是每個人開始擔心的時候了，他開始幻想自己變成藍波了。麥克維鎮日穿著迷彩軍服，足登黑色作戰軍靴。他退出全國槍枝協會，因為他覺得這個協會未能積極反對政府禁止持有攻擊性武器的禁令。雖然他不如富蘭克林激烈，但他也瞧不起黑人；猶太人同樣也是他的天敵。他警告妹妹珍妮佛（珍妮佛有很多觀點和他相同）說，聯邦調查局在監聽他們的電話。他還說，軍方在他屁眼塞了一片電腦晶片，要控制他。

一九九三年三月，政府執法部門在德州瓦可市和自稱先知的大衛·柯瑞許（David Koresh）所創的大衛教派對峙時，麥克維也去湊熱鬧，還接受一名新聞系學生訪問拍照。照片中的麥克維正在出售汽車保險桿口號貼紙，這些口號包括：「害怕你的槍枝的政府，你才要害怕」，「禁槍讓政府安全接管一切」以及「有槍做公民，無槍是愚民」等。

結果，瓦可事件成了觸發麥克維採取行動的扳機，也成了他發洩憤恨和沮喪的藉口。他可以動手讓真正的敵人自食惡果，也可以使用暴力，責任卻在他人。有人激怒了他，而且太過分了，無法再容忍了。瓦可市成了一面他用來聚眾起事的旗幟。

同年九月，經常參觀槍炮展的他參觀了另一次槍炮展。警方探員無意中聽到他向人解釋如何改裝信號槍，使之威力大增，「可以擊落一架菸酒槍炮與爆裂物管理局的直升機」。最初向瓦可農莊發動攻擊的是美國政府酒類、菸草及槍械管理局的探員。然而，那時麥克維早已強烈不滿聯邦調查局在一九九二年八月在愛達荷州紅寶石嶺一次對峙中槍殺分離主義分子，海報張貼員蘭迪·韋佛（Randy Weaver）的妻子維姬（Vicki）和兒子山姆（Samuel），以及國會通過的布萊迪槍枝管制法（Brady Gun Control Act）。到了一九九四年，國會通過所謂「全面防制罪案法案」（Omnibus Crime Bill），禁止持有十九類攻擊性武器。麥克維覺得，可怕的世界新秩序已經得到無法接受的力量了。

就在那時候，尼高斯開始計畫仿照《特納日記》製造巨型炸彈。他們打算以硝酸銨和糞便製成的肥料作為主要原料，製成一枚巨型、簡單、成本低廉的炸彈，其威力應該值回票價，足以炸毀《特納日記》中描寫的建築物。他們和其他炸彈客不一樣的地方是，他們覺得爆炸裝置並不重要，重要的是他們的「使命」。

我們要記得，尼高斯和麥克維並非在真空中運作。促使他們採取行動的事件（包括紅寶石嶺、瓦可市、布萊迪法案，以及其他所謂世界新秩序的表徵等），也驅動了一些民兵組織和其他仇恨組織如三K黨及新納粹主義團體在他們的聚集地點躍躍欲試。例如，組織比較嚴密的密西根民兵（The Michigan Militia）就散布一份一覽表，詳載如何組織民兵、求生技能和取得武器的資訊。

但是，我們得把光說不練的人和採取實際行動的人分開。麥克維受審時，她妹妹供稱，炸彈案發生前五個月，麥克維告訴她，他已經脫離了「宣傳階段」，進入了「行動階段」。我們在富蘭克林身上也看到類似的行為。富蘭克林已經準備採取行動時，他對空談白人優越性的種族歧視分子已經感到不耐。

兩名案犯都是經過煽動後，決定在周日大幹一場的人。麥克維覺得，吹牛只是吹牛，不能促成周日大幹一場的好戲。他心想，假如無人與他群策群力，只好獨力擔綱演出，為身後留名。這種情形也在曼森家族中出現。曼森向信徒宣傳什麼胡說八道的「亂七八糟論」和戰爭即將爆發之說。但我和他談過之後，我深信只要有人願意聽，他就會不停地講下去。只是到了信徒德克斯・瓦特森（Tex Watson）動手實現願景時，才闖下滔天大禍。正是這種心態讓我們覺得一九八九年的炸彈郵包案不是這種組織幹的。

麥克維的炸彈逐漸成形之際，他每天獨坐在亞利桑那州京曼市（Kingman）的汽車旅館，窗簾統統拉下。尼高斯和佛提爾開始退縮，麥克維仍一意孤行。最後他在一家五金行買了兩袋各種二十二點五公斤的硝酸銨肥料試驗，然後在四月十二日離開旅館。四月十六日周日是復活節，他和尼高斯親赴現場勘察。但尼高斯膽怯，只能跑腿做下手，再多就不幹了。這對麥克維全無影響。四月十七日，他用化名在堪薩斯州租了一輛長六公尺，可以載運二點二五公噸貨物的卡車，因為他無意把車子還給租車公司。之後，他在堪薩斯州麥法森市（McPherson）買了所需的肥料。四月十九日，他把貨車停在穆拉大樓門外，點燃引線。他在貨車上留了便條說電瓶的電力用光了，用意在於避免拖吊。就像他心儀的小說中的英雄特納一樣，他不在乎平民傷亡。至於有些兒童因此早夭、有人會因此變成孤兒等問題，他則無所謂。

麥克維被捕後自稱「戰俘」，表示他願意為他的行為負責。

假如麥克維不是意外落網，要破本案真是難上加難。但這是一種臆測，有如我們臆測假如穆迪設計的炸彈和他在一九七二年設計的不一樣的話將會如何。兩案中，我們無論如何也會根據目標的重要性、炸彈裝置以及歹徒明顯地要脫身而非同歸於盡等因素，開始推斷兇手的特徵。在麥克維案中，我們還可以加上日期的重要性這一點。除此之外，生手總會在犯案前測試炸彈，因此他一定在市區之外某地進行過試驗，這樣的話，總會有人注意到。

我們調查炸彈爆炸案時，往往從三大要點入手：炸彈客的動機、其性格特徵，以及案情分析。放置炸彈的動機囊括了人類所有負面的衝動。追求力量是主要的動機之一，這一點和縱火犯相同。炸彈客中也有純粹是為了滿足使命感的人，這種人滿足於製造和放置炸彈的過程，事後再找個訴求脫罪。也有一種炸彈客是技術型人物，他們從炸彈設計的精巧得到滿足。也有向店鋪企業勒索，純為求財的炸彈客。另外也有在政治、宗教、種族和勞資紛爭中放置炸彈的人，這種人和縱火犯有同樣的動機。有人為了報復而放置炸彈、有人為了戲劇化地自殺而放置炸彈。當然，也有混合了不同動機的炸彈客。麥克維則吻合追求力量、有使命感、政治及報復型炸彈客的特徵。基本上，就像在處理我們討論過的其他罪行一樣，我們要了解**為什麼**有人要製造、放置和引爆炸彈。

有時，我們只能憑空推測炸彈客的性格特徵，原因是爆炸案往往沒有目擊證人，兇手和被害人沒有什麼直接接觸。但是在進行研究和訪談前，我們會從一些基本假設入手，然後隨著情況以及調查加以修正。本案的炸彈客是智商一般或稍高的白人男性（這是炸彈客和刺客的主要分別之一），一事無成，但是懂得計畫。性格怯懦（比刺客更甚）、避免正面衝突、非運動家型人物、獨來獨往、自認在人格或社交方面有某些缺陷。

假如我們看看麥克維這個人，我們將發現我們的推斷和他都相當吻合。雖然麥克維年輕時和在軍中時比較有活力，退伍後幾年的體格卻大幅走樣。此外，雖然他也數度情緒失控發脾氣，但他基本上是個自掃門前雪的人。所以，當他愈接近實際製作炸彈時，他的特徵就愈吻合我們的推斷。

最後的一個調查重點就是案情分析，包括分析爆炸裝置，才知道製造炸彈的人專業知識程度如何？受過多少訓練？炸彈中有獨特的組件嗎？有沒有獨特的工藝和設計？炸彈是定時炸彈、遙控炸彈或陷阱式炸彈？我們對照裝置和罪行時，會覺得製作人和放置人是同一個人？或感覺上這是涉及兩人以上的陰謀呢？評估爆炸裝置可以幫助我們判斷未知嫌犯是不是在童年時代就已經開始縱火，長大後在軍中開始對炸藥有經驗，抑或是更奇怪的另一類型人物。

被害人的身分對我們有幫助嗎？被害人是不是偶然的被害人？還是炸彈客的預定目標？被害人是任意挑選的還是可以預測的？被害人在特定時間於特定場所出現的風險如何？未知嫌犯製造和放置炸彈，本身的風險又如何？我們可以比較一下穆迪炸彈的過程，以及麥克維開車載著一堆牛糞到處跑的風險。

炸彈客要炸毀的建築物是不是很容易接近？還是偏遠？物主是誰？私人？企業？還是政府財產？爆炸時會有很多被害人在場（或不在場）？這是件獨立的案件還是連續犯案其中之一？

一九五五年十一月一日，聯合航空公司（United Airlines）編號六二九班機在飛往奧勒岡州波特蘭市途中爆炸墜毀。罹難飛機是一架 DC-6B 客機，從科羅拉多州丹佛市史塔普頓機場起飛後十一分鐘，在科羅拉多州北部的上空爆炸，機上三十九名乘客和五名機員全部喪生。那時候，空中恐怖主義活動還前所未聞。於是，民航局和聯邦調查局只有三個研究方向：機械故障、人為疏失以及飛機遭到破壞。但在此之前，從未有人破壞民航客機。

調查人員在餘熱未散的墜機現場發現了證物：細小的金屬碎片上殘留了一些碳酸鈉和小量硝酸鹽和硫磺等爆炸的副產品。實驗室分析也找到一些二氧化錳，係引爆炸彈所用電池的殘留物。這也是聯邦調查局的實驗室首次在殘留物中查出爆炸物的案例。

調查人員詳細檢查旅客名單以找尋動機。其中一名女乘客黛絲・金恩（Daisie King）女士行前買了三萬七千美元旅遊險，投保人和受益人都是她的二十三歲兒子約翰・吉爾勃・葛萊姆（John Gilbert Graham）。葛萊姆還在丹佛親自送母親登機。聯邦調查局探員到他家中搜查，在他的襯衫口袋裡找到一小段用黃色絕緣體包裹的銅絲，和調查人員在墜機現場找到的引爆裝置裡的銅線符合。一家商店的售貨員還記得賣給葛萊姆炸藥和雷管。葛萊姆的妻子葛羅莉亞（Gloria）也記得他把一小盒禮物放在母親的行李裡，留作「驚喜」。

葛萊姆首先認罪，後來卻翻供。結果他的一級謀殺罪名還是成立，案發十四個月後在科羅拉多監獄毒氣室中處死。

這是同類案件的第一件，不幸的是這並不是最後一件。陪審團接受了檢方研判的動機，無他，就是貪婪，基本的求財型犯罪。後來才發現，葛萊姆的動機不止如此。葛萊姆自小喪父。黛絲改嫁，卻沒有帶著葛萊姆，只把他送到克萊頓（Clayton）男童學校，其實這是一家慈善機構辦的收容所，卻令他一直無法釋懷。後來黛絲的第二任丈夫去世，據說此後她對兒子的態度就變得很專橫。爆炸案發生的那個月，葛萊姆要黛絲和他、葛羅莉亞及他們的兩名小女兒共度感恩節，她卻表示要去阿拉斯加——這象徵了葛萊姆一生受到她的所有拒絕。他覺得自己受夠了。

曾有十年的時間，美國頭號通緝要犯是一個連續殺人犯，其被害人（不論已死的或仍活著的）完全沒有見過他。此人身分神祕，行蹤飄忽，世人只知道聯邦調查局給他的綽號——大學炸彈客（Unabomber），他最初的炸彈攻擊主要是針對大學和航空公司。這個人放的炸彈和葛萊姆等一夥人搞出來的粗陋製作不一樣，和穆迪差不多在同一時間搞出來的炸彈也不一樣。他放置炸彈的時間間隔頗遠，目標也比較明確，他有耐心、聰明、邪惡，動機則非常神祕，可以潛伏一段長時間伺機而動。

一九八〇年春天，在他的第四枚炸彈爆炸後，我奉召加入調查。調查局探員打電話到學院找我，說道：「湖濱森林區六月十日發生了一宗炸彈爆炸案。聯合航空公司總經理柏斯．伍特（Percy Wood）在家拆包裹的時候受傷了。」他感覺這不是一件獨立爆炸案，而是一系列同樣案件中的第四宗。

我問道，聯合航空公司有沒有接到恐嚇信或電話？

他說：「沒有，也沒有人來要錢。現在還看不出明顯的動機。我知道你做了很多性侵兇殺案嫌犯剖繪。你可不可以給這傢伙做個剖繪？」

當時，我已經把縱火犯和刺客連在一起了，而且還在短期內，將千面人和他們也列在一起。爆炸案中，嫌犯不必直接接觸被害人，也許我們可以將炸彈客和他們擺在一起。

我還有另一重考慮，至少在某個頗高的層次上會影響到我。起初，我們對爆炸案還沒有什麼研究，但聯邦調查局設置嫌犯剖繪部門，間接原因是因為發生了一系列的炸彈爆炸案。從一九四〇年代末期至一九五〇年代中期，紐約市發生了約三十件公共建築物遭人放置炸彈案，包括中央火車站、賓夕凡尼亞火車站和無線電城音樂廳。那時我還小，在布魯克林區長大，我還記得很清楚，那時的報紙稱放炸彈的歹徒為「瘋狂炸彈客」（The Mad Bomber）。

一九五七年，警方也束手無策，於是他們找了格林威治村一位名叫詹姆斯．布魯塞（James A. Brussel）的精神科醫生幫忙。布魯塞醫生看了現場照片，分析了炸彈客寫給報紙、語帶嘲笑的公開信後，做出一些現在看來都算是溫和及簡單的結論。當時卻代表了行為科學的一大突破。布魯塞醫生認為，這名未知嫌犯個性猜疑偏執，弒父戀母情結深重，受雇於或曾受雇於市內一家公用事業公司（愛迪生聯合公司），因為那是他白紙黑字挖苦的主要對象。布魯塞醫生也認為，瘋狂炸彈客住在康乃狄克州，患有嚴重的心臟病。他向警方提出的著名建議是這樣的：「找一名個頭很大的中年男人，在外國出生，天主教徒，單身，與一名兄弟或姊妹同住。他身上可能穿著一套雙排扣西裝，扣子緊扣。」

調查人員詳細研究愛迪生聯合公司的人事檔案，發現了一個名叫喬治・米泰斯基（George Metesky）的男子，自稱遭到永久性的傷害，但醫生覺得言過其實。警方人員跑到康乃狄克州瓦特伯利市（Waterbury）找到這名個頭高大，在外國出生，患有心臟病，信仰天主教的中年男子時，發現他和兩名姊妹同住，當時他身穿睡衣。警方人員叫他更衣。幾分鐘後，他身上穿了一件雙排扣的西裝外套，扣子果然都扣得緊緊的。

大學炸彈客一案對於動機的研究而言，在於處理過程中，發生的一連串事件，不斷增進我們對案情的了解以及解釋能力。上級給我們的檔案說，聯合航空公司總經理伍特打開一個寄到他家中的包裹時，雙手、臉部和大腿內側都受了傷。包裹內除了一枚炸彈外，還有一本名為《冰兄弟》（*Ice Brothers*）的小說。

我把這些資料和前三件爆炸案對照了一下。第一案發生在芝加哥北郊艾凡斯頓市的西北大學，時間是一九七八年五月二十六日。案發前一天，有人在伊利諾大學工程系的停車場撿到一個包裹，包裹註明是要寄給紐約州特洛伊市（Troy）倫塞勒理工學院（Rensselaer Polytechnic Institute）一名工程教授。但這個包裹被退回給寄件人，就是西北大學理工學院的布克利・克里斯特（Buckley Crist）教授。克里斯特說自己沒有寄出這樣的包裹，便送交警方處理。警方打開包裹時突然引爆，校警泰利・馬克（Terry Marker）受了輕傷。警方發現，爆炸裝置是藏在一個木刻盒子裡的管狀炸彈。假設炸彈原來的目標是克里斯特教授，這一點使我們對大學炸彈客萌生幾分「敬意」，他竟然用這種「雙重退件」的方式送出炸彈。另一方面，我們也不禁納悶為何有人要炸這位德高望重的學者（他沒有已知的敵人）。

第二枚炸彈比較直接，它是放在一個用膠帶封得好好的雪茄盒裡，擱在西北大學理工學院二樓的研究生讀書小隔間之間一張桌子上。土木工程系研究生約翰．哈里斯（John G. Harris）打開盒子卻引爆了炸彈，哈里斯受到輕微的割傷和灼傷。碎片顯示，這枚炸彈是一個內藏火柴頭、電線和手電筒用電池的裝置，構造簡陋。這一次卻無特定的攻擊對象。

第三宗炸彈爆炸案轉移了攻擊目標。一九七九年十一月十五日，美國航空公司從芝加哥飛往華府編號四四四班機在飛行途中客艙突然濃煙密布，結果在維吉尼亞州杜勒斯（Dulles）機場緊急降落。這架波音七二七客機上有十二名乘客因吸入濃煙需要治療。原來有一個從芝加哥寄出的包裹內藏一枚炸彈，這枚炸彈設定在特定艙壓下自行引爆。爆炸威力不足以炸毀機身，卻在貨艙引起一場小火，調查人員遂無法確知攻擊目標為何人。

所以，嫌犯不但提高了技術，而且也提高了攻擊目標的層次。不再只是要修理一名運氣不佳的大學教授或研究生，或是炸掉他們的雙手或手臂。這名未知的炸彈客已經從這些小案子畢業了，現在要做大案。就像二十四年前的葛萊姆一樣，此人要炸毀整架客機，只是技術尚未到家而已。

我們的基本推斷是，此人是個容易沉迷、難以自制型的人物，白人男性，約二十幾歲至三十幾歲之間，智力比一般人稍高。此外，他製作炸彈的演進，及其意圖日益惡毒這一點，顯示此人技術能力頗高和犯案手法高明，但我們沒有理由相信事情不會愈演愈烈。我們反而覺得，此人累積了更多經驗之後，手法會愈來愈狠毒。我對其他犯案的基本信念是，初犯的首案告訴我們的資料最多，因為這是他變得愈來愈狡獪之前的事。本案亦同。我覺得本案的未知嫌犯初犯時，一定會挑選他覺得自在而且熟悉的地方。這意味著這名炸彈客來自芝加哥地區，本身也是一名學者，或是和大學有某種關係的人。這所大學未必是西北大學，西北大學可以只是個方便而且接近的象徵。

在炸彈客轉移目標而且改良了他製造的炸彈後，有些調查人員開始覺得涉及航空公司的成分比較高。也許我們該追查名心懷不滿的航空公司雇員，也許是一名技師，前面幾枚炸彈只是在「練習」，他不可能預知包裹最後竟然登上美國航空公司的班機，所以嫌犯對整個民航業是一視同仁的，而寄到聯合航空公司主管手中的包裹應該可以透露更多消息才是。我個人沒有把握為何伍特會收到炸彈郵包，但我仍然堅持炸彈客和學術界有關的想法。

經過了第四次炸彈郵包爆炸後，有關方面才成立了特別調查小組，聯邦調查局則取了一個代號，稱為「大學炸彈案」。

過了一年多，才出現下一枚炸彈。這次也是炸彈郵包，放在鹽湖城猶他大學一個商學課程的教室內，所幸這枚炸彈被拆除了，無人傷亡。本案發生後，我開始檢討各項有關事實。我愈來愈深信，這名身分不詳的歹徒一定和學術界有關聯。這次犯罪顯示他頗為機動，離開他的主要根據地——芝加哥地區也頗覺自在。他的機動與能力使我們把他的估計年齡加上好幾歲，這樣他才有到處跑的本錢，而且年齡增加，他的做案手法才會比較高明，犯案的信心也比較充足。

那時，我開始察覺到此人的動機了。這一次他又沒有明確的目標，顯然只是針對一所大學而已。炸彈客的怒火針對的是權力：高等學府、教授、教室以及航空公司行政主管。但重點是，他既然走出了芝加哥這個他覺得自在的地區，大學校園顯然代表了另一種他覺得自在的地方。此人一定是在教室裡走來走去，然後放置他的炸彈，坦然自若。他能夠混跡其間，雖然生性多疑，也不會畏縮或惹人注意。我認為，他不會是個心懷不滿的技師。

我們的炸彈客專家說，他的炸彈還不夠高明，但是，顯然他花了不少時間製造。我們不可能突然有一天早上醒來後對自己說：「我想，我要當一名炸彈客。」還要實驗，也得練習。我想，假如我們能夠讓芝加哥地區居民注意到嫌犯犯案前的行為以及有人曾經練習引爆炸彈等情事的話，一定會有人來提供線索。我也想，此人也許吻合其他連續暴力罪犯的特徵，他會注意相關報導，甚至設法影響這些報導。

隔年春天，即一九八二年五月五日，一個寄給賓州大學教授派屈克・費雪（Patrick Fischer）的包裹轉送到他在田納西州納許維爾（Nashville）范德比爾（Vanderbilt）大學的辦公室。他的祕書珍妮・史密斯（Janet Smith）打開包裹時，包裹突然爆炸。史密斯受到嚴重的割傷，必須送醫急救。就像過去的炸彈郵包一樣，這也是一個木盒，內藏一枚管狀炸彈。管子內藏一些無煙火藥和火柴頭。費雪兩年前就已經轉到范德比爾大學，但很可能包裹上的姓名和地址也只是一個幌子，寄件人或許只想把包裹退回回郵地址。原因是這個包裹四月二十三日在猶他州普魯福（Provo）寄出時，郵票已經被塗掉了。回郵地址上的寄件人是楊百翰大學的電機工程教授勒萊・班森（LeRoy Bearnson）。

這名未知嫌犯有足夠的彈性，可以改變行事方式，重新採用郵寄的方法。也許上次他自己去放炸彈時幾乎出事。我們對他的技術水平也有幾分佩服。這些炸彈必須很穩定，避免在郵寄途中突然爆炸。

七月二日，這名炸彈客再次犯案，距離前案還不到兩個月。這一次，加州大學柏克萊分校電機工程及電腦科學教授狄奧真斯・安格拉科斯（Diogenes Angelakos）是受害人。他在教師休息室發現一個罐子，也許是學生或建築工人留下的。他把罐子撿了起來，罐子就馬上爆炸，把他炸成重傷。

這也是一枚小型的管狀炸彈，而且是嫌犯親手放的，而非郵寄。換言之，炸彈客又出馬了。這次的目標也不特定，只是一所大學的一個系。這個炸彈比以前的都危險。我們認為，炸彈客不會回頭去做過去的簡陋炸彈了。

然後又過了三年，其間平靜無事。我們猜想，炸彈客假若沒有自殺，就是一時失手炸死了自己，或因為其他原因暫時失去自由。但到了一九八五年五月十五日，加州大學柏克萊分校柯爾利堂再發生另一宗爆炸事件。炸彈放在電腦室裡一疊三環式筆記本上。工程研究生兼飛機駕駛員約翰・豪瑟（John E. Hauser）把炸彈撿起來，爆炸炸斷了他的右手和幾根手指頭，右眼視力也局部受損。這枚炸彈威力比過去強大，內含硝酸銨和鋁粉。

六月十三日，距離上次爆炸事件還不到一個月，一個從加州奧克蘭寄出的炸彈郵包輾轉送到波音公司設在華盛頓州奧爾班市（Auburn）的飛機組裝廠。事實上，這枚炸彈在五月五日爆炸事件發生前已經寄出，卻在波音公司的內部郵件傳送系統裡轉來轉去。結果被炸彈小組的人員拆除了，沒有傷亡。由於這枚炸彈寄出的時間與前一枚炸彈放置的時間相仿，我們猜想這是他混淆視聽的手法，他知道我們一定會集中注意力在柏克萊分校。但兩案都和加州灣區有關，因此我們知道他覺得自在的地方在那裡。

同年十一月十五日。另一個炸彈包裹寄到密西根大學心理學教授詹姆斯・麥康納（James V. McConnell）在安娜堡（Ann Arbor）市郊的家中。包裹外面附了一封僅有一頁的信，上面的郵戳是鹽湖城。這封信說：「我希望你看看這本書，任何像你這樣地位的人都該看看。」麥康納的年輕助理尼克拉斯・蘇諾（Nicklaus Suino）在麥康納家廚房裡打開這個包裹，結果兩人都受了傷。蘇諾遭到炸彈碎片割傷，雙臂、雙腿都受到灼傷。麥康納則聽力受損。

這次炸彈客有了特定目標。麥康納教授對改變人類行為的看法在學術界很知名。炸彈客也把他的大學羅網弄得更大了。他這一次改以受害人的家為目標，顯示他很有適應能力，可以演進，走在調查進度前面。

不到一個月，炸彈客投下的賭注變得更大了。一九八五年十二月十一日，加州沙加緬度一家電腦商店的老闆休伊・康貝爾・史克魯頓（Hugh Campbell Scrutten）撿起一個紙袋，本以為只是個垃圾。不料，史克魯頓一碰紙袋就被炸死了，炸彈碎片穿透他的胸膛，直插心臟。炸彈客重新自行放置，卻使用殺傷力更高的炸彈，現在他已經變成了殺人犯。他四處遊走，即使在光天化日之下做案也覺得很自在。我想電腦商店也和學術界有關，因為電腦和教育有關，大學裡都有很多電腦。

下一個目標（第十二個）是另一家電腦賣場，做案手法則和前案相同，卻拖到一九八七年二月二十日才發生。地點則回到鹽湖城。老闆蓋瑞・萊特（Gary Wright）在停車場看到一堆爛木頭，其中一些五乘十公分的木板還有些釘尖外露，於是他動手搬走這些木頭，結果裡面的炸彈把他炸傷了。但是在這次案發前一小時左右，一名目擊者看到有人在停車場棄置木頭。於是警方繪製了著名的大學炸彈客合成畫像。

炸彈客仍在他熟悉的地方行事，這一次他差點失手。假如他知道這一點，假如他知道有人會看到他，那麼這個懦夫一定會潛伏一段時間。但在他潛伏期間，他將試驗威力更強大、設計更高明的炸彈。他已經殺了一個人，日後會殺更多。他沒有提出什麼要求，也沒有設法和任何人溝通。所以，假如不制止他，他一定會食髓知味，不可能停手。

就像我們的預測，我們有一段長時間沒有他的消息。有人奢望他自行收手。但在一九九三年六月二十二日，一個蓋了加州沙加緬度郵戳的炸彈包裹，送到加大舊金山分校遺傳學家查理士・愛普斯坦（Charles Epstein）在提伯倫市（Tiburon）的家中。愛普斯坦博士拆開包裹時被炸傷了。炸彈客放棄了風險比較高的方法，重新回到過去隱姓埋名寄出炸彈郵件的安全方法，以他覺得自在的地區內的專業人士為目標。

不過，加大舊金山分校炸彈案後兩天，耶魯大學電腦學者大衛・蓋倫特（David J. Gelernter）在康乃狄克州辦公室內收到一個炸彈郵包，結果胸腹分別受重傷，右掌炸掉一塊，一眼失明，一耳失聰。

炸彈專家說，炸彈客現在做的炸彈已經變得很複雜很精巧了，每枚大概要花上一百小時精心製造。此人一定很聰明，而且志慮專一，時間很多。

大概在這時候，政府懸賞一百萬美元緝拿他，任何人只要提供消息，使他被捕及起訴，就可以得到一百萬美元。特別小組設立了二十四小時免費熱線電話，總共收到兩萬多條線索。

一九九四年十二月十日，電通廣告公司副總裁兼總經理湯馬士・穆瑟（Thomas Mosser）在紐澤西州北卡德威爾（North Caldwell）家中被一枚炸彈郵包炸死。包裹約有一盒錄影帶大，從舊金山灣區寄出。回郵地址上的寄件人是一名查無此人的加大舊金山分校教授。就像費雪教授挨炸案一樣，炸彈客已經落伍了，他還用穆瑟一年前在另一家公關公司的頭銜稱呼他。

炸彈客炸死穆瑟的動機並不明顯。但到了第二年四月二十四日，《紐約時報》收到一封信。信上解釋說，穆瑟的公司之所以成為目標，是因為這家公司「企圖操縱人們的態度」。炸彈客建立了他的反科技形象，但在我看來，不外乎掩飾他的憤怒和失意的煙幕。他開始放話後，我就知道他早晚會落網。

炸彈客最後一次犯案時，《紐約時報》和一九九三年被炸成重傷的蓋倫特教授在同一天收到他的信。信中大罵電腦製造出來的問題，包括侵犯隱私以及「因為經濟過度成長引起的環境惡化」，然後他又開始罵基因工程了。也許最過分，同時也透露最多消息的是他寫給蓋倫特教授的信，他說：「有高等學位的人自以為聰明，其實不然。假如你有點腦筋的話，就會知道，外面有很多人痛恨像你這種技術型笨蛋改變世界的方式。而且假如你夠聰明的話，也不會打開一個來歷不明的包裹。」

寄給《紐約時報》的信長篇大論。信中除了解釋炸死穆瑟的原因外，還用些老掉牙的伎倆，自稱是什麼政治團體的一員，但他「為了安全理由拒絕透露這個組織有多少會員」。就像偵查穆迪案時一樣，我們知道信中所謂的「我們」是狗屁。

同一天，炸彈客在其他地方也鬧出了人命。加州林業協會主席吉爾勃・穆拉（Gilber P. Murray）在沙加緬度該會的總部拆開炸彈郵包被炸死。我們覺得本案發生的時間並非偶然。五天前，奧克拉荷馬市的穆拉政府大樓遭炸毀，結果傷亡慘重。歹徒使用的炸彈非常粗陋，但以罪行而論，卻比炸彈客嚴重多了。但炸彈客一定認為自己比較有藝術手法，比較投入，也比較成功。畢竟他已經幹了十多年，而且一直逍遙法外。可是，我們知道，他最不能忍受被別人搶鏡頭，他一定會以他唯一知道的方法把注意力的焦點拉回來，就是寫一些很過分的信及再開殺戒。此時，他的自我一定會毀了他。

他下一名溝通對象是《舊金山記事報》（*San Francisco Chronicle*）社論版主編傑瑞・勞伯斯（Jerry Roberts）。他在六月二十七日寫信給勞伯斯，信中警告說，他所屬的恐怖主義組織（他在以前的信函中稱之為ＦＣ）將在六天內炸毀一架從洛杉磯國際機場起飛的客機。這一次他並沒有當真，我們也覺得他不會，但由於七月四日國慶日假期前後，民航當局都會加強飛安檢查，他的恐嚇引起機場大亂。這一定就是他的目的了。他後來在寫給《紐約時報》的信中承認，這只是一場惡作劇。

從那時開始，炸彈客就經常寫信給《紐約時報》、《華盛頓郵報》和柏克萊加州大學一名教授。然後，他提出他的最終要求了。他說，只要全國性的大報，特別是《紐約時報》和《華盛頓郵報》，刊登他的三萬五千字「宣言」，他就會停止放置炸彈。他在「宣言」中用很學究、很沉悶的方式表達了他對技術官僚社會的不滿。他還很大方地放棄版權，歡迎刊印。

這篇「宣言」證實了我很早就抱持的想法。他是個思想混亂、聰明卻很失敗的學者，他向社會，特別是社會裡的大學社群洩怒，卻用反科技的訴求充當煙幕。這份「宣言」還很明白地透露了嫌犯人格的各個面向。我們不斷地看到他要把別人非人化（包括他眼中的敵人和社會大眾，只有他自己除外），替他的恐怖主義活動和破壞行為找藉口。此人有嚴重的缺陷，他憎恨每一個沒有他這些缺陷的人，除非他把這些人非人化，否則相形之下，他什麼都不是。

他在「宣言」中指稱我們無力駕馭科技。事實上，他要說的是他個人的無奈。從最初的幾個炸彈開始，他一直在表達他的憤怒和敵意。其他的攻擊行為則用他偽裝的反科技態度以及他對現代價值觀的輕視作為掩飾，這些東西其實是日後不斷採取行動時培養出來的。行為科學組的同事（當時我已經從聯邦調查局退休，因此並未參與偵查）覺得，這傢伙愈露痕跡，被認出來的機會愈大。

當然，這就是後來的決定了。《紐約時報》和《華盛頓郵報》在九月中特別空出版面刊登他的「宣言」。不久，紐約州北部社會工作者大衛．卡辛斯基（David Kaczynski）注意到，裡面有些想法和用語很像他哥哥西奧多（Theodore）的想法和語氣。他哥哥一直離群獨居，不和他人往來。西奧多．卡辛斯基小名泰德，當時快五十五歲，是一名失敗的學者，一直隱居在蒙大拿州林肯市郊一所沒有電力供應的小木屋。大衛覺得很奇怪的是宣言中怪誕的人生觀，更重要的是一些泰德的慣用語，如「蛋糕吃了就沒了」等。他拿了宣言對照泰德的信，這些信是他媽媽溫黛（Wanda）賣了芝加哥的房子搬到他家附近時給他的。他愈看就愈緊張。

大衛和泰德聯絡，約好碰面。此外，夫婦兩人還和琳達（Linda）一名擔任私家偵探的老友蘇珊·史文森（Susan Swanson）商量。史文森看了證據之後，也同感吃驚，但是，她還要去請教專家。於是她打電話給前聯邦調查局人質談判專家克林·范贊特（Clint Van Zandt）。他在退休前，曾在我的單位做過嫌犯剖繪工作。范贊特把宣言和泰德的信對照過後說，這些東西至少有六成可能出自同一人之手。然後，他又找了另一名專家研判，結果這名專家比他還要肯定。范贊特告訴史文森，假如她的委託人不願意向聯邦調查局檢舉，他本人在道義上也不能緘默。

之後，大衛做出可能是他一生中最艱難的決定，他的抉擇勇氣可嘉，肯定救了很多人的性命，泰德的抉擇，則肯定的同樣害了很多人的性命。我對大衛和琳達只有佩服二字。他倆在面對互不相容的忠誠問題時，做出艱難的決定，因此成為道德和公民義務兩方面的楷模。

大衛檢舉後，大批調查局探員湧進蒙大拿州林肯市郊區，即泰德·卡辛斯基藏身處，封鎖了木屋的四周。取得搜索令後，馬上開了三十幾公里的車返回林肯市。探員沙特賓（Donald Sachtelben）敲門，木屋內的卡辛斯基親自應門。員警很快就制伏了他。一隊炸彈搜查人員馬上展開行動，以確定這間塞滿了東西的小木屋沒有設下陷阱。

調查人員花了很多天的工夫徹底清查和分類木屋中的物件，包括畫滿爆炸裝置細部圖的筆記本；手寫的筆記，列舉製作炸彈用的化合物。他們還找到實驗紀錄、製作管狀炸彈用的管子、放置化學藥品的容器、乾電池、電線、多種工具、宣言的草稿、一架打字機以及他證明卡辛斯基就是炸彈客的書信。他當時手上已經有了另一枚部分完成的管狀炸彈，還有一張目標清單。他說什麼宣言刊登後就不再犯案，完全是一派胡言。

卡辛斯基收押在加州沙加緬度監獄，獨自關在一間囚室裡。此後，調查人員畫了一個表格說明多年來卡辛斯基的行蹤，發現多起案件他都涉有重嫌。證據不斷出爐，他生平的情緒起落事件也給抖了出來互相參校。此時，卡辛斯基繼續不理睬弟弟和母親。

卡辛斯基其人和我們推斷的大致吻合，只是比我們想像中更聰明。小時候，他是一個畏縮和孤獨的小孩，長大後一直未和異性有過任何正常關係。他上過哈佛大學，而且有機會在加州大學柏克萊分校當一名前途光明的數學教授。但到了生命中的某一階段，他受不了日常生活的壓力，就結束了學術生涯。

假如我們拿卡辛斯基和麥克維或富蘭克林等人比較，將會發現他們的背景完全不同，智力也不同，卻都有類似的情緒問題。三個人都是退縮、落落寡合的人。卡辛斯基和麥克維根本連女朋友都沒有。他們的同學裡沒有人記得他們。卡辛斯基被捕後，他同班的同學還在奇怪為什麼一直都沒有他的消息。

富蘭克林和麥克維都從槍械上找到慰藉。卡辛斯基和穆迪則從炸彈身上尋獲。表面上，穆迪擁有成功人士的一切，年輕貌美的妻子、汽車、飛機、豪宅、成功的生意等等。但是，假如他不能操控生活的每個層面，這些東西根本沒有什麼意義，他起初要對付車商，後來對付司法制度，因為他們不接受他的宰制，不承認他有較高的智慧，也不同意他有權無視規範其他人的法律，按照自己的意思擺布世間事物。和其他人相比，卡辛斯基比較有知識水準，不至於對宗教和種族兩方面有偏執的心態，而是對整個技術官僚社會不滿，這在某些方面和麥克維對世界新秩序的恐懼有些相近。麥克維和穆迪都是一絲不苟的人。至於卡辛斯基，人人都說他的個人生活習慣和豬並無兩樣，但他在知識方面則一絲不苟（這方面麥克維和富蘭克林則比較隨便），有點像心思全放在法律術語上的穆迪。但穆迪的法律思維有時卻狗屁不通。一個比較極端但卻頗有代表性的例子是，有一次卡辛斯基寫了一封信給大衛，同意接受大衛寄給他一本書作為生日禮物，卻警告說，書的寬度不能超過十八公分，否則，他就得跑一趟郵局取書。他還在信中聲明，大衛必須同意，他可以自行拿去更換其他書本。

卡辛斯基還搞了一套信封識別系統，在家人希望盡快和他聯絡時使用。信封上若沒有緊急記號，他可能拖上好幾天，甚至幾周才處理。父親去世時，大衛就按照這個系統的規定緊急通知他，他卻罵大衛小題大做，濫用緊急記號。

卡辛斯基也寫日記，詳述他如何處理各個炸彈及結果如何等等。例如，一九八五年他記下在加州沙加緬度電腦店門外放置炸彈一事：「放了一枚炸彈，使之看來有如一堆廢棄的木材一樣。」再用一本正經的語氣寫下，結果店老闆被炸得「支離破碎」。他的日記看不出任何悔意，也看不出對人的重視，除了他自己以外。一九八〇年的一段日記則說：「經過複雜的安排後，我弄傷了聯合航空公司的總經理，但他只是一大群直接或間接該為噴射機負責的人中的一個。」

以動機而論，卡辛斯基只想殺人或把他們弄成殘廢，讓他們和他一樣痛苦。他在一九七一年寫道：「我做這些事的動機純粹是為了個人報復。」但他也有足夠的自覺，所以他可以這樣承認：「當然，假如我的罪行獲得社會大眾注目，也許可以讓他們關注科技的問題。但我不是一個博愛的人或說這樣做是為了人類大眾的福祉（不管這到底是什麼東西）。我之所以採取行動，完全是為了要報復。」

一九六六年，他還在密西根大學念研究所時，心裡已經在想這個問題了。他在日記中說：「我最初的想法是殺掉我所憎恨的人，然後在警察逮捕到我之前自殺。」後來他覺得「我還沒打算那麼輕易就放棄自己的生命。於是我這樣想：我會殺人，但不讓別人偵破，才能繼續殺下去」。

他和家人僅有的一些通信也透露了不少消息。一九九一年夏天，他寫信給母親說：「假設多年以來，只要你一碰香蕉就會觸電。此後你對香蕉就會很緊張，即使你知道香蕉裡面沒有電線，不會讓你觸電，你還是會這樣。同樣，年輕時我在家裡、學校，甚至哈佛大學所受到的許多排擠、屈辱和痛苦，已經使我習慣怕人了。」

就像其他許多和他類似的人一樣，他的自卑和浮誇及優越感也在內心不斷衝突，他仍然覺得自己比別人好、比別人優越。他自認「比大部分人類優越。覺得自己很特別的感覺，好像呼吸一樣自然」。他又說：「我深覺痛苦的是從未經驗過女人的愛。」於是，他埋怨母親從未教他如何和別人相處。他說，他恨他母親，因為「你對我的傷害無法復原」。

事實上並無證據顯示他父母忽視或虐待他。他們有兩個兒子，一個長大後成為一名惡名昭彰的罪犯，另一人則成為一名幫助他人的社會工作者。一九七〇年卡辛斯基還沒變得滿腹牢騷之前，曾經寫信給爸媽說，他們是世上最好的父母。

麥克維在某些方面可以作為一名模範軍人，軍隊成了他的家。卡辛斯基從未經歷過軍旅生涯，雖然那是學習炸彈方面專業知識的絕佳地方。但是，像他這種人從軍，一定會過得很不愉快，他無法適應這種生活，他可能「不光榮或一般地退役」，受挫的時間會更早。

一九九七年十二月二十二日，法庭花了五周的時間挑選陪審員後，卡辛斯基被控以十項和大學炸彈爆炸案有關的罪名。一九九八年一月五日，他同意保留辯護律師，不自行辯護。之後，他曾在囚室企圖上吊自殺，獄方特別監視他，防止他再度自殺。

一月的第二周，精神科醫生約翰森（Sally C. Johnson）檢查了他的精神狀況。約翰森醫生認為雖然他有各種精神疾病，但是有能力受審。之後，他不同意律師以精神失常為辯護重點，要求自行辯護。他和布勞爾（Garland E. Burrell Jr.）法官往復辯論後，終於在預定開庭的前一天如願。

我想，他的自殺企圖、法律方面的爭論，以及先拒絕後接受心理測試，只不過是不斷在設法實行操縱、主宰和控制三種功能。

一九九八年一月二十二日，審判開始。卡辛斯基和司法部達成協議，免於死刑，在加州承認十項罪名，在紐澤西州承認三項罪名，判處無期徒刑，終身不得假釋。

法庭上，十年沒見過面的大衛和泰德終於碰面了。這也是十六年來泰德第一次再見到母親。讓人想起大衛告訴聯邦調查局人員泰德寫給雙親的一封信，信上說：「我希望你們快點死，我真的迫不及待了，我要在你們的屍體上吐口水。」

Chapter 09

你來破案

有人說，犯罪剖繪是一種模仿生命的藝術。這個概念並非來自現實生活中的專家，而來自於許多以前的大師，如愛倫坡（Edgar Allan Poe）、韋基・柯林斯（Wilkie Collins，譯註：英國小說家，著有《月石》〔*Moonstone*〕、《白衣女郎》〔*The Woman in White*〕等書）以及柯南・道爾（Sir Arthur Conan Doyle）等人。在我的犯罪剖繪生涯中，往往有人要我們分析過去一些轟動一時的謀殺案。最常有人要我分析「開膛手傑克」（Jack the Ripper，譯註：十九世紀末期在倫敦出沒的一名殺手，此人身分迄今仍是個謎）及莉絲・波爾登（Lizzie Borden，譯註：一八九〇年被控用斧頭劈死雙親，審判時陪審團裁定罪名不成立，但該案一直懸而未破）。有時，甚至要分析傳說中英國國王理查三世於一四八三年倫敦塔謀殺兩名侄子的說法，有時我們自己也會推敲聖經中該隱謀殺亞伯的案件（Cain and Abel，譯註：分別是亞當和夏娃的長子和次子）。

我從聯邦調查局退休後，繞了一圈，剖繪又找上我。有人首開先例，要求我分析一樁從未發生過的謀殺案：純屬戲劇大師的經典傑作。

我對古典文學和戲劇沒什麼研究。年輕時我想當獸醫。在空軍服役和念大學時，我根本不知道自己的志願是什麼。後來我想去聯邦調查局當探員，我所受的教育和訓練引領我走上了這條路。和我合著這本書的馬克・歐爾薛克則和我不同，他對戲劇非常著迷，也有相關背景。我們初識時，他說過演員和偵探的工作很類似，他們到了「現場」，就開始挖掘每個人之間到底發生了什麼「事」。這句話滿讓我好奇的。這些「事」，偵探稱之為「線索」，演員則稱之為「潛台詞」。

知名的英國演員派屈克・史都華（Patrick Stewart），是皇家莎士比亞劇團的一員。他演過《星艦迷航記：銀河飛龍》（*Star Trek: The Next Generation*）的畢凱艦長和幾個其他現代角色，也是馬克的老友。公共電視台拍攝關於我們單位的影片《連續殺手的內心世界》（*Mind of a Serial Killer*），腳本是馬克撰寫的，旁白則由史都華負責。一九九七年秋天，史都華擔綱演出華府莎士比亞劇團製作的《奧賽羅》（*Othello*）劇中的奧賽羅。馬克要我就歷來調查家庭暴力案件和分析的經驗，對劇中角色性格方面給史都華一點意見，因為這是本劇的關鍵所在。史都華想了解為何一個顯然深愛妻子的人最後竟然會殺妻。

我說我樂意和這位著名演員會面，但我沒有把握能幫上什麼忙，因為我對《奧賽羅》這齣戲一無所知。馬克說那更好，這樣我更可以保持客觀，就像處理現實生活中的案子一樣。

馬克向我說明劇情：奧賽羅是非洲摩爾（Moor）人，同時也是戰爭英雄，為中世紀威尼斯一名高階軍官。他愛上了當地一名仕紳的女兒黛斯迪蒙娜（Desdemona），並娶她為妻。後來，他的屬下兼密友伊阿高（Iago）誤導奧賽羅，讓他誤信黛斯迪蒙娜背著他和他的副將卡西奧（Cassio）偷情。最後，奧賽羅在痛苦和嫉妒交相煎熬下，在臥房裡殺死了她。我覺得這和（前美式足球明星）辛普森案非常類似。在辛普森被告的民事案中（辛普森先遭刑事起訴，後來再遭民事起訴），我還充當代表高德曼（即辛普森前妻妮可的家人）的律師顧問。

我到馬克家和史都華一起吃午飯時，我對《奧賽羅》所知就只有簡要的劇情故事。史都華為人客氣隨和、既聰明又感性，急於了解他演了多次的角色的奧祕。我講話時，他就在劇本背面記筆記。我說，我會假裝他是一名探員，找我討論一樁兇殺案情。

推敲案情時，我首先覺得伊阿高一定是想橫刀奪愛，但馬克和史都華都搖頭。

我問他們：「他的動機是什麼？」

史都華說：「他氣奧賽羅讓卡西奧升官，他認為應該是他升職。所以他非常生氣，就用奸計來害奧賽羅，讓他誤以為老婆對他不忠。」

我們討論了奧賽羅的心路歷程，直至他堅信唯一的出路就是殺妻為止。

史都華提出了一個關鍵的行為問題。他說：「奧賽羅聽了關於他老婆的種種說法後，他會有什麼感覺？他會相信嗎？他會不會保護她的名聲？」

根據他們兩人告訴我有關奧賽羅的一切，我向他們解釋，奧賽羅不會只為了別人中傷他老婆而憤怒，伊阿高的說法反而會觸動他的不安全感和自卑，當然他覺得妻子對他不忠，因為他在內心深處，深感自己配不上她，而且她父親也曾激烈反對兩人結婚，也許這老頭的反對沒錯。奧賽羅是名外國人，屬於少數族群，也不是威尼斯上流社會的一員，他透過保護大家，讓眾人敬佩不已的偉大戰士身分，才彌補了他的不足。但伊阿高有如許多擇人而噬的人，本身就擅長推斷性格特徵，因此他知道怎樣對付他老闆。

史都華又問我，劇情不斷進展時，奧賽羅心中有什麼想法？換言之，他想問出奧賽羅犯罪前的心態和行為。我告訴他，奧賽羅一直在心中醞釀，直至他在情緒上覺得這樣做他也安心為止。最後，到了他實行計畫前，他接受這樣的典型想法：「假如我得不到她，那麼任何人也別想得到。」

我問：「兇案現場是什麼地方？」

史都華回答：「是古堡中黛斯迪蒙娜的臥房。」

「他怎麼殺死她的？」

「在床上掐死她。劇中，黛斯迪蒙娜是名漂亮嬌小的美人，體型比我小很多，我騎在她腰間，然後緊掐著她的脖子。」

用手掐死黛斯迪蒙娜聽起來頗合理。這是一件家庭恩怨仇殺案，直接、面對面的謀殺方式會使調查人員覺得兇嫌和死者彼此熟悉。我告訴史都華，像奧賽羅這樣的人行兇時，他一定要把被害人非人化，在情緒上產生某種距離，所以，我建議在他掐她時，最好閉上雙眼。我們稱這種行為叫「軟性」殺人。

兇手會設法隱瞞案情或脫身，至少剛開始會如此，因為他深信他的行為是公平合理的。我解釋說，這和我告訴代表高德曼家的律師的信念相似。辛普森可能會通過測謊，因為他已經說服自己非殺掉前妻不可。

經過那天後，我對莎士比亞的性格剖繪功力佩服不已。現代生活中兇手在同樣情形下會做的事，他在四百多年前就已經預料到了。

我問他們說：「結果他的罪行有沒有敗露？」

他們說，奧賽羅掐死黛斯迪蒙娜後，她的婢女，也就是伊阿高的老婆麗亞（Emilia）恰巧撞見，她馬上尖叫呼喊說主子被掐死了，然後伊阿高和一些威尼斯官員隨即出現在兇案現場。到了這時候，奧賽羅和眾人都察覺到伊阿高陰謀的狠毒。

我「警告」他們說，這樣非常不利於奧賽羅。過去和奧賽羅關係最密切的是他的部隊，現在他失了面子，也失去道德權威，而伊阿高一向是他最信任的屬下，卻遭他出賣。

我說：「這很可能會逼他自殺。」

史都華很高興地說：「結果就是這樣。」奧賽羅被解除武裝後，拿了暗藏在房中的匕首自殺。這種人必須控制局面，即使面臨死亡亦然。

作為一名刑事調查分析員，我的任務就是設身處地想像歹徒的一舉一動，設想被害人被殺前的遭遇。過了幾周之後，我帶了全家人去看《奧賽羅》，那是我生平第一次看。看到我在馬克家中設想的謀殺案時，不但覺得趣味盎然，而且還很感動。特別是史都華演技非常出色，很生動地把刑事分析詮釋為一場戲，把生命注入推論中。

現在大家都知道我們這行的思考和工作方式了，也深入探討了犯罪動機的剖析工作。現在我們試辦幾件案子看看。我將像史都華說明莎翁名劇的劇情一樣，把案情告訴你。你就像一名聯邦調查局學院的嫌犯剖繪人員一樣。由於篇幅有限，我只能告訴你案情大要，但每個案情都有一、兩個重點引導嫌犯剖繪員判斷犯案動機，並確定嫌犯。

案例一

亞特蘭大警局一名探員打電話來報告一宗食品下毒案。

哈利・艾里森是一家超級市場的經理。有人寫匿名信自稱在一瓶嬰兒食品中下了毒，下周還會在另一種商品下毒。發信人為了證明自己是認真的，也能做到他揚言要做的事，就在信中說，這瓶嬰兒食品的瓶底有一個紅色的 X 記號。美國廣播公司電視台的一名女主播也收到這封信的影本。

艾里森收到信後，馬上封鎖嬰兒食品部，要收銀員檢查排隊結帳的人手推車裡有沒有嬰兒食品，馬上回收。然後他打電話報警，並向超市的地區經理報告。

警方人員抵達現場，在艾里森帶領下查看嬰兒食品部，他們在一個貨架最裡面的地方找到一瓶桃子果泥，瓶底果然有匿名信中說的紅色 X 標記。這時候，電視台已經派人到場拍攝。這則消息上了六點鐘的新聞節目，引起一場小騷動。數以百計的父母到超級市場退回各種牌子的嬰兒食品。

這瓶下了毒的嬰兒食品經過檢驗後發現真空封蓋已經打開。貨架和貨倉之內其餘食品都經過仔細檢查，沒有發現遭人動過手腳的痕跡。地區經理吩咐旗下各連鎖超市查驗所有存貨，也沒什麼發現。下過毒的嬰兒食品經過實驗室化驗後，證實裡面攙了粒狀的老鼠藥，老鼠藥沒有和食品混在一起，判然分開。而這家超市也有賣同樣的老鼠藥。

迄今，沒有人受傷，但勒索者揚言下周會再下毒，整個社區都陷入恐慌。

誰會做這種事？為什麼要這麼做？你覺得此人的危險性如何？

你要查證匿名信是否是寫給這家超市經理的。

探員說：「錯，信中他的中間名縮寫 K 都沒寫錯。」

他的名字有沒有張貼在超市內？「沒有。」

本案中，你告訴探員，嫌犯剖繪不僅可以告訴你做案的是什麼人、動機為何、落腳何處，以及他的威脅有多嚴重。

讓我們從最後一項著手。瓶底的記號和信中說的一模一樣，超市和傳播媒體都接到預警，產品（只有一瓶）擺在貨架最裡面。這告訴我們，下毒者和「泰樂諾」下毒案犯不一樣，其實他不想傷害任何人。他大費周章確定沒有人會拿走這瓶嬰兒食品。再者，下毒方法並不高明。大部分父母都習慣了每天要打開幾瓶這種食品，他們打開瓶蓋時一定會發現不妥。即使他們沒注意到，當他們把小湯匙放進瓶子裡的時候，也一定會注意到奇怪的粒狀物。所以，即使毒藥會讓嬰兒致命，發生的機率卻不大。

匿名信並沒有說要錢，因此不會是下毒勒索案。就算這封信真的是要證明發信人是認真的，而且也有能力下毒，他揚言要再下毒，那總得提出要求。同樣重要的一點是，這封信沒有寄給這家連鎖超級市場的總公司，而是直接寄給這家超市。更具體地說，收信人是一名社會大眾沒印象的超市經理，而且連他中間名的縮寫都沒寫錯。這一點強烈顯示，下毒者懷恨這家超市和這名經理。

他的動機是什麼？他不想傷害無辜的人，也不要錢，他要的是滿足。他擾亂這家超市的生意，為的是要使艾里森顏面無光，讓人家說他管理無能。他要為了某件事懲罰艾里森，讓他丟臉，甚至丟了飯碗，所以他才通知電視台，製造更大程度的曝光。

你告訴這名探員，警方該問問艾里森最近是否要處理一些人事問題。下毒者一定受到這些人事安排的影響，或是在人事安排過程中覺得受到委屈。此人很有可能在事發後到這家超市看熱鬧，還會走近艾里森跟他打招呼，假裝很大方地問他最近好不好。他可能還會說些：「你看起來很累，沒事吧？」為了得到滿足，他必定會評估一下被害人受到何等打擊。

這名探員繼續追查，然後報告：艾里森告訴他，超市最近因為業績不佳而裁員，每個班次都得調走三人，由艾里森自行決定。抨擊公司這項決定的最力者果然曾經到過超市一趟，還跟艾里森打招呼。結果在警方偵訊下，此人承認下毒。

案例二

辛辛那提警局一名探員打電話來報告一件貌似種族仇恨案。斐特烈・朵林和妻子瑪莎某晚回家時，發現家中遭人破壞：家具和衣服被割破，客廳地上滿是碎片，臥室所有抽屜都拉了出來，東西散落一地，牆上有人用簽字筆寫了反猶太和反黑人口號。斐特烈是黑人，瑪莎是猶太人，兩人是整條街上唯一不同種族通婚的家庭。他們沒有兒女，事發時小狗麥克斯和他們在外面，顯示嫌犯對他們一家人的情況很清楚，而且常常看到他們出入。傳播媒體稍稍報導了本案，但警方高層頗為重視，要求盡速破案。

你問，這些中傷他人的口號寫在哪裡？

探員說：「大部分寫在臥房的牆上，但一進前廳就可以看到的一面鏡子上也有。」

外面呢？

「顯然沒有。」

「家具的裝潢布被菜刀割開，朵林的幾套西裝和他太太的一些衣服也是。書房的電視機被推倒、砸碎了，音響也都扔在地板上。幸好書房裡一些舊照片都沒被動過。」

歹徒拿走了什麼東西嗎？

「他們小心檢查過，有些珠寶、幾支手錶，和不到五百美元的現金，對了，還有一個攝影機不見了，但他們覺得這不是最要緊的。瑪莎說她最緊張的是她媽媽給她的一套骨董銀器。這套銀器原來放在餐廳的瓷器櫥子裡，結果整套被丟在地上，不過好像一件也不缺。」

你也許會覺得有點奇怪，不過還是得照例問問關於保險的問題。

「他們的保險會賠償清理費用及修理家具和粉刷牆壁的開銷，但我們查過了，他們賺不到錢。」好。你只要問，事發前他們有沒有接到恐嚇的信件或電話。

「沒有那麼露骨。他們只說住在那裡覺得很不自在。例如，有些宴會會邀請整條街的人參加，就是沒有人邀請他們。他們也會覺得，假如在超市碰到鄰居，他們都不理睬他們。好像沒有人喜歡他們這樣的家庭。他們希望這不是鄰居做的，但還是有點擔心。」

事件發生以來，還有受到恐嚇嗎？

「他們說，好多了。和他們談過的人以及和我談過的人，對於他們社區竟然發生這種事情都覺得很尷尬。有些鄰居還自動發起夜間巡邏。很了不起。」你很高興聽到這種消息。這是我們一向鼓勵的事：人人為我，我為人人。

「我講了那麼多，你覺得我們該追查哪些人呢？」

你的建議是，進一步調查之前，最好先查查朵林夫婦。

探員有點意外地說：「好吧，我會再通知你。」

不到一周，探員打電話來，這次他更意外了。他說，警方花了一段時間分開偵訊兩人，他們終於承認這件蓄意破壞案是他們自導自演的。

案情中哪一點使你懷疑他們兩人？

每當我辦理針對一戶人家的縱火或蓄意破壞案時，我會先考慮被害人的問題；然後是現場情況，特別是丟了些什麼東西、毀壞了些什麼東西。這件起因於一時衝動的案子（這種案件往往是青少年做的）讓我起疑的地方是，事發時這家人的狗竟然不在家，屋外卻全無遭人破壞的跡象。最難理解的是，書房裡的全家福照片和骨董銀器竟然完好無缺；換言之，兩件完好無缺的東西都是有紀念價值的，再多錢也買不回來。

動機是什麼？很明顯，我們可以相信這兩人的話，相信他們現在住得不自在。他們試過別的方法，傳統的方法，爭取鄰居的接納，最後還是覺得要來點戲劇化的手法：讓傳播媒體注意別人對他們的憎恨，讓整個社區都不好意思，再促使鄰居接納他們兩人。

這種案件真讓你覺得不幸，也很可憐，偏偏屢見不鮮。

案例三

加州一名菸酒槍炮與爆裂物管理局的探員打電話來諮商。她說，加州的費佛州立公園發生了一連串縱火案。過去三周共發生了四次。幸運的是，案件都發生在早上，而且都在火勢失控之前，便能加以撲滅。但官員曉得，這名縱火犯不會罷手，不能只靠運氣來保障荒野和遊客的安全。探員希望得到一些指引，使歹徒現形。本周出現了新情況，希望有助於破案：公園巡邏人員發現證據顯示，縱火犯第五次行事失敗，火沒有燒起來，但他們沒讓新聞界知道。

這名探員檢討了至今的案情發展。第一次起火的地點是在公園裡林木最茂密的地方附近一處岩石嶙峋的山邊。她和公園的巡邏人員都認為，起火地點短樹叢不足，火燒不旺，火勢也無法蔓延，巡邏人員也很容易從瞭望台看到煙。

這名探員說：「我們認為此人不太聰明。」

為什麼？

她說：「他沒有記取第一次縱火的經驗。第二次縱火的地點跟第一次一樣，沒有什麼植被與岩石，只有一團泥沙，不是引起森林大火的理想地點。我們根據起火地點判斷，他一定走過一些理想的縱火地點，卻和自己過不去。假如他等到黃昏時才放火，火勢會更大。到日落後，煙沒那麼容易看到，而且那個時段的巡邏人員也比較少。」

第三和第四次縱火，嫌犯顯然提高了犯案的頻率：過去一周就有兩次，假如把失敗的一次也算在內，上周共有三次。

這位探員說：「他這周忙一點也好，總比下周好。」

為什麼？

「州議會在考慮削減公園預算，看來有些巡邏人員要失業，他們滿生氣的。他們最不滿的是，人家老是以為他們只是坐在瞭望台上無所事事，光會用望遠鏡觀察斑點貓頭鷹。他們還揚言下周要集體請病假，以抗議削減預算。但現在他們暫時擱置了這個行動。」

本周找到了什麼新證物？

雖然歹徒提高了做案頻率，但以巡邏員發現起火的時間及碎片而論，此人的做案手法還是相當一貫。而且巡邏人員這次找到的縱火裝置還完好無缺。這個縱火裝置是一個褐色的紙袋（就是小孩帶午餐上學用的那種），底部鋪了一層沙，一根蠟燭插在沙上，保持直立，蠟燭周圍則堆了一些紙屑。蠟燭快燒完的時候就會引燃紙屑，火勢就會向外延燒。這個裝置五次有四次成功。第五次本來也會成功，只是恰巧有一名喜歡早上去爬山的人路過，聞到蠟燭的味道。這名探員說：「我們查過此人，為什麼那麼巧他正好路過，發現了這個縱火裝置。這個人剛在東岸出差兩周回來，前幾次起火時他都不在。」

這名探員強調：我們最想知道的是，你對這種特殊做案手法有何看法。你看這紙袋蠟燭裝置有何意義？三周內就發生了這麼多次縱火事件，這裡的人也把野火視為嚴重問題，現在本案已經開始讓人側目了。我們壓力很大，一定要破案。有一名巡邏員推測這是某種宗教儀式，他希望通知所有巡邏人員，讓他們和最近幾個月看到的怪異健行者比較一下。」

但這不該是你的調查方向，不是嗎？

為什麼不？

你應該注意那名關心這起案件的巡邏人員，原因如下：我們可以從受害人著手，雖然本案的受害人是大自然，但重要的是，縱火的地點都是不太可能引起嚴重破壞的地點。此人無意破壞景觀，只想引起最小的損害。此人關心大自然，覺得身處大自然很舒服，不是一個看到破壞會得到性興奮的人。

縱火的方法也告訴我們很多嫌犯的相關資訊。此人有系統、有章法，只把該帶的東西帶到現場，他並不笨。他的縱火裝置讓他有足夠的時間逃走，別人發現起火時，他可以和他們在一起，但在這段期間內，火勢又不會蔓延。他縱火的時間也告訴我們，他十分在意保留充分時間從容逃走，以及在火勢對公園構成威脅前能夠被發現與撲滅。他想用林火表明立場（他認為重要的立場），但不想損及森林。

由於公園的預算可能削減，巡邏人員心生不滿，一些「用意良好」的火焰也許會讓人看到這些人的重要性及其工作之潛在危險。在這名縱火犯仍然活躍之際，他們寧可把公園的安全及納稅人的利益擺在自己的前途前面，也不願意按照原訂計畫集體請病假，這樣能爭取到更多人的讚賞。

最後一點是，我對自動投入調查的人往往有戒心。這名巡邏人員犯案後的行為也讓我起疑。此人引起一場騷動，但也暴露了身分。他根本不認為這是什麼宗教狂做的。他一定在想：「糟糕，萬一他們在蠟燭上找到指紋，就不好了。」他打算從調查人員身上套點消息，看看他們有什麼想法和證據。

我們從行為科學的觀點建議，這名未知嫌犯的行為模式：他會對削減預算公開表示憤慨，每次有人發現起火時，他總是和大家一起撲救，才有機會毀滅所有證據。我們可以拿他和多次回到奧拉・坦普家的愛德華・李・亞當斯做比較，亞當斯回去是為了確定奧拉・坦普的一切都燒光了，連他留下的痕跡也一併清除。而現在這位巡邏人員有一次縱火過早遭人發現，他一定會一天比一天憂心。他會不斷出現，甚至不停地干擾調查。

公園管理當局找他談話，給他看一幅公園的地圖，地圖上用紅點標誌各個起火地點。從不同角度拍下完好無缺的引火裝置，照片放大至海報大小，貼在牆上。長官替他保全顏面地說：「我們知道你根本不想破壞森林，畢竟你的一生志業就是保護森林。」

這些虛張聲勢的做法很快就讓他和盤托出。雖然他連續做案，卻算不上是名慣犯。他也不喜歡做這些事，只是想保住工作，不要別人對他們的工作等閒視之。假如給予適當的指引和輔導，這名巡邏員是「有救」的。雖然他連續縱火，但我不認為他會再構成威脅。

案例四

奧勒岡州波特蘭市聯邦調查局辦事處的嫌犯剖繪協調人員打電話來談一件綁架案。對於我們執法人員來說，綁架案往往是最困難、情緒上最折磨人的案子。我們常會把自己對家人的憂心投射到案件中。

案發時間是一月的第二周日早上，二十一歲的妮可・辛格給她的兩歲女兒伊莉莎白（小名艾絲穿好衣服，戴上帽子和手套，準備去看她的新男友湯美．羅文。羅文二十八歲，是一名成功的營建業包商，喜歡航海。當辛格經過廚房門口時，看到一把切肉刀倒置在洗碗槽旁邊流理台的刀架上，刀鋒朝上。她擔心如果艾絲拿到刀子會傷到自己，就把刀子放進抽屜，但是她手一滑，刀子在她掌心劃了一道口子。

傷口不深卻很長，馬上血流如注，於是她高聲叮嚀艾絲待在客廳裡，自己跑進浴室處理傷口。她沒有把浴室的門鎖起來，只是把門帶上，不讓艾絲看到血，怕她會害怕。她在浴室裡面時，至少兩次高聲問艾絲有沒有事，艾絲都說沒事，最後一次還有點埋怨說她覺得熱。辛格叫她脫下帽子和手套，打開扣子，但不能脫下來，因為她們已經遲到了。

直到辛格傷口止血，清理乾淨，裹上繃帶後，她估計大概過了二十至二十五分鐘。然後她就喊艾絲，但她一聲不響，沒有回答。公寓裡竟然找不到艾絲了。辛格慌張起來，先朝一個方向在走廊上找，再往另一個方向找，她也找過樓梯和大樓穿堂，但全無艾絲的蹤影。

於是她上樓回家打一一〇，告訴接線生「小孩被綁架了」時已經有點歇斯底里。雖然她情緒激動，接線生還是很有技巧地取得相關資料，並設法讓她冷靜下來。她報警不到六分鐘，制服警察就已經抵達現場，並馬上展開搜索，但什麼也找不到。其中一名警察注意到前門虛掩，就問她在處理傷口時，門是鎖上的、帶上的還是只有虛掩？當時辛格仍然非常激動，但她說門肯定是鎖上的，但她曾跑到外面，沒有關門，因此她也無法肯定。另一名警察說，也許有人闖進公寓把艾絲帶走了，或艾絲覺得悶，自己跑了出去，辛格聞言又陷入歇斯底里。警察開車送她到附近的醫院，院方給她縫了五針，還重新包好傷口。

大批員警和志願人員展開大規模的搜索，始終找不到艾絲，也找不到蛛絲馬跡。第二天，聯邦調查局也加入，探員建議讓辛格與男友羅文接受測謊。羅文同意，他還多次對辛格的心理狀況深表關注。他在聯邦調查局應訊時說，他和辛格已經論及婚嫁了。羅文一直單身。兩人都通過測謊，但負責為辛格測謊的人則注意到她在整個過程中都相當激動，而且很明顯地為了讓艾絲落單那麼久而內疚。

到了周三，辛格打電話給負責本案的探員。說她當天收到一個用褐色包裝紙包著的小包裹，裡面赫然發現一只艾絲的手套。她說她肯定手套是艾絲的，絕非仿製或相同樣式而已，因為手套接近手腕的地方勾破了，她還一直沒時間把它縫好。

包裹裡面沒有信件或紙條。

這時，你叫協調員最好回去再給辛格測一次謊，因為這並不是一樁綁架案。艾絲已經死了，兇手就是辛格。

為什麼你不相信她講的話？

她的說法有幾個啟人疑竇的地方。首先，一名母親竟然讓小孩落單在門可能沒有關好的室內，但我們姑且不加深究。第二點是，她打一一〇時對接線生說：「孩子被綁架了。」綁架非常可怕，為人父母的一想起來都覺得恐怖，大部分父母總是有意無意地盡量壓抑這種想法。在這種極端壓力下的父母通常都會說孩子不見了、他們找不到小孩、小孩跑掉了、小孩不知道晃到哪裡去了這樣的話，盡量避免直接面對遭人綁架的可能。雖然這種推論也不能打包票，不過會讓你開始思索事情的真實性。

我們同時注意到辛格的處境：她是位年輕的單親媽媽，和一名沒有子女的男性談戀愛。

真正讓她露出馬腳的是郵寄過來的手套。仔細想想，根本沒有道理。兒童被陌生人帶走只有三種案情。第一種是擄人勒贖；第二種是另有所圖的綁走兒童，不是為了滿足他們的變態性行為，就是為了報復；第三種是兒童遭到人格不穩定的可憐蟲帶走，這些人自己沒有子女，卻很愛小孩。第一種嫌犯會先聯絡兒童的父母，提出要求及安排交錢的方式。第二種和第三種卻不會和兒童的父母接觸。幾無例外，只有少數精神病患或虐待狂才會想和家長接觸。

因此，拐走艾絲的人絕對不會把手套寄回來，只為了證明艾絲在他手上。果真如此，他一定會提到贖款之類的事。除非不得已，綁匪總是盡量把挾持人質的時間縮到最短。

到底實情為何？這名母親按照她想像中的綁架案情節犯案，卻不知道真正的綁架案是怎麼一回事，結果反而露出馬腳。

測謊器是一種不完美且不準確的工具，測謊結果絕不能照單全收。本案負責測謊的人沒有起疑，原因有二。其一是，假如辛格已經說服了自己：其所作所為是「對的」而且「必要」，那麼她在測謊時就會表現良好；另一可能性是負責測謊的人把她表現的「內疚」，解釋為她承認讓孩子落單是她的疏失。

第二次測謊時，負責測謊的人知道他要找的是哪一種「內疚」，結果就不一樣了。他告訴辛格她這次沒有通過，她是首要嫌犯，同時還告訴她，她有權保持緘默或請律師代表她時，她就崩潰了。聯邦調查局探員給她一個機會讓她「解釋」她的行為，使她不會看來像一名冷血殺人犯。結果，她坦承勒死並埋葬了艾絲，而且故意割傷自己以取信他人。

她的動機是什麼？被現實的情勢所迫。不幸的是，這是很常見的事。她是一位年輕的單親媽媽，十幾歲的黃金歲月她都錯過了，而這都因為她有個拖油瓶。後來她邂逅了羅文，羅文說想要娶她，建立家庭。也許是他坦白說明了某種立場，或是她的自我設想，以為日後兩人的生活中不會有艾絲的空間。假如要讓辛格的美夢成真，就得除去艾絲。辛格是一名可憐的犯人，也許在心理學上可以解釋她的犯行。

但卻不可原諒。

這些案件都很簡單，假如你仔細閱讀本書，應該可以全部破解。但你只能根據我提供的事實做判斷。同樣地，我們在評估時的表現，也端賴我們得到的資料以及（在某些案件中）觀察所得而定。

我在聯邦調查局從事犯罪剖繪時，所學到的教訓是：我們都是自己過去的產物，包括經驗以及得自「遺傳」或與生俱來，使我們與眾不同的種種因素。研究過這些因素，才能著手剖繪。我們能夠推斷某類型二十幾歲的白人男性傾向於何種犯罪行為，另一種和他們表面相似的人卻傾向其他犯罪，或全無犯罪傾向，原因即在此。我真正學到的一點是：我們不能只根據表面線索評估，畢竟人類這種動物實在太複雜了。

我唯一能夠針對全人類說的一句話是：我們的生活方式都會建立出某種型態，一切都有跡可循。這些型態同時深入地影響著我們的生活。假如生活型態改變了，一定事出有因。

為什麼案件會發生？證物透露了**什麼**訊息？**什麼人**會犯下這樣的罪？這就是《破案神探三部曲：大屠殺、無差別殺人與連續殺人犯，FBI探員剖繪犯罪動機》的全部內容。

破案神探三部曲：大屠殺、無差別殺人與連續殺人犯，FBI 探員剖繪犯罪動機 / 約翰・道格拉斯 (John Douglas), 馬克・歐爾薛克 (Mark Olshaker) 著；劉體中，霍達文譯. -- 初版. -- 臺北市：時報文化，2017.10
面； 公分. -- (INTO 叢書；63)
譯自：The Anatomy of Motive : the FBI's legendary mindhunter explores the key to understanding and catching violent criminals
ISBN 978-957-13-7159-7(平裝)

1. 刑事偵察 2. 犯罪心理學 3. 美國

548.6952 106017020

ISBN 978-957-13-7159-7
Printed in Taiwan

INTO 叢書 63

破案神探三部曲：大屠殺、無差別殺人與連續殺人犯，FBI 探員剖繪犯罪動機

The Anatomy of Motive:

The FBI's Legendary Mindhunter Explores the key to Understanding and Catching Violent Criminals

作者 約翰・道格拉斯 John Douglas、馬克・歐爾薛克 Mark Olshaker ｜ 譯者 劉體中、霍達文 ｜ 副主編 陳怡慈 ｜ 文字編輯 龍穎慧、石瑷寧 ｜ 校對 呂佳真 ｜ 執行企畫 林進韋 ｜ 美術設計 高偉哲 ｜ 內文排版 薛美惠 ｜ 董事長・總經理／趙政岷 ｜ 出版者 時報文化出版企業股份有限公司 10803 臺北市和平西路三段 240 號 4 樓 發行專線——(02)2306-6842 讀者服務專線——0800-231-705・(02)2304-7103 讀者服務傳真——(02)2304-6858 郵撥——19344724 時報文化出版公司 信箱——台北郵政 79-99 信箱 時報悅讀網——www.readingtimes.com.tw ｜ 電子郵件信箱——ctliving@readingtimes.com.tw ｜ 人文科學線臉書——http://www.facebook.com/jinbunkagaku ｜ 法律顧問 理律法律事務所 陳長文律師、李念祖律師 ｜ 印刷 盈昌印刷有限公司 ｜ 初版一刷 2017 年 10 月 ｜ 定價 新台幣 320 元 ｜ 行政院新聞局局版北市業字第 80 號 ｜ 版權所有 翻印必究（缺頁或破損的書，請寄回更換）

時報文化出版公司成立於一九七五年，並於一九九九年股票上櫃公開發行，於二〇〇八年脫離中時集團非屬旺中，以「尊重智慧與創意的文化事業」為信念。